Religion spielen und erzählen

Band 2

Kinder begleiten
in Schule und Gemeinde

Herausgegeben von
Ingrid Ryssel in Zusammenarbeit mit Annette Kinder, Dietrich Steinwede,
Gunnar Urbach und Doris Westheuser
mit einer Einführung von Gerhard Vicktor
im Auftrag des Redaktionsbeirates der Kindergottesdienst-Zeitung «meine welt».

Graphische Gestaltung: Doris Westheuser

Dem Redaktionsbeirat gehören außer den Herausgebern an:
Fritz Baltruweit, Wolfgang-Jürgen Stark, Klaus Stolzmann und Ulrich Walter.

Gütersloher Verlagshaus

Die Deutsche Bibliothek - CIP-Einheitsaufnahme

Religion - spielen und erzählen:
Kinder begleiten in Schule und Gemeinde /
im Auftr. des Redaktionsbeirates der Kindergottesdienst-Zeitung «meine welt».
Graph. Gestaltung: Doris Westheuser.-
Gütersloh: Gütersloher Verl.-Haus.
NE: Westheuser, Doris [III.]

Bd. 2. hrsg. von Ingrid Ryssel in Zusammenarbeit mit Annette Kinder...
Mit einer Einf. von Gerhard Vicktor.-1995
ISBN 3-579-02199-0
NE: Ryssel, Ingrid [Hrsg.]

ISBN 3-579-02199-0

Umschlaggestaltung: Doris Westheuser, Versmold, unter Verwendung von 4 Fotos
von © PRESSEFOTO MICHAEL SEIFERT, Hannover
Satz und Reproduktionen: Götz, Gütersloh und Weserdruckerei Rolf Oesselmann GmbH, Stolzenau
Die Geschichten und die kreativen Bausteine sind Übernahmen
aus der Kindergottesdienst-Zeitung «meine welt»
Druck und Bindung: PPK - Partner für Print und Kommunikation GmbH, Bielefeld
Printed in Germany

Warum dieses Buch?

Es ist viel die Rede vom Traditionsabbruch bei der Weitergabe des Glaubens an die jüngere Generation. Diese Redeweise halte ich für fahrlässig. Nicht die jüngere Generation hat ihre Beziehung zu allem, was im weitesten Sinn mit Glaube zu tun hat, abgebrochen. Das spezifisch Christliche ist in unserer gesamten Gesellschaft in den Hintergrund getreten. Die religiöse, die christliche Tradition ist nicht als ein endgültig geschnürtes Paket bestimmter Inhalte definierbar; dies gilt zumindest für den evangelischen Bereich. Sie ist wesentlich von Erfahrungen und persönlichen Einstellungen geprägt. Deshalb kann es keine exakt feststellbare Abbruchstelle der Glaubenstradition geben. Angemessener wäre es, von einer »Traditionserosion« zu reden. Das trifft die heutige religiös-christliche Situation von Kindern, Jugendlichen und Eltern genauer. Vieles ist abgebröckelt durch die rauhen, oft auch sanft verführerischen Winde der Säkularisation. Vieles liegt brach. Es finden wenig konzeptionelle Anstrengungen statt, die nachwachsende Generation mit dem festen und guten Boden des christlichen Glaubens vertraut zu machen; so vertraut, daß junge Menschen darauf einen festen Stand finden und sich zu Hause fühlen. Dazu gehören die Anleitung zum Hegen und Pflegen des Lebens mit dem Glauben ebenso wie freundliche, motivierende Einladungen zum Mitmachen in den Gemeinden. Die Bewahrung des Glaubens ist sträflich vernachlässigt, weil nicht mit der nötigen Priorität neu und aktuell gesagt wird, was die alte Botschaft meint. Gott sei Dank gibt es immer noch Anknüpfungspunkte, verdeckte Beziehungen zum Glauben. Vieles ist verschüttet. Aber es bleibt latent vorhanden. Es muß neu entdeckt, ausgegraben, hervorgeholt werden.

Genau hier setzt das Buch an. Eine neuere Untersuchung beschreibt die Gesamtsituation in einem anderen Bild: »Fremde Heimat Kirche« heißt ihr Titel. Der Glaube ist vielen Menschen fremd geworden. Sie kennen ihre »Heimat« kaum noch. Aber sie erkennen sie wieder, wenn sie hingeführt werden. Eben dies soll mit der vorliegenden Sammlung »Religion spielen und erzählen« erreicht werden.

Was will dieses Buch?

Für Kinder bis zum 12. Lebensjahr werden zu je einem Thema oder Problem Spiele, Bastelarbeiten, Rätsel u.a. kombiniert mit Geschichten. Dadurch werden Zugänge eröffnet, Verständnis erschlossen und vertieft. Die Angebote des Buches richten sich sowohl an Kinder mit weniger als auch an die mit mehr religiöser Erfahrung und Kenntnis. Die Intensität der religiösen Dimension, mit der die Kinder vertraut gemacht werden sollen, bestimmen die Benutzer des Buches. Die Verbindung von spielerisch-kreativen Elementen mit erzählerischen Texten spricht nicht nur den Hörsinn der Kinder an; sie wollen auch tasten, riechen, möchten Rätselhaftes selbst entschlüsseln, sie singen gerne und wollen sich vor allem bewegen.

Für Religionslehrer/-innen ist das Buch eine Fundgrube. Ebenso finden Erzieher/ -innen, Mitarbeiter/ -innen des Kindergottesdienstes und der Jugendarbeit Anregungen wie in einem Nachschlagewerk. Das Buch gehört in die Handbibliothek der Kindergärten, Kirchengemeinden und Schulen. Es ist ein Fachbuch, das zu biblischen Texten und zu Themen unserer Zeit eine große Bandbreite von Inhalten, verschiedene Methoden, sowie Arbeitsblätter als Kopiervorlagen zur Verfügung stellt. Die Vorbereitung für alle in der Religionspädagogik praktisch Arbeitenden wird erheblich erleichtert und bekommt frische Impulse.

Wie im ersten Band sind die Geschichten und die Anregungen zum Selbst-aktiv-Werden und Basteln ein Intensivkurs zur Annäherung an die Botschaft des Glaubens. Intensiv sind die Vorschläge in ihrer Wirksamkeit deshalb, weil sie auf die Kombination von Erzählen und Aktion setzen. Jede Erzählung behält der Mensch besser im Gedächtnis als einen Sachvortrag oder eine Lernübung. Denn die Geschichte nimmt den Zuhörenden mit hinein in das Geschehen. Sie spricht Verstand und Gefühl gleichermaßen an, sie fordert auf, sich mit dem Geschehen zu identifizieren. Hier geschieht verbal, was beim Umgang mit den kreativen Bausteinen erlebbar gemacht wird. Was ein Kind selbst gebastelt, gemalt hat, was es aktiv aufarbeitet, bleibt allemal besser haften als alleiniges Lesen und Hören. Unter solchen Gesichtspunkten ist es zu begrüßen, daß das Verhältnis von Vorlesegeschichten und kreativen Bausteinen sich in diesem Band noch einmal deutlich verschoben hat zugunsten der handlungsorientierten Vorlagen: 53 Texte sind mit 115 kreativen Zugängen kombinierbar.

Zur Benutzung dieses Buches

Sie bereiten sich auf den Religionsunterricht vor oder Sie arbeiten im Kindergottesdienst. Jeder hat dabei seine eigene Methode. Das Interessante dieses Buches liegt darin, daß es sowohl eine schnelle Vorbereitung erlaubt als auch verschiedene Ansätze zuläßt.
Bitte überprüfen Sie, welches der folgenden drei Beispiele Ihrer Art, eine Gruppen/-Schulstunde vorzubereiten, entspricht:

1. Sie beginnen bei einem **Thema.** Dazu suchen Sie zuerst eine geeignete **Erzählung.**
2. Sie beginnen bei einem **Thema.** dazu suchen Sie zunächst ein **Spiel** oder eine Malvorlage, um die Kinder mit dem Thema vertraut zu machen.
3. Sie orientieren sich an einer **biblischen Geschichte** und möchten Sie **erzählerisch** in die Welt der Kinder umsetzen und **kreativ** entfalten.

Für jedes dieser Vorhaben finden Sie in diesem Buch:

- eine Zusammenstellung von Geschichten;
- eine Zusammenstellung von kreativen Entfaltungen, Arbeitsaufgaben und Spielen;
- eine Zusammenstellung von Registern: Bibelstellenregister und Stichwortregister.

Wenn Sie sich für einen dieser drei Zugangswege entschieden haben, können Sie nach einem der drei folgenden Beispiele vorgehen:

1. Sie beginnen bei einem Thema: Dazu suchen Sie einen geeigneten Text

Der Textteil ist nach Stichworten alphabetisch gegliedert (vgl. die fettgedruckten roten Überschriften auf jeder Seite). Wenn Sie dort nicht den geeigneten Einstieg finden, können Sie über das **Stichwortregister** andere Texte zu Ihrem Thema finden. Die fettgedruckten Zahlen geben den inhaltlichen Schwerpunkt an.

Für eine kreative Entfaltung suchen Sie anschließend im ebenfalls alphabetisch geordneten kreativen Teil. Auch hier können Sie mit Hilfe des Stichwortregisters weitere Ideen entdecken.

Bei jeder Geschichte und jedem kreativen Teil finden Sie Hinweise auf Bibeltexte. Außerdem sind jeder Geschichte kreative Vorschläge zugeordnet sowie jedem kreativen Vorschlag passende Geschichten. Angaben zu biblischen Texten finden Sie überall. Darüber hinaus gibt es methodisch-didaktische Anleitungen für jeden kreativen Vorschlag.

2. Sie beginnen bei einem Thema. Dazu suchen Sie einen kreativen Einstieg

Der kreative Teil ist nach Stichwörtern gegliedert. Wenn Sie nicht den geeigneten Einstieg finden, können Sie im **Stichwortregister** weitere Anregungen zu Ihrem Thema finden.

Für eine Vertiefung durch Texte benutzen Sie anschließend den Textteil. Auch hier können Sie mit Hilfe des Stichwortregisters beliebig erweitern.

Weitere Hinweise finden Sie bei jedem kreativen Teil und bei jedem Text, z. B. Bibeltexte, die sich in Ihr Thema einbringen lassen.

3. Sie orientieren sich zunächst im Bibelstellenregister

Es sind mehr Bibelstellen vorhanden, als Sie zunächst annehmen. Die Evangelien enthalten parallele Erzählungen, Worte und Gleichnisse. Mit Hilfe einer Konkordanz verschaffen Sie sich eine Übersicht, ob Ihre gesuchte Bibelstelle, falls Sie sie nicht sofort finden, über einen »Paralleltext « zu erreichen ist. Wir gehen davon aus, daß Sie nun Erzählungen aus der Welt der Kinder oder entsprechende Spiele und kreative Entfaltungen suchen, die mithelfen, den Bibeltext in die Erfahrungswelt der Kinder zu übertragen.

Dazu helfen Ihnen alle Angaben im Bibelstellenregister. Sie finden dort sowohl Texte als auch Anregungen und Arbeitshilfen, die den Bibeltext in die Lebenswelt der Kinder übertragen. In den didaktischen Hinweisen am Schluß jeder Einheit sind weitere Ideen ausgeführt.

I. 1. Sie möchten zum Thema **»Schöpfung«** arbeiten. Dazu wird das **Stichwortverzeichnis** aufgeschlagen. Dort entdecken Sie folgende Textzeile als Überschrift:

Stichwörter	**Geschichten**	**Kreatives**
Schöpfung	42, 43, 44	172, 173, 174, 175, 176, 177

2. Sie haben sich aus dem Angebot möglicher Geschichten und kreativer Zugänge die Geschichte Nr. 42 und den kreativen Vorschlag Nr. 175 ausgewählt.

3. Unter den Nummern 42 und 175 stoßen Sie beim Blättern im Buch auf das Vorleseangebot bzw. auf das Rätselspiel zu Ihrem Thema Schöpfung. Bei beiden Vorschlägen finden Sie außerdem noch Hinweise auf die biblischen Kontexte sowie auf weitere Stichwörter, die zum Thema Schöpfung in Verbindung stehen. Diese Stichwörter können erneut im Stichwortverzeichnis nachgeschlagen werden. Eine neue Runde des Suchvorgangs, wie eben beschrieben, kann beginnen.

II. Sie möchten lieber von einer **biblischen Geschichte** ausgehen. Deshalb schlagen Sie im **Bibelstellenregister** nach. Sie suchen beispielsweise Vorschläge zu Lukas 18, 9-14. Im Bibelstellenregister entdecken Sie wieder die beiden Zeilen:

Bibelstellen	**Geschichten**	**Kreatives**
Lukas 18, 9-14	2, 46	109, 139

Sie überprüfen die beiden Vorschläge und stellen fest: Die Geschichte Nr. 2 und als kreativer Vorschlag die Nr. 139 bieten inhaltliche und methodische Hilfen zum Umgang mit dem Bibeltext unter dem Aspekt »Freundschaft«. Das möchten Sie aufgreifen. Im übrigen wird bei den kreativen Vorschlägen auf weitere Bibeltexte verwiesen. Die biblische Grundlage wird dadurch erweitert und vertieft. Ob Sie nun eine Geschichte oder einen kreativen Vorschlag aufschlagen: überall finden Sie Hinweise, wo und wie Sie weiterarbeiten können.

Sollte Ihnen diese Art der Vorbereitung zusagen, empfehlen wir den Bezug der Kindergottesdienst-Zeitung »meine welt«, die wöchentlich neue Beispiele dieser Arbeitsweise vorstellt.

Hannover, im September 1994 Gerhard Vicktor

Stichwörter

Stichwörter

Stichwörter

Bibelstellen

Bibelstellen

Autoren-/Titelverzeichnis

Doris Westheuser gestaltete die kreative Umsetzung aller sonstigen Beiträge nach eigenen Ideen und Ideenvorgabe aus dem Redaktionskreis.

Quellenhinweise

Wir danken folgenden Verlagen für die freundliche Abdruckgenehmigung:

Nr.13: Jüntschke, Ilse »Glaube mir, das hat geholfen«. Aus: Vorlesebuch Erzähl mir vom Glauben, hrsg. v. Karl Foitzik, Friedrich Johannsen, Ilse Jüntschke, Verlag Ernst Kaufmann, Lahr und Gütersloher Verlagshaus, Gütersloh.

Nr.20: Mai, Manfred »Eine neue Freundin«. Aus: Quiesel-Buch-Ein guter Trick, Diesterweg Verlag, Frankfurt, 1992.

Nr.33: Krautwurm, Friderun »Alexander der Mittelgroße«. Aus: Vorlesebuch Religion 3, hrsg. v. D. Steinwede/S. Ruprecht, Verlag Ernst Kaufmann, Lahr/Vandenhoeck & Ruprecht/Patmos und TVZ.

Nr.42: Verfasser unbekannt »Wovor der heiße Wind warnt«. Aus: Märchen der Indios. Mythen, Märchen und Legenden der Indianer Mittel- und Südamerikas. Nacherzählt von Vladimír Hulpach, deutsch von Jan Vá paník (aus der Reihe "Märchen der Welt") Verlag Werner Dausien, Hanau, Mai 1976.

Nr.150: Fritsch-Oppermann, Sybille/Baltruweit, Fritz »Gott kann man nicht malen«. Aus: Meine Liedertüte 1993, tvd-Verlag, Düsseldorf.

Nr.160: Foto: Bildarchiv, dpa, Frankfurt.

Nr.171: Netz, Hans-Jürgen/Baltruweit, Fritz »Kinder haben Rechte«. Aus: Meine Liedertüte, 1993, tvd-Verlag, Düsseldorf.

Nr.195: Stork, Dieter/Baltruweit, Fritz »Nun bist du krank, mein Baum«. Aus: Meine Liedertüte, 1993, tvd-Verlag, Düsseldorf.

Nr.215: Netz, Hans-Jürgen/ Baltruweit, Fritz »Gott will bei euch wohnen«. Aus: Meine Liedertüte 1993, tvd-Verlag, Düsseldorf.

In jenen Fällen, in denen es nicht möglich war, den Rechtsinhaber zu ermitteln, konnte ausnahmsweise keine Abdruckerlaubnis eingeholt werden.

Biblischer Bezug: 1.Samuel 17, i.A.
Biblische Erläuterung: Als der riesige Philister Goliath den Hirtenjungen David verspottet, erlebt er eine (tödliche) Überraschung.
Kreativer Zugang: **100, 101,** 104, 105, 108, 125, 157, 161, 191
Inhalt: Der von den Kindern als »Ziegenbart« gehänselte alte Mann zeigt dem Jungen, der es am tollsten treibt, die Narbe unter seinem Bart. Die hatte ihm ein Mißgebildeter mit einer Eisenstange beigebracht, dem er als Kind »Buckel« nachgerufen hatte.

Alt und Jung

Angst

Weinen

Reue

Umkehr

Verspotten

Der Ziegenbart

Erzählung von Hans Peter Richter

Auf der anderen Straßenseite stand ein schmales Haus mit einem Laden. Dort verkaufte eine greise Frau Milch. Als sie starb, wollte niemand das Geschäft weiterführen. Fast ein halbes Jahr blieb der Laden leer.
Dann zog ein alter Mann ein. Statt der Käseschachteln und Milchflaschen stellte er Blumentöpfe in das kleine Schaufenster. Ein geblümter Vorhang machte aus dem Laden eine Wohnung.
Weil er einen Spitzbart wie eine Ziege trug, hieß der neue Nachbar bei uns Ziegenbart.
Der Ziegenbart lebte allein; er kleidete sich sauber; jeden Samstag fegte er die Straße vor seiner Wohnung; zweimal in der Woche kaufte er ein; er grüßte alle – aber mit niemandem freundete er sich an.
Selbst die neugierigsten Frauen in unserer Straße mühten sich vergeblich, mehr über den Ziegenbart zu erfahren. Er blieb uns fremd. Vielleicht mochten wir ihn deswegen nicht.
Wenn wir Kinder dem alten Mann auf der Straße begegneten, versteckten wir uns. Aus dem Versteck riefen wir ihm »Ziegenbart« nach. Aber er schien es nicht zu hören; denn wo er uns sah, lächelte er uns freundlich zu. – Und wir wurden immer dreister. Eines Tages kam Andreas mit einem neuen Vorschlag. Jeder sollte einmal zum Laden laufen, die Tür aufstoßen und »Ziegenbart« hineinrufen. Das war eine Mutprobe. Wer sie bestand, durfte sich bei Andreas ein Sammelbild aussuchen.
Ich sammelte die gleichen Bilder wie Andreas. Es waren schöne große Bilder mit seltenen Tieren. Aber mir fehlten noch sehr viele. Ich überlegte lange. Dann lehnte ich ab. Für ein Bild war mir die Mutprobe zu gefährlich.
Andreas erhöhte den Preis, zuerst auf zwei, schließlich auf drei Bilder. Die anderen waren noch unschlüssig, aber ich nahm an: Einmal »Ziegenbart« in den Laden hineinzurufen gegen drei Sammelbilder.
Alle grinsten mich an und gaben mir gute Ratschläge. Dann versteckten sie sich, und ich stand ganz allein.
Mir war ganz seltsam zumute. Am liebsten wäre ich wieder zurückgegangen, aber ich schämte mich zu sehr.

Langsam überquerte ich die Straße und schlenderte zum schmalen Haus hin. Vor dem Nachbarhaus hielt ich noch einmal an. Vorsichtig schaute ich nach allen Seiten: Kein Erwachsener war in der Nähe, vor mir freie Straße.
Um Zeit zu gewinnen, kniete ich nieder und knotete meine Schnürsenkel fest. Wie ein Wettläufer schüttelte ich meine Beine aus. Ich holte tief Luft. – Drei Sprünge. – Tür auf. – »Ziegenbart!« – Und rennen, rennen ...
Atemlos kam ich zur Ecke. Erst dort guckte ich zurück. Der Bürgersteig war noch immer frei. Von der Ecke aus beobachtete ich das schmale Haus. Ich sah, wie sich die Ladentür langsam wieder schloß. Ich wartete noch einige Zeit, aber es geschah nichts mehr.
Rund um den Block lief ich zu den anderen zurück. Ich durfte mir drei Bilder aussuchen, aber mir war nicht recht wohl dabei. Auch die anderen schienen unzufrieden.
Wenn der Ziegenbart wenigstens aus der Tür geschaut hätte!
Ich versprach, noch einmal zu laufen. Diesmal durfte ich die Bilder sogar schon vorher wählen.
Diesmal ging ich rasch zur Ladentür hin, stieß sie weit auf, schrie: »Ziegenbart!« und raste davon.
Wie beim erstenmal beobachtete ich von der Ecke aus. Und wie beim erstenmal schloß der Ziegenbart ruhig die Tür. Sonst nichts.
Ich war wütend.
Als ich zu den anderen zurückkehrte, verspotteten sie mich.
Plötzlich zeigten sie alle Mut. Nun wollte jeder es mir nachtun.

Aber bevor es soweit war, wollte ich ihnen noch beweisen, wozu ich fähig war. Die sollten staunen. Diesmal würde ich es sogar ohne Bilder tun. Ich ging zum drittenmal. Nun war ich kühn. Ganz langsam schritt ich zum Schaufenster. Dort wendete ich mich um und winkte den anderen lächelnd zu. Dann klopfte ich mit dem Zeigefinger kräftig an die Schaufensterscheibe. Darauf ging ich zur Tür. Gemächlich drückte

ich die Klinke nieder. Dabei blickte ich überlegen grinsend zu den anderen hin.
Eben wollte ich mein »Ziegenbart!« in den Laden hineinbrüllen, da umklammerte eine Hand meinen Arm und zog mich in den Laden. Ich war so verdutzt, daß ich alles geschehen ließ. Erst als der Ziegenbart hinter mir die Türe schloß, schrie ich los.
Aber der Ziegenbart ließ sich nicht einschüchtern. So sehr ich auch riß, um loszukommen, er hielt fest. Während ich tobte, stand er bloß da und blickte mich an.
Als ich gar keinen Ausweg mehr sah, warf ich mich auf seine Hand und biß hinein, so fest ich konnte. Ich schmeckte Blut auf der Zunge. Der Ziegenbart verzerrte sein Gesicht im Schmerz, aber er ließ nicht los. Ich sah, wie das Blut von der Hand auf den Boden tropfte, und ich schrie, schrie, daß meine Stimme sich überschlug.

Da klirrte die Schaufensterscheibe. Ein Ziegelstein flog in den Laden. Er zerriß den geblümten Vorhang. Zwei Blumentöpfe kollerten hinterher und zerbrachen. Es regnete Scherben.
Ich erschrak so, daß ich zu brüllen vergaß.
Auch der Ziegenbart zuckte zusammen. Dann schüttelte er den Kopf und sagte: »Das waren deine Freunde!«
Wir schauten auf die Glassplitter am Boden.
Der zerfetzte Vorhang wehte zu uns herüber.
In die Stille hinein sagte der Ziegenbart leise: »Du brauchst keine Angst zu haben. Ich tue dir nichts; ich möchte dir nur etwas zeigen!« Er ließ mein Handgelenk los.
Aber ich hatte Angst, gräßliche Angst, viel zu viel Angst, um fortzulaufen. Mitten im Zimmer stand ich und rührte mich nicht.
Der Ziegenbart nahm ein Taschentuch aus seinem Schrank. Damit verband er seine Hand. Dann knipste er das Licht an und trat zum Tisch.
»Komm einmal her!« bat er.
Ich gehorchte stumm.
Mit beiden Händen zog er seinen Spitzbart auseinander. Unter den Haaren konnte ich eine häßliche Narbe entdecken. Das Kinn war gespalten.
»Deswegen trage ich einen Ziegenbart!« sagte der alte Mann. »Willst du auch wissen, woher ich das habe?« fragte er. Ohne meine Antwort abzuwarten, sprach er weiter: »Als ich ungefähr so alt war wie du jetzt, da habe ich einmal aus Übermut einem Verwachsenen »Buckel« nachgerufen. – Der holte wütend mit seinem Stock aus. Die Spitze war mit Eisen beschlagen; sie traf mich hier am Kinn. – So, nur das wollte ich dir erzählen. Nun kannst du gehen.«

Ohne mich noch einmal anzuschauen, drehte sich der alte Mann um. Aus der Ecke holte er eine Schaufel und begann, mit dem Handfeger die Scherben zusammenzukehren.
Ich stand noch immer mitten im Raum. Er schien mir heller als vorhin. Ich erkannte einen großen Bücherschrank, und ringsum an der Wand hingen Bilder. Es waren Bilder mit seltenen Tieren darauf, herrliche Bilder, viel schöner als die gesammelten, die ich in der Tasche trug.
Der alte Mann richtete sich bei den Glasscherben kniend auf. Er blickte mich lange schweigend an. »Magst du mir einen Gefallen tun?« fragte er leise. Ich konnte nicht antworten, weil ich sonst hätte weinen müssen.
»Zwei Straßen weiter wohnt ein Glaser«, sagte der alte Mann, »magst du ihn bitten, zu mir zu kommen?«
Ich antwortete nicht, ich nickte nicht.
Rasch verließ ich den Laden. Draußen lief ich, so schnell ich konnte.
An der Ecke hatten die anderen sich versteckt. Mit entsetzten Augen sahen sie mich kommen.
Aber ich lief vorbei und lief zum Glaser.

Biblischer Bezug: Lukas 18, 9-14

Biblische Erläuterung: Nicht den Pharisäer, der sich groß macht, nimmt Gott an, sondern den reumütigen Zöllner.

Kreativer Zugang: **102, 103,** 107, 109, 110, 115, 123, 126, 136, 137, 138, 139, 151, 152, 154, 169, 170, 171, 184, 186, 191, 208, 213

Inhalt: Katrin gibt damit an, die Beste der Klasse zu sein: Als sie entdeckt, daß dies nicht immer gemeinschaftsfördernd ist, faßt sie einen überraschenden Entschluß.

Schule

Eifersucht

Neid

Anerkennung

Zuhören

Geborgenheit

Freundschaft

Fögel und Fückse

Erzählung von Monika Kißling

Als Frau Ludwig mit den Diktatheften unter dem Arm den Raum betrat, wurde es mucksmäuschenstill unter den Jungen und Mädchen der Klasse 4b. Das Diktat war verflixt schwer gewesen, wie würde es ausgefallen sein? Die Lehrerin legte die Hefte auf das Pult und blickte in die Runde.

»Ihr seht, ich habe die Diktathefte mitgebracht. Eine große Freude sind mir eure Arbeiten nicht gewesen, das muß ich leider sagen.« Ute und Sabine sahen sich vielsagend an. Sabine schnitt eine Grimasse.

»Nur eine Arbeit hat mir Freude gemacht«, fuhr Frau Ludwig fort, »die Arbeit von Katrin Hartmann. Katrin hat einen Einser bekommen. Und nun wollen wir gemeinsam eure Fehler durchsprechen.«

»Immer die Katrin«, tuschelte Sabine erbost. Sie sah neidvoll zu Katrin Hartmann hinüber, die zwei Reihen vor ihr saß. »Dabei freut sie sich noch nicht mal, die blöde Ziege.«

»Wenn du immer bloß Einser schreiben würdest, wär das für dich auch nichts Besonderes mehr«, flüsterte Ute zurück. »Ich hab mich auch an meine Vierer gewöhnt. Da redet kein Mensch mehr darüber, nur meine Eltern noch.«

»Trotzdem«, murmelte Sabine. »Und außerdem tät ich der Angeberin mal einen Dreier wünschen, oder einen von deinen Vierern.«

Da die drei Mädchen nicht weit voneinander entfernt wohnten, legten sie den Schulweg meist gemeinsam zurück. Auch an diesem Tag machten sie sich zusammen auf den Heimweg. »Ich werde mir heute nachmittag drei Eis am Stiel kaufen«, verkündete Katrin stolz, während sie am Fußgängerüberweg auf das grüne Licht warteten. »Ihr wißt ja, daß ich von meinen Eltern für jeden Einser zwei Mark bekomme.«

»Mann«, sagte Sabine mißmutig, »zwei Mark möchte ich auch mal kriegen, einfach so. Ich hab nur noch dreißig Pfennig übrig von meinem letzten Taschengeld.«

»Ich kann dich ja mal lecken lassen«, meinte Katrin.

»Sehr großzügig«, knurrte Sabine. Die Ampel sprang auf Grün und sie gingen weiter.

Ute seufzte. »Ich bin schon seit Tagen blank. Wenn ich ein Eis haben möchte, muß ich immer meine Mutter fragen, und die ist so knickrig.«

»Du müßtest halt mal eine gute Zensur schreiben«, sagte Katrin großspurig. »Aber es kann eben nicht jeder soviel Grips haben wie ich.«

Ute bekam einen roten Kopf vor Ärger.

»Gib man bloß nicht so an! Wenn einer gut ist in der Schule, ist das gar nichts Besonderes.«

»Nur einfach gut sein ist natürlich nichts Besonderes«, sagte Katrin ungerührt. »Aber ich bin schließlich die Beste von allen vier Parallelklassen, hat neulich Frau Ludwig zu meiner Mutter gesagt. Und das ist wohl etwas Besonderes.«

»Olle Angeberliese!« schrien Ute und Sabine im Chor.

»Olle Angeberliese!« –

Du bist doch keine Angeberliese«, sagte zu Hause Katrins Mutter. »Wenn jemand in der Schule gut ist, kann er ruhig darüber sprechen.«

Katrin saß auf dem Küchenstuhl und baumelte mit den Beinen. »Ich glaube, die anderen mögen mich nicht besonders«, sagte sie leise.

»Aber warum denn nicht?« sagte Frau Hartmann. »Du bist doch ein nettes Mädchen, nein, ich glaube, das bildest du dir ein.«

Katrin zuckte mit den Achseln. »Vielleicht wäre es besser, wenn ich nicht so viele Einser schreiben würde. Das mögen die anderen nicht. Dann sind sie gleich neidisch.«

Frau Hartmann strich ihr über den Kopf. »Mach dir deswegen keine Gedanken, mein Kind. Sei ein guter Kamerad, das ist die Hauptsache. Und – vielleicht solltest du doch nicht soviel reden über deine Zensuren, nicht wahr? So, und jetzt muß ich mich um das Baby kümmern, es braucht sein Fläschchen.«

Immer das Baby, dachte Katrin. Als das Baby noch nicht da war, war alles viel schöner gewesen.

Sie stand auf und holte eine Flasche Apfelsaft aus dem Kühlschrank. Während sie ein Glas vollschenkte, überlegte sie wie schon so oft, wie es wohl wäre, wenn sie kein Schwesterchen bekommen hätte. Auf jeden Fall würde sie jetzt nicht allein in der Küche sitzen, sondern könnte sich noch mit Mutti über ihre Sorgen unterhalten, über Ute und Sabine und die anderen aus der Klasse. Von draußen klatschte der Regen gegen die Fensterscheiben. Mutti kam überhaupt nicht wieder.

2 Angeben

Das Baby mußte doch längst ausgetrunken haben! Sie ging hinüber ins Kinderzimmer.
Frau Hartmann stand vor der Wickelkommode und war eben dabei, ein frisches Strampelhöschen herauszuholen.
»Mutti«, sagte Katrin, »ich habe im Diktat einen Einser geschrieben!«
»Hm, schön, Katrin«, sagte Frau Hartmann. Das Baby auf der Wickelkommode strampelte und gluckste. Frau Hartmann kitzelte es zärtlich am Bauch.
»Es war der einzige Einser von der ganzen Klasse«, sagte Katrin.
»Gib mir doch bitte mal eine frische Windel von dort drüben, Katrin«, sagte ihre Mutter. »Ich muß gleich noch neue Windeln besorgen, und Milch haben wir auch nicht mehr genug.«
»Frau Ludwig hat gesagt, meine Arbeit hat ihr Freude gemacht. Nur meine Arbeit! Prima, nicht?«
»Ja, das ist schön«, sagte Frau Hartmann und blickte von dem Baby zu Katrin hinüber. »Das freut mich wirklich.« Sie hatte das Baby nun fertig gewickelt und nahm es auf den Arm. »So, mein Kleines, nun legen wir dich wieder in dein Körbchen.» Sie wiegte das Baby sanft hin und her und trug es zu seinem Körbchen hinüber.
»Wer weiß«, sagte Katrin, und schob die Unterlippe vor, »ob das Baby mal so gut wird in der Schule. Ich bin die Beste von der Klasse, hörst du, Mutti?« Aber Frau Hartmann konnte im Augenblick nicht hören; sie war zu beschäftigt mit dem Baby.

Am nächsten Morgen war Katrin ziemlich unaufmerksam in der Schule. Sie fand, ihr Einser hatte doch recht wenig Eindruck auf ihre Mutter gemacht. Es schien, als ob das Baby ihr viel wichtiger gewesen wäre. Das blöde Baby, dachte Katrin, weshalb schafften Eltern sich ein zweites Kind an, wenn sie schon eines hatten? Und weshalb konnte es nicht gleich groß auf die Welt kommen? Mit einem Baby konnte man eben nicht mithalten, der allerbeste Einser war nichts gegen ein Baby. Das hatte sie gestern deutlich gemerkt.
»Meine Eltern waren ordentlich sauer über meinen Vierer gestern«, erzählte Ute in der Pause auf dem Schulhof.
Katrin kaute an ihrem Wurstbrot.
»Wieso waren sie sauer?« fragt sie.
»Na hör mal, ein Vierer, noch dazu mit einem Minus dahinter! Sie haben geschimpft, und Mutti hat den ganzen Nachmittag mit mir Diktat geübt. Und heute will sie weitermachen. Das ist ein trauriges Leben, das ich habe, das sage ich euch!«
Sabine sah sie mitleidig an. »Jeden Nachmittag üben – nee, Mann.« Sie kramte in ihren Taschen, »Hier, ich hab noch ein Kaugummi, schenk ich dir!«
Katrin fand das mächtig nett von Sabine. Sie konnte sich nicht erinnern, für einen ihrer Einser schon einmal ein Kaugummi geschenkt bekommen zu haben. Und plötzlich kam ihr eine Idee!

Wenn Frau Ludwig am nächsten Mittwoch während des Aufsatzes einmal in Katrins Heft geschaut hätte, dann hätte sie sich sehr gewundert. Da stand »zälen« statt »zählen«, »Meuse« statt »Mäuse«, »politzei«, »widerkomen«, »Fögel« und »Fückse«. Als die Arbeit zurückgegeben wurde, hatte Katrin einen Fünfer. Frau Ludwig verstand das überhaupt nicht und fragte Katrin, ob sie sich vielleicht nicht wohlgefühlt habe.
Ute, Sabine und die anderen Klassenkameraden grinsten schadenfroh, aber als sie Katrins strahlendes Gesicht sahen, verging ihre Schadenfreude. »Komisch«, sagte Sabine zu Katrin, »wenn du einen Einser schreibst, verziehst du nicht einmal das Gesicht. Aber bei einem Fünfer, da lachst du.«
»Ja«, sagte Ute kopfschüttelnd, »das verstehe ich auch nicht. Bei einem Fünfer gibt's nur Ärger zu Hause, glaub's mir, ich kenn mich da aus!«
»Gerade, wo du deine Eltern immer nur an Einser und Zweier gewöhnt hast«, meinte Sabine. »Sowas soll man eben nicht machen. Das ist nie gut.« Mitleidig blickte sie Katrin an. »Du wirst schöne Schimpfe kriegen, du Ärmste. Hier«, sie kramte aus ihrer Tasche einen zerknitterten Streifen Kaugummi hervor und reichte ihn Katrin, »den schenk ich dir, zum Trost.«
Der Streifen Kaugummi war wirklich arg zerknittert und angeschmuddelt. Aber Katrin freute sich mehr darüber als über fünf Eis am Stiel für einen Einser.

Ärger gab es nicht bei Katrin zu Hause, aber ihre Mutter wunderte sich doch sehr.
»Einen Fünfer?« sagte sie und legte das Baby wieder zurück in sein Körbchen, aus dem sie es gerade zum Füttern holen wollte. »Ja, wie kommt denn das das? Erzähl doch mal.«
»Da gibt es nichts zu erzählen«, sagte Katrin vergnügt. »Halt ein Fünfer. Weil zu viele Fehler drin waren.«
Frau Hartmann schüttelte den Kopf. Sie nahm Katrin bei der Hand und zog sie zu sich. Sie setzten sich nebeneinander auf das Sofa.
»Mußt du nicht erst das Baby versorgen, Mutti?« strahlte Katrin.
»Ach, das Baby kann warten«, meinte ihre Mutter. »Nun erzählst du mir erst einmal alles ganz ausführlich über deinen Fünfer!«
»Weißt du, Mutti«, sagte Katrin, »immer nur Einser schreiben, das ist nie gut. Hat auch die Sabine gesagt.«

Biblischer Bezug: Matthäus 14, 22-33
Biblische Erläuterung: Jesus rettet Petrus aus den Wellen der Angst.
Kreativer Zugang: **104, 105,** 110, 117, 126, 148, 149, 150, 161, 206, 207, 208, 215
Inhalt: Den unter Kaiser Nero in Rom verfolgten Christen erzählt Petrus vom Sturm auf dem Meer. Da werden sie ruhig. Ihre Angst legt sich.

Christen-verfolgung

Vertrauen

Beten

Petrus

Über das Meer der Angst

Erzählung von Gunnar Urbach

»Petrus kommt! Petrus kommt!« flüsterten sie einander zu. Ihre Augen begannen zu leuchten, sie fingen wieder an zu hoffen. Denn viele Wochen lebten sie schon versteckt in den Katakomben der großen Stadt Rom. Die Katakomben waren unterirdische Grabhöhlen.
Kaiser Nero haßte alle Christen. Deshalb ließ er sie von den Soldaten suchen und gefangennehmen. Er wollte sie töten. »Die Christen sind schuld!« sagte Nero. »Sie wollen den Kaiser nicht, sie verehren unsere Götter nicht, sie stecken viele an mit ihrer Begeisterung für ihren Glauben.« Und tatsächlich: Viele Römer ließen sich taufen. Und viele Häuser wurden in Brand gesteckt. – Doch das hatten nicht die Christen getan, sondern der Kaiser Nero.

Jetzt mußten sie sich verstecken. Sie lebten in den Katakomben. Sie drohten zu versinken in ihrer Angst. Doch jetzt fingen sie wieder an zu hoffen: »Petrus kommt! Petrus kommt!« flüsterten sie einander zu. Ihre Augen begannen zu leuchten. Sie kamen in der Nacht zusammen in der größten Katakombe Roms.

Endlich kam Petrus. Er setzte sich zu ihnen. Sie erzählten einander von ihren Ängsten. Dann sprachen sie von Jesus. Und Petrus fing an zu erzählen.
»Ihr nennt mich ›Petrus‹, der ›Fels‹, und meint, ich sei wie ein sicherer Felsen im Meer der Angst. Ich will euch gerne stützen und tragen. Doch ihr sollt wissen: Auch ich kenne die Angst. Und oft genug stand mir das Wasser schon bis zum Hals. Doch ich habe es immer wieder erfahren: Jesus Christus hat mir geholfen, er hat mich geführt über das Meer der Angst.

Wir waren damals zwölf, wir Jünger und Freunde Jesu. Wir fuhren abends über den See. Es wurde schon dunkel. Wind und Wellen schüttelten unser Schiff. Wir hatten Angst.
Plötzlich sahen wir Jesus. Er kam auf uns zu. Er hatte keine Angst. Deshalb konnten Wind und Wellen ihm nichts tun. Er ging über das Meer der Angst. Da wollte ich zu ihm. Ich wollte auch meine Angst loswerden. Ich wollte auch gehen können über das Meer der Angst – wie Jesus.
Und Jesus rief mir zu: ›Komm!‹ Ich kletterte aus dem Schiff. Und ich konnte gehen über das Meer der Angst, weil ich nur auf Jesus sah.

Doch dann schaute ich auf die Wellen. Sofort schlugen sie über mir zusammen. Die Angst war wieder da – und ich begann zu versinken. Doch Jesus zog mich heraus. ›Du hast zu wenig Glauben‹, sagte Jesus zu mir.
›Doch du kannst glauben, denn ich habe alle Ängste überwunden. Deshalb kannst du hoffen und gehen über das Meer der Angst.‹
Gemeinsam gingen Jesus und ich in das Schiff. Und ich fühlte mich frei – wie befreit aus einem Gefängnis. Jetzt kann ich leben, weil Jesus mich hält – auch hier, in den Katakomben Roms!«
Die Christen hatten ihm zugehört. Und sie hatten Petrus verstanden: Wir können leben und uns frei fühlen, weil Jesus uns hält. Und Jesus ist mehr, viel mehr als der Kaiser von Rom.
Deshalb wurden sie froh und sie beteten gemeinsam: »Ich glaube an Jesus Christus, Gottes Sohn, unseren Herrn. Amen.«

4 Angst

Vertrauen

Mut

Tiere

Biblischer Bezug: Matthäus 14, 22-33
Biblische Erläuterung: Petrus wagt es, aufs Wasser zu gehen.
Kreativer Zugang: **104, 105,** 110, 111, 126, 139, 148, 149, 150, 161, 202, 206, 207, 208, 215
Inhalt: Wie in der Familie üblich, soll auch die Tochter reiten lernen. In einem Seminar vermag sie ihre Angst davor zu überwinden.

Reiten macht Spaß

Erzählung von Ingrid Ryssel

Bei uns ist es Tradition, daß man reitet. »Selbst wenn du nun schon einmal vom Pferd gefallen bist, ist dies kein Grund, aufzugeben. Dein Urgroßvater war schon Reiter, und in unserer Familie hat man einfach keine Angst vor Pferden«, so redet meine Mutter tagaus, tagein. Was soll ich nur machen?
Ich habe Angst, fürchterliche sogar. Wenn ich neben dem Pferd stehe, bekomme ich immer ein so komisches Gefühl im Bauch, ein Würgen und Brennen. Ich fühle mich dann ganz klein und ohnmächtig. Meine Mutter gibt nicht auf, das weiß ich. Nun meint sie, daß sie das Richtige für mich gefunden habe. Sie hat gelesen, daß es ein Reit-Zentrum gibt, wo man mit anderen Methoden als üblich das Reiten erlernen kann. Dort, so heißt es, soll Reiten Spaß machen, und man sagt, daß dies ohne Angst geschieht. Also, so meint sie, sei es das Richtige für mich Angsthasen.

Heute nun fahren wir dorthin, und ich soll meine Angst loswerden; aber ich weiß nicht, wie.
Wie unser Reitstall sieht das hier allerdings nicht aus. Überall laufen Pferde frei herum. Ich bahne mir erst einmal einen Weg mit meiner Mutter zwischen den Pferden. Ich etwas unsicher, dafür sie um so sicherer.
Mehrere ältere Leute stehen schon da. »Wollen Sie etwa auch noch reiten lernen?« frage ich. Dann sind da noch drei Mädchen in meinem Alter, sie sehen auch nicht sehr glücklich aus. Meine Mutter liefert mich ab, und nun bin ich ganz allein. Silke, unsere Leiterin, und Jochen, unser Leiter, begrüßen uns sehr freundlich.
Sie zeigen uns die Unterkünfte der Pferde. »So natürlich wie möglich sollen die Pferde gehalten werden«, erklärt Silke. Sie zeigen uns zunächst einen Film. Ich erfahre, daß das Pferd ein Flucht- und Herdentier ist. Seinem Drang nach Freiheit wird Rechnung getragen. »Offene Stallhaltung« nennt man das. Kein Stall wie bei uns, wo die Pferde in ihrem eigenen Mist stehen. Die Pferde sehen hier glücklich und zufrieden aus. Ich erfahre, daß die meisten Unfälle deshalb passieren, weil die Pferde nicht artgerecht gehalten werden. Leuchtet mir ein. Ich höre von Rangunterschieden und denke dabei an meine Klasse; denn dort gibt es ja auch Unterschiede. Einer will immer besser sein als der andere. Welche, die das Sagen haben, und welche, die sich alles sagen lassen. Silke und Jochen meinen, daß hier alles getan wird, um Schäden an den Pferden nach Möglichkeit zu vermeiden. Deshalb müssen wir alle immer zuerst auf ein Holzpferd und machen alle Übungen zunächst dort, bevor wir an ein richtiges Pferd herankommen. »Holzpferd«, wenn das meine Mutter hört, lacht sie sich sicher kaputt. Ich finde es jedenfalls gut, wenn ich erst einmal auf dieses Schaukelpferd muß, bevor ich dem Pferd vielleicht wehtue.

Der Tag vergeht wie im Fluge, und ein bißchen fühle ich mich schon heimisch. Um 9.00 Uhr sollen wir morgen auf der Koppel sein, um Pferdeäpfel einzusammeln. Müde gehe ich ins Bett und träume schon davon, wie ich auf einem Pferd am Strand reiten werde. Schon vor 9.00 Uhr bin ich mit den anderen auf der Koppel. Wir bekommen eine Schaufel und eine Harke und gehen immer zu zweit durch die Pferde. Ist schon ein komisches Gefühl. Die »Alten« in unserer Gruppe stören uns nicht. Sie wissen nicht alles besser, sondern lernen wie wir. Dann treiben wir die Pferde herunter, und es kann losgehen. Alle Übungen, die wir für das Reiten brauchen, werden erst im Film gezeigt, dann geht es zur Gymnastik und anschließend aufs Holzpferd.

Ich lerne, wie man ein Pferd richtig führt. Wenn es anhalten soll, dann lege ich eine Hand kurz vor seine Augen, so daß das Pferde meint, da wäre eine Schranke. Ich habe das Gefühl, daß alles ganz leicht ist. Alle lernen, keiner meckert, daß ich etwas falsch mache. Am Nachmittag müssen wir schon auf richtigen Pferden aufund absitzen üben, ohne Sattel. Da es auf dem Holzpferd gut klappte, habe ich auch hier keine Schwierigkeiten. Jeden Tag kommt etwas Neues dazu; aber wir haben noch keine Zügel, sondern das Pferd bekommt einen Ring um den Hals, und dann müssen wir behutsam nach links oder rechts drehen, damit das Pferd die Richtung wechselt. Heute nachmittag machen wir schon ein Reiterspiel. Schlangenlinien müssen geritten werden, und dabei muß Wasser von einer Ecke zur anderen transportiert werden. Wer am meisten Wasser im Eimer hat, ist Sieger. Hat das einen Spaß gemacht! Jeden Tag werden wir gefilmt, damit wir am nächsten Tag unsere Fehler sehen und diese dann anschließend vermeiden können. Da kann man nicht schummeln. Wir üben jetzt schon Trab und Galopp, und morgen dürfen wir für eine Stunde im Freien reiten. Ich freue mich riesig darauf. Mein Pferd heißt Novo und ist ein Araber. Leider darf ich es nicht immer reiten, weil ich mich nicht an ein einziges Pferd gewöhnen soll. Die erste Stunde im Gelände war traumhaft. Ich fühle mich schon sehr sicher, und wenn ich doch manchmal ein bißchen Angst habe, dann kommt gleich Silke und sagt: »Du schaffst es bestimmt.«

Die Zeit geht dahin, und heute ist unser großer Ausritt, bei dem wir zwei Straßen überqueren müssen. Ich darf auch schon eine Trense anlegen. Allerdings muß mir da noch jemand helfen, weil ich ja nicht so groß bin, um an den Pferdekopf heranzukommen. »Nachsatteln nicht vergessen«, sagt Silke. Sonst kann es nämlich passieren, daß man runterfällt, weil das Pferd sich immer zunächst aufbläht.

Ich bin in der ersten Gruppe, und Silke schaut mich aufmunternd an. Dieser Blick sagt mir, daß ich wirklich keine Angst zu haben brauche. Wir reiten durch den Wald, der mir wie ein großer Dschungel vorkommt, weil die Bäume ganz dicht am Weg sind. Wir müssen sehr vorsichtig sein, damit wir uns nicht stoßen. Dann geht es auf ein freies Feld, und wir galoppieren, so daß ich meine, Novo schießt wie ein Pfeil davon. Ein bißchen halte ich mich an der Mähne fest. Dann traben wir. Es ist ein tolles Gefühl, wenn wir so alle hintereinander reiten. Wenn mir vor 14 Tagen jemand gesagt hätte, daß Reiten Spaß macht, hätte ich das nicht geglaubt. Meiner Mutter bin ich nun auch nicht mehr böse, daß sie mich zum Reiten gezwungen hat. Sie wird sehr stolz auf mich sein, weil ich jetzt keine Angst mehr habe.

Aufeinanderzugehen 5

Biblischer Bezug: Markus 2, 13-17
Biblische Erläuterung: Jesus geht auf Levi zu.

Kreativer Zugang: 100, 101, 104, **108, 109, 110,** 116, 123, 125, 127, 128, 129, 130, 134, 135, 143, 155, 157, 162, 163, 165, 166, 168, 180, 181, 191

Inhalt: Auf einer Party wird gegenseitiges Unverständnis zwischen Kindern und einer alten Frau überwunden.

Einsamkeit

Alt und Jung

Miteinander

Feiern

Alleinsein

Die Party

Erzählung von Margarete Zschörnig

»Wie viele?« fragte Ursula gespannt. »Wie viele was?« fragte die Mutter. Sie sah nur flüchtig von der Nähmaschine auf.
Ursula seufzte über so viel Unwissenheit. »Gäste natürlich. Partygäste«, erklärte sie und streckte den Daumen aus, um aufzuzählen: »Die Jutta, die Margit, den Peter, den Klaus und auf alle Fälle«, betonte sie, der Mutter jetzt den kleinen Finger unter die Nase haltend » – die Susanne. Ohne die Susanne macht es keinen Spaß.« Die Mutter stellte die Nähmaschine ab. »Die Susanne«, seufzte sie, »die wilde Hummel! Nein, Ursula. Und überhaupt ...« Und dann erklärte die Mutter ihrer enttäuscht dreinschauenden Ursel, was sie schon öfters erklärt hatte. Daß die Wohnung nicht groß und die Wände nicht dick genug seien für eine Party mit der Susanne, und daß die Frau Bausenwein unter ihnen keinen Krach vertragen könne.

»Wir sind ganz leise«, sagte Ursula und sagte es so oft, bis die Mutter endlich »in Gottes Namen, macht eure Party!« sagte.
»Juhu«, sagte Ursula. Natürlich ganz leise.
Bei der Party freilich kam alles so, wie es die Mutter vorausgeahnt hatte. Nach einer Dreiviertelstunde etwa stand die Susanne auf dem Stuhl, kein Mensch wußte warum, und polterte herunter. Die Margit machte es ihr nach, der Peter lachte, und die Jutta schubste den Klaus. Fünf Minuten später klingelte es. Vor der Tür stand Frau Bausenwein und beschwerte sich. Ob denn gar niemand ein bißchen Rücksicht nehmen könnte auf eine ältere Frau, die ernsthaft krank war. Die Kinder taten, als ob's ihnen wurscht wäre. Aber als Frau Bausenwein gegangen war, fanden sie das Vom-Stuhl-Herunterspringen und das Schubsen gar nicht mehr so lustig, und weil der Kuchen inzwischen aufgegessen war,

gingen sie auf die Straße hinunter und schimpften ein bißchen über die Frau Bausenwein. »Wenn ihr Hund bellt, der freche Dackel, das findet sie nicht zu laut, das findet sie am Ende musikalisch«, sagten sie. Und es sei schade um die schöne Party.

Die Zeit verging. Die Kinder trafen sich in der Schule, auf der Straße, in der Kirche, und eines Tages sagte die junge Kindergottesdiensthelferin, sie hätte eine Idee. Jeweils fünf, sechs Kinder sollten in einer Wohnung zusammen feiern, eine Party.
Die fünf, sechs Kinder, von denen hier die Rede ist, verzogen das Gesicht. Sie hatten da ihre keineswegs guten Erfahrungen. Aber die Kindergottesdiensthelferin fuhr fort, es solle einmal keine gewöhnliche Party sein, sondern eine, die einen besonderen Sinn und Zweck hat, bei der man – nur um ein Beispiel zu nennen – vielleicht einen alten, einsamen Menschen einlädt. Das sei doch einmal etwas anderes. Man würde jemandem eine Freude machen und selber eine Freude haben.
»Die Idee ist gar nicht so schlecht«, sagte Susanne zu ihren Freundinnen, »nur – kennt ihr einen alten einsamen Menschen?«
»Meine Oma ist schon tot«, sagte Jutta.
»Mein Opa«, sagte Klaus, »ist bei der Bundesbahn. Da ist er nicht einsam.« Sie überlegten hin und her. Endlich sagte Ursula, sie wüßte jemanden.
»Fein«, sagte Susanne, »dann machen wir's. Wann?«
»Wollt ihr nicht wissen«, erkundigte sich Ursula, »wen ich meine?«
»Das ist gleich«, entschied Susanne. »Hauptsache, daß er alt und einsam ist.«

Als Ursula die Angelegenheit mit ihrer Mutter besprach, hatte die seltsamerweise nichts dagegen. Sie erlaubte ohne Widerspruch die Benutzung des eigenen Wohnzimmers und half sogar beim Pläneschmieden:
welcher Kuchen gebacken, welches Tischtuch aufgelegt werden sollte. In einem Punkt freilich blieb sie unerbittlich. Die Einladung müsse Ursula selber überbringen.

Ein wenig aufgeregt stand Ursula darum eines Tages vor einer Wohnungstür, hinter der, kaum daß sie auf den Klingelknopf gedrückt hatte, ein Hund zu bellen begann. Dann wurde die Tür geöffnet. Eine alte Dame sah erstaunt auf Ursula. Die murmelte etwas von einer Party. Der Hund bellte dazu, und die ganze Sache war nicht so erfreulich, wie Ursula sich das gedacht hatte. Schließlich schnappte der Hund nach Ursula, und die alte Dame sagte, sie möge doch einen Augenblick hereinkommen und was passiert wäre?
Spätestens in diesem Augenblick wußte Ursula, daß eine Party mit einem alten Menschen nicht so ganz einfach ist. Aber dann hörte der Hund auf zu bellen, und Ursula konnte ihre Einladung ungestört überbringen. Und sie sagte alles ganz deutlich. Aber die alte Dame schien sie einfach nicht zu verstehen. »Wer soll eingeladen werden? Ich?«
»Ja«, bestätigte Ursula. »Und Ihr Hund natürlich auch, wenn er will.«

Irgendwo ging ein Licht auf. Vielleicht im Kopf, dann aber auch im Gesicht der alten Frau. »Ja, wenn du meinst«, sagte sie. Und dann wurde alles fest ausgemacht. Am Freitag nachmittag um drei. Und mit Hund.

Am Freitag nachmittag um halb drei war der Tisch fertig gedeckt. Margit brühte an einem koffeinfreien Kaffee herum, während Peter mit viel Kraftaufwand die Sahne schlug. Kurz vor drei war alles in Ordnung und sehr hübsch. Auch die Kinder sahen aus, als hätten sie sich eben frisch die Zähne geputzt. Sie freuten sich auf den einsamen alten Menschen. Daß es sich dabei um einen netten einsamen alten Menschen handeln würde, stand für sie außer Zweifel. Es klopfte. »Herein«, sagten die Kinder. Herein kam Frau Bausenwein.

»Aber wir haben doch gar keinen Krach gemacht!« sagte Susanne entgeistert. Ursula versetzte ihr einen Rippenstoß. »Frau Bausenwein ist unser Gast«, flüsterte sie. »Sie? Wieso? Ach so! Ja dann!« sagten die Kinder und rückten eilig einen Stuhl zurecht. »Bitte, Frau Bausenwein!«
Alle setzten sich. Alle ein bißchen steif. Susanne und Frau Bausenweins Hund beschnupperten sich vorsichtig, und Ursula zerbrach sich den Kopf, wie man ein Gespräch mit Frau Bausenwein beginnen könnte. Endlich hatte sie eine Idee. »Wie alt ist eigentlich Ihr Hund, Frau Bausenwein?« fragte sie. Das war eine gute Frage, denn Frau Bausenwein freute sich sehr, den aufmerksam lauschenden Kindern etwas über ihren Hund erzählen zu können. Zehn Jahre alt sei er schon. Mit vier Jahren hätte sie ihn bekommen von einer Freundin, die weggezogen sei. Sie habe ihn eigentlich gar nicht gewollt. Heute allerdings sei sie froh, daß sie ihn habe. Immer so allein in der Wohnung, das wäre doch auch nichts.
Daraufhin wollten und durften die Kinder den Hund, der ein so braver Gesellschafter war, alle einmal streicheln. Und Margit fragte, ob sie ihn gelegentlich spazieren führen dürfe. Peter sagte, er möchte das auch. Es ginge nur schlecht, weil er immer Englisch lernen müsse, und daß sein Lehrer sagt, er, Peter, sei nicht sprachbegabt.
»Englisch sollte man können«, sagte Frau Bausenwein.
»Können Sie's?« fragte Susanne.
»Natürlich«, sagte Frau Bausenwein. Eine Zeitlang habe sie sogar in Amerika gelebt.

Da staunten die Kinder. Frau Bausenwein in Amerika! Das hätten sie nicht gedacht. Von dem Augenblick an brauchte sich keines der Kinder mehr zu überlegen, wie man ein Gespräch mit Frau Bausenwein in Gang bringen könnte. Die Fragen purzelten nur so. War es eigentlich wirklich so, daß die Wolkenkratzer an die Wolken kratzen? Und wie tief ist der Grand Cañon und wie groß der Michigansee? Und was ist mit den Indianern? Und den Cowboys? Und dem Weißen Haus? Und. Und. Und.
Die Stunden vergingen. Am Ende, als Ursulas Mutter das Geschirr abräumen und abwaschen wollte, sagte Frau Bausenwein: »In Amerika machen das die Gäste.« Sie stand auf.

Auch die Kinder standen auf. Und alle gingen in die Küche. Es gab ein bißchen Krach, aber Frau Bausenwein lachte dazu, und am Ende war alles ganz sauber.

Von diesem Tag an hatte der Hund von Frau Bausenwein oft mal Gelegenheit, hinter der Gangtüre zu bellen, weil da viel öfter als früher geläutet wurde. Die Kinder kamen, um amerikanische Geschichten zu hören, mal auf deutsch, in zunehmendem Maß auch auf englisch. Alle saßen um einen Tisch. Es war lustig, gelegentlich auch laut, vor allem aber spannend, herauszufinden, wer von einer englisch erzählten Geschichte was verstanden hatte. Auch der Hund hörte zu. Und wenn er nicht mehr mochte, gab's genug Interessenten, die ihn spazierenführen wollten. Manchmal im Sommer gingen alle, Frau Bausenwein, der Hund, die Kinder, zusammen in den Park. Wegen der guten Luft, der schönen Blumen und der dortigen Eisdiele.

Und als die Kindergottesdiensthelferin wieder einmal anregte, doch einen alten einsamen Menschen einzuladen, überlegten die Kinder lange, wen sie nehmen könnten. Frau Bausenwein kam nicht in Frage. Frau Bausenwein war nicht mehr einsam.

Aufeinanderzugehen 6

Biblischer Bezug: Josua 1, 1-9

Biblische Erläuterung: Gott hilft Josua, sich in dem neuen Land zurechtzufinden.

Kreativer Zugang: 106, **108, 109, 110,** 112, 114, 125, 131, 132, 133, 134, 135, 153, 165, 205

Inhalt: Beim Auslandsurlaub mit der Familie lernt Martin sich zu verständigen und sich einzufügen.

Langeweile
Verstehen
Urlaub
Fremde
Fremdsein
Sprache

Bitte nicht drängeln

Erzählung von Susanne v. Schroeter

Weiß schäumend sprühten die Wellen um das Schiff. Das Fähnchen am Bug knatterte leicht im Wind. Die Menschen an Deck hielten ihre Kopftücher und Mützen fest. Die meisten Leute standen auf den Bänken, um besser sehen zu können. Ganz weit am dunstigen Horizont lag ein heller Streifen über dem Meer. Die Kreidefelsen von Dover.

Martin und Nina standen ganz vorne, hinter der Glasscheibe, die ein wenig Schutz vor dem Wind bot. Noch eine halbe Stunde, dann würde das Fährschiff in England anlegen.

Zu Hause hatten sie oft vom Urlaub in England geredet und von dem kleinen Hotel, in dem Vater Zimmer bestellt hatte. Eigentlich war es eine Farm mit Pferden und Ponys. Martin hatte in der Schule schon viel über England gelernt. Er freute sich darauf, jetzt alles selbst zu sehen. Aber ein bißchen Angst hatte er auch. Waren noch mehr Kinder auf der Farm? Würden sie mit ihm spielen? Würde ihn überhaupt jemand verstehen, und was sollte er tun, wenn er etwas einkaufen wollte?

Die Kreidefelsen der Küste waren jetzt schon ganz deutlich zu sehen. Eine halbe Stunde später fuhren sie mit dem Auto aus der Fähre hinaus an Land und zur Paßkontrolle.

Ein paar Möwen kreisten um die parkenden Wagen und stürzten sich auf die Brocken, die man ihnen zuwarf. »Die Möwen benehmen sich genau wie bei uns«, sagte Nina.

»Aber sonst ist manches anders«, antwortete die Mutter. »Und vergeßt nicht, was ich euch gesagt habe!«

»So wie ihr andern begegnet, so begegnen sie euch«, rief Nina eifrig.

»Und die Sitten des Gastlandes soll man achten!«

Das Farm-Hotel lag inmitten von Pferdekoppeln. Es war klein und gemütlich. Ein großer Hund sonnte sich vor dem Eingang, und ein zweiter rannte wedelnd neben der Wirtin her, die herauskam und sie freundlich begrüßte.

Martin nahm sich kaum Zeit, um auszupacken. Bald stürzte er hinaus zur Pferdekoppel. Ein paar Kinder standen bei den Ponys. Sie redeten eifrig miteinander. Martin verstand kein Wort. Nachher spielten die Kinder ein Ballspiel. Martin kam nicht dahinter, wie die Spielregeln waren. Er hätte gern gefragt, aber er traute sich nicht. Beim Abendessen fragte die Wirtin etwas. Martin zuckte ratlos die Achseln. »So schön ist es hier doch nicht«, sagte er abends zur Mutter. »Man versteht gar nichts, und sogar die Spielregeln sind anders.«

»Andere Länder, andere Sitten«, sagte die Mutter. »Frag sie morgen mal freundlich, vielleicht lassen sie dich mitspielen«

»Ich trau mich nicht«, sagte Martin.

Am nächsten Morgen, als er in den Hof kam, sattelten die andern die Ponys. Martin wäre gern mitgeritten, aber es war kein Pony mehr frei. Zwei Jungen saßen auf dem Gatter und lasen Comics. Einer reichte Martin freundlich ein Heft hinüber. Martin betrachtete die Bilder, aus den Texten wurde er nicht schlau.

Das Mittagessen war ganz anders als zu Hause, und es gab Tee zum Essen.

»Tee mag ich nicht«, sagte Martin mürrisch.

Nachher schlenderte er vor dem Farmhaus herum. Ein paar Jungen waren in ein Kartenspiel vertieft. Martin sah ihnen eine Weile zu, aber wieder verstand er die Regeln nicht. Hinter dem Haus fand er Nina. Sie saß auf einem Mäuerchen und spielte mit der Tochter des Farmers »Puppen ins Bett bringen«. Die beiden redeten eifrig miteinander. Martin starrte sie ungläubig an. Sollte die Kleine etwa Deutsch können? Als er näher kam, hörte er, daß sich die beiden vergnügt in zwei Sprachen unterhielten. Nina sprach deutsch, das Mädchen englisch.

»Du verstehst die doch überhaupt nicht«, sagte Martin.

»Natürlich versteh ich sie«. antwortete Nina entrüstet.

»Das glaubst du doch selber nicht«, knurrte Martin und schlenderte weiter. Er war wütend und langweilte sich.

Nachmittags machten sie einen Ausflug in die kleine Stadt an der Küste. An einer Bushaltestelle standen Leute, einer hinter dem andern. Keiner drängelte, als der Bus kam.

»Bei uns drängeln immer alle so«, sagte Nina.

Als sie nachher an einem Kiosk ein Eis kaufen wollten, drängelte Martin nach vorn, um schneller dranzukommen. Er legte sein Geldstück auf den Tisch und zeigte auf ein Eis. Aber der Mann am Kiosk bediente ruhig die andern weiter, die einer hinter dem anderen warteten, bis sie an der Reihe waren. Wütend nahm Martin sein Geldstück und rannte weg.

»Wenn man kein Englisch kann, kriegt man nichts«, beschwerte er sich.

»Ich glaube, es lag daran, daß du dich vorgedrängelt hast«, sagte die Mutter ruhig.

Am liebsten wäre Martin gleich wieder nach Hause gefahren, aber als sie dann zum Strand kamen, besserte sich seine Laune.

Sie sahen einem Fischer zu, der eine lange Leine auslegte. Die Leine verfing sich an einem Stein. Martin half dem Fischer, sie los zu machen. Dann zeigte der Fischer Martin, wie man den Köder anbringt und wie man die Leine mit Steinen beschwert, damit die Flut sie nicht wegschwemmt. An einer Stelle, wo das Wasser schon tief in einem Priel stand, hob er Nina über den Wassergraben und half dann auch Martin hinüber.

»Danke«, sagte Martin. Der Fischer nickte freundlich.

Da merkte Martin, daß er sich mit dem Fischer verstanden hatte, ohne Englisch. Aber wenn ich die Sprache könnte, dachte er, dann ginge es noch besser.

Als sie nachher durch die Stadt spazierten, sah er in einem Schaufenster ein Buch mit bunten Bildern. Es waren Gegenstände darin abgebildet, ein Apfel, ein Auto, eine Amsel. Daneben standen Wörter, in Englisch und in Deutsch. Es war ein Wörterbuch mit Bildern. Martin zeigte es der Mutter. Er war ganz glücklich, als sie in den Laden ging und das Buch kaufte.

Am nächsten Tag nahm er das Buch mit zur Pferdekoppel. Da saßen wieder ein paar Jungen auf dem Gatter. Martin faßte sich ein Herz. Er ging zu ihnen hin und zeigte auf das Pferd im Buch. »Horse« stand daneben. Er wußte nicht, wie er das aussprechen sollte.

Die Jungen betrachteten interessiert das Buch. »Hooß«, sagte einer. Martin sprach es nach, und dann übten die andern das Wort »Pferd«. Daß das so ein schwieriges Wort war, hätte Martin nie gedacht. Ein richtiger Zungenbrecher. Sie übten auch noch andere Wörter. Manchmal lachten sie sich halbtot, weil alles so komisch klang. Nachher zeigten die andern Martin, wie sie Karten spielten. Es dauerte ziemlich lange, bis er dahinterkam, wie es ging.

Als die Jungen ins Haus gingen, um Tee zu trinken, setzte sich Martin zu ihnen. Er trank eine Tasse Tee, obwohl er eigentlich keinen mochte. Aber er schmeckte gar nicht schlecht, mit viel Milch und Zukker. Als die anderen dann etwas sagten, das wie »Hooßraiding« klang, verstand er gleich, was sie meinten. Er ging mit ihnen zur Koppel, wo die Sättel hingen. Sie stellten sich hintereinander auf und warteten, bis sie an die Reihe kamen. Einem nach dem andern zeigte der Farmer, welches Pferd er nehmen konnte. Martin stellte sich hinter den andern an und wartete, bis er drankam.

Am folgenden Tag fuhr er mit den andern in die Stadt.

Am Kiosk kauften sie sich ein Eis. Martin wartete geduldig in der Schlange, bis er drankam. Es war derselbe Verkäufer, wie am Tag vorher. Ein bißchen ängstlich wartete Martin, ob er ihm diesmal ein Eis geben würde. Freundlich reichte der Mann Martin die Eistüte und nahm das Geldstück, das Martin ihm wortlos zuschob.

Es war richtig schön, als sie nachher alle auf der Kaimauer saßen und ihr Eis lutschten, ihr »Eiskriehm«, wie die andern sagten. Martin war sicher, daß es doch noch ein schöner Urlaub werden würde.

Biblischer Bezug: 4.Mose 22, 1-20
Biblische Erläuterung: Bileam soll das Volk Israel verfluchen. Er wird es aber segnen.

Kreativer Zugang: 104, 105, 108, 109, 111, **112, 113, 114,** 116, 125, 131, 132, 133, 134, 135, 139, 153, 161, 162, 163, 165, 184

Inhalt: Im Spiel »Wer fürchtet sich vor'm schwarzen Mann« laufen die Kinder vor dem Fremden weg. Wie verhalten wir uns gegenüber den Fremden in unserem Land?

Vorurteile

Anders(sein)

Angst

Fremde

Fremdsein

Wenn er aber kommt

Erzählung von Wolfgang-Jürgen Stark

Als ich so alt war wie ihr, habe ich oft mit meinen Kameraden folgendes Spiel gespielt. Alle fassen sich an den Händen und bilden eine Reihe. Ein Kind steht etwa 20 Meter allein gegenüber und spielt den »Schwarzen Mann«. Dann fragt der »Schwarze Mann«: »Wer fürchtet sich vor dem Schwarzen Mann?« Alle rufen: »Niemand!« – Er: »Und wenn er kommt?« – Alle: »Dann laufen wir!« Alle laufen auseinander und der »Schwarze Mann« muß ein anderes Kind fangen, das dann den »Schwarzen Mann« spielen darf. Das ist nur ein Spiel.

Ich kenne aber viele in unserem Land, die fürchten sich vor den dunkelhäutigen oder schwarzhaarigen Fremden, die heute zahlreich unter uns leben. »Sie nehmen uns die Wohnung weg, sie nehmen uns die Arbeit weg, sie schlagen unsere Kinder ...«, so sagen oft viele Erwachsene, »laßt sie nicht in unser Land! Ausländer raus! Verfluchte Ausländer!«

Auf seiner langen Wanderschaft aus Ägypten durch die Wüste war das Volk Israel bis an die Grenze des Landes Moab gekommen. Die Moabiter erschraken fürchterlich, als sie die fremden Menschen an ihrer Landesgrenze auftauchen sahen mit Kindern und Tieren, mit Sack und Pack.
»Wenn die in unser Land kommen, nehmen sie uns alles weg. Sie brauchen ja etwas zu essen und zu trinken, vielleicht wollen sie sogar unser Land!« So sagten das die Frauen beim Wasserholen und die Männer auf dem Dorfplatz. »Was wird unser König dagegen unternehmen?«
Der war nicht untätig. Er erinnerte sich an einen alten Mann, den blinden Bileam. Die Leute nannten diesen Gottesmann »Seher«, weil er oft mehr von den Dingen des Lebens verstand als andere. Der mußte helfen.
König Balak sandte Boten zu Bileam und ließ ihm ausrichten: »Vor unserer Grenze stehen fremde Menschen und bedrohen unser Land. Du mußt über sie Gottes Fluch aussprechen. Dann werden sie schwach, und wir können sie vertreiben.« – »Wartet«, sagte Bileam, »ich will erst im Gebet mit Gott darüber reden.«
Als er wieder zu den Boten des Königs kam, sah er die fremden Israeliten mit Gottes Augen und wußte: Alle Menschen sind Gottes Geschöpfe, von Gott geliebt und gesegnet. Ich darf sie nicht verfluchen, sie sind Gottes gesegnetes Volk. So gab er den Boten zur Antwort: »Sagt dem König: Gott hat mir die Augen geöffnet. Ich sehe in den Fremden von Gott gesegnete Menschen.«

Manchmal wünsche ich mir, daß Gott uns heute auch die Augen öffnen möge für die fremden Menschen, die als Flüchtlinge in unser Land kommen. Sie brauchen unsere Hilfe. Darin erfahren sie Gottes Segen.

8 Ausländer/-in

Ablehnung

Freundschaft

Einsetzen (sich)

Anteilnehmen

Biblischer Bezug: Matthäus 5, 9

Biblische Erläuterung: Freuen dürfen sich alle, die Frieden schaffen.

Kreativer Zugang: 102, 106, 107, 109, 110, **112, 113, 114,** 115, 116, 117, 123, 131, 132, 136, 137, 138, 139, 154, 161, 165, 169, 170, 171, 186, 189, 190, 191, 192, 193, 208, 213

Inhalt: Angeregt von der Aktion »Mach meinen Kumpel nicht an« (Aufkleber mit der gelben Hand) versucht Martin, seinem türkischen Freund zu helfen.

Die gelbe Hand

Erzählung von Susanne v. Schroeter

Sie nannten ihn ›Knobi‹, dabei hieß er eigentlich ›Memet‹. Es wäre aber keinem eingefallen, ihn ›Memet‹ zu rufen.
›Knobi‹ war eine Abkürzung von Knoblauch. Die riechen nämlich alle nach Knoblauch, behaupteten manche. Knobi wohnte in dem Haus neben der Bäckerei. Er hatte zwei Schwestern, die liefen sogar an den heißesten Tagen mit Kopftüchern herum, und auch Knobis Mutter trug immer ein buntes Kopftuch und dicke Wollstrümpfe.

Martin konnte den Knobi gut leiden. Er spielte oft mit ihm, meistens im Wäldchen hinter dem Spielplatz. Da bauten sie eine Bude mit einem Erdwall drumherum. Wenn Martin zur Bude kam, saß Knobi meistens schon da und wartete. Das wunderte Martin zuerst, aber dann merkte er, warum der Knobi so gern dort war – da konnte ihn keiner ärgern.
Die andern meinten es vielleicht gar nicht so böse, wenn sie sagten: »Deine Alte hat ja ein irre tolles Kopftuch. Ist das vom Ausverkauf?« Oder abends, wenn Knobi als erster reinmußte, weil sein Vater so streng war, da machten sie sich lustig. »Dein Alter ist total bekloppt!« sagte mal einer.
Martin dachte schon, Knobi würde sich auf den stürzen, der das gesagt hatte, aber dann drehte er sich nur um und rannte ins Haus. Einmal, als sie zusammen ins Kino fahren wollten, alle aus der Straße, da fragte Martin den Knobi, ob er auch mitkäme. Er merkte gleich, daß Knobi sich freute, aber die anderen protestierten. »Mann«, sagte einer, »dann stinkt ja das ganze Kino nach Knoblauch!«
Knobi sagte nichts und lief ins Haus, aber Martin merkte doch, daß er dem Weinen nahe war. Vom Bus aus sah er ihn, als sie vorbeifuhren. Er stand oben am Fenster und schaute dem Bus nach. Martin machte es auf einmal gar keinen Spaß mehr, ins Kino zu fahren. Immer mußte er an Knobi denken, wie er so allein oben am Fenster gestanden hatte. Um sich abzulenken, betrachtete Martin die andern Fahrgäste.
Da fiel ihm die Hand auf. Eine kleine, gelbe Hand, am Pullover eines jungen Mannes, der gerade vor Martin stand.

Es war so etwas wie ein Abzeichen. Irgend etwas stand darauf, aber Martin konnte es nicht lesen, weil der Bus so schaukelte. Erst beim Aussteigen sah er es: **»Mach meinen Kumpel nicht an!«** stand auf der gelben Hand.
Der Film gefiel Martin nicht, und er ärgerte sich, weil die andern so lachten, als wenn gar nichts wäre. Die hatten Knobi schon ganz vergessen. Erst am Schluß wurde der Film besser, als der Cowboy schon umringt war von den Kerlen, die ihm aufgelauert hatten und plötzlich sein Freund angaloppiert kam, gerade noch zur rechten Zeit.
Da fiel Martin auf einmal die gelbe Hand ein: »Mach meinen Kumpel nicht an!« Das sollte es also heißen: »Tu meinem Freund nichts!«
In den nächsten Tagen sah er Knobi überhaupt nicht. Nicht mal in die Bude im Wald kam er. Vielleicht dachte er jetzt, daß sie alle gegen ihn waren, auch Martin.

In der Bahnstraße, beim Einkaufen, sah Martin die gelbe Hand wieder, diesmal an der Heckscheibe eines Autos. Er blieb stehen und schaute sich die Hand genauer an.
»Na«, sagte jemand hinter ihm, »hast du auch einen Kumpel?«
Martin drehte sich erstaunt um und sah in das fröhliche Gesicht eines jungen Mannes.
»Gefällt dir der Aufkleber?« fragte der junge Mann.
Noch bevor Martin etwas sagen konnte, faßte er in seine Jackentasche und zog einen Aufkleber heraus. »Den kannst du auf dein Fahrrad kleben, oder auf den Schulranzen, wenn du willst«, sagte er. »Mach meinen Kumpel nicht an«, las Martin laut und winkte mit der gelben Hand, so als wollte er jemanden wegscheuchen.
Der junge Mann sah ihn erstaunt an. »Aha«, sagte er, »du weißt, was damit gemeint ist?«

Martin fing an zu erzählen, von dem Film mit dem Cowboy und den Verfolgern und dann von Knobi.
Der junge Mann hörte aufmerksam zu. Ein paarmal nickte er.
»Und weil das so ist«, sagte er schließlich, »weil euer Knobi so oft gepiesackt wird und es andern genauso geht wie ihm, deshalb machen wir die Aktion gelbe Hand.«

Und dann fing er an zu erklären, daß sie eine ganze Gruppe wären, nicht nur in dieser Stadt, in vielen Städten und auch in anderen Ländern; daß sie denen helfen wollen, die es schwerer hatten, wegen ihrer anderen Sprache, weil sie aus anderen Ländern kamen.
»Weil man dem Knobi helfen soll, wenn ihn die andern ärgern«, nickte Martin verständnisvoll. »Hast du nicht noch'n paar gelbe Hände?« wollte er wissen.
Der junge Mann holte ein ganzes Päckchen aus dem Auto. »Für den Fall, daß du mitmachen möchtest«, sagte er. Dann gab er Martin noch seine Adresse und klopfte ihm zum Abschied aufmunternd auf die Schulter.
»Mach's gut, Kumpel!« rief er ihm noch aus dem Auto zu, als er wegfuhr.

In den nächsten Tagen war Martin sehr eifrig. Er klebte gelbe Hände an, wo immer er eine Stelle fand, die ihm geeignet schien.
Gelbe Hände prangten bald auf dem Briefkasten der Nachbarin, auf der Schultür und auf der Tafel, auf Martins Schulmappe natürlich und auf der Garage des Bäkkers. Als er auch noch auf die Heckscheibe von Vaters Auto ein Händchen klebte, wurde der Vater wütend. »Die Sache ist ja an sich gut«, sagte er, »aber übertreib's nicht!«
Es wimmelte bald von gelben Händen in der Gegend, und es hagelte auch Beschwerden.
»Lümmel!« sagte die Nachbarin, als sie die Hand vom Briefkasten abkratzte. Sie wollte auch keine Erklärung hören, weder der Knobi interessierte sie, noch die gelbe Hand. In der Schule mußte Martin die Hand zwar selbst von der Tafel abmachen, aber der Lehrer ließ sich von ihm erzählen, was das Zeichen bedeutete, und dann redeten sie die halbe Stunde darüber.

Einige sagten: »Es gibt sowieso zu viele Ausländer bei uns!« und »Der Knobi ist doch doof!«, aber andere fanden die Idee auch gut. Ein paar wollten einen Aufkleber haben, aber sie klebten ihn dann doch nur auf die Bücher, so zur Verzierung, aber als Knobi am nächsten Tag auf die Straße kam, ließen sie ihn doch nicht mitspielen. »Wir sind sowieso schon zu viele«, sagte einer, dabei stimmte das gar nicht, und als Martin lautstark verlangte, der Knobi solle mitmachen, sagte einer: »Hau doch ab mit deinem Knoblauchfresser!«
Ein paar Tage später hörte Martin das von der Party. Bäckers Gudrun hatte nämlich Geburtstag. Das feierte sie jedes Jahr mit Superkuchenschlachten, aber dieses Mal wollte sie grillen, im Garten, weil das Wetter so schön war.
Immer hatte sie Martin eingeladen, deshalb wunderte er sich, als er die andern von der Grillparty reden hörte, von der er noch gar nichts wußte. Vielleicht hatte sie es einfach vergessen, oder das Briefchen würde noch kommen. Aber die Gudrun hatte es nicht vergessen; sie wollte ihn nicht einladen, weil er soviel mit Knobi zusammen war. Die andern erzählten es Martin. Und ihren Eltern gefiel das auch nicht, hätte sie gesagt.

Martin tat so, als mache es ihm nichts aus, aber er mußte immer daran denken, und als er die andern mit Geschenken zum Garten hinter der Bäckerei gehen sah, hatte er einen bitteren Geschmack im Mund. Als er dann die Musik hörte und das Gelächter und Gekreisch, und als dann noch der Duft von Gegrilltem herüberzog, wäre er am liebsten ins Haus gegangen, um nichts mehr zu hören, aber er brachte es nicht fertig. Er setzte sich auf das Mäuerchen, von dem aus man den Garten sehen konnte. Es fing schon an, dämmerig zu werden, so brauchte er nicht zu befürchten, daß die andern ihn sehen konnten.
Da hörte er hinter sich im Gebüsch ein Rascheln. Er drehte sich erschrocken um und sah, wie Knobi aus der Hecke kroch. Der hatte also auch da gesessen und dem fröhlichen Treiben zugeschaut.
Knobi setzte sich neben Martin aufs Mäuerchen.
Martin merkte, wie so etwas wie Wut in ihm hochkroch, eigentlich war doch auch der Knobi daran schuld, daß Martin nicht dort unten mitfeiern konnte. Er spürte wieder diesen bitteren Geschmack im Mund, genauso wie einmal, als es ihm schlecht geworden war.

Da zog der Knobi plötzlich etwas aus der Tasche. Aus einer braunen Papiertüte wickelte er etwas aus, das bunt und klebrig war. Er hielt es Martin hin. Als Martin zögerte, nahm der Knobi sich selbst ein Stück, schob es in den Mund und verdrehte zum Spaß seine dunklen Kulleraugen, um zu zeigen, wie gut es ihm mundete. Martin mußte lachen. Er probierte ein Stückchen, ein ganz kleines. Es schmeckte sehr süß und köstlich und zerging richtig auf der Zunge.
»Türkischer Honig«, sagte der Knobi. Martin nahm sich noch ein Stück, ein größeres diesmal, und er merkte, wie der bittere Geschmack in seinem Mund verschwand.

9 Ausländer/-in

Rassismus

Aggressionen

Ehrlichkeit

Ablehnung

Nächstenliebe

Glaubwürdigkeit

Biblischer Bezug: Markus 10, 17-31

Biblische Erläuterung: Der Anspruch Jesu an den reichen Mann ist sehr hoch. Dieser kann seine guten Vorsätze nicht einhalten.

Kreativer Zugang: 109, **112, 113, 114,** 116, 131, 132, 141, 142, 143, 161, 165, 183

Inhalt: Katharina ist entsetzt über die Mißhandlung eines Ausländers. Aber eine Rußlanddeutsche auf der Schulbank neben sich will sie nicht dulden.

Reden ist leichter

Erzählung von Elke Bräunling

Wie kann man nur so gemein sein?« Katharina war entsetzt. Nur mit Mühe konnte sie die Tränen zurückhalten. Nein, sie konnte es nicht begreifen! Immer wieder sah sie die Typen vor sich, wie sie den jungen Mann mit der dunklen Haut und den schwarzen Haaren verprügelten. Zu viert droschen und schlugen und traten sie auf ihn ein. Einer von diesen brutalen Glatzköpfen hatte sogar ein Messer in der Hand. Und das am hellichten Tag mitten in der Fußgängerzone!

Viele Leute waren unterwegs, doch keiner half. Einige glotzten neugierig zu den Schlägern hinüber, die meisten aber gingen ihres Weges. Sie warfen nicht einmal einen Blick auf die Prügelei, so, als ob sie das nichts anginge! Nur, weil der junge Mann ein Ausländer war? Darüber mußte Katharina noch lange nachdenken. Sie hatte sich so hilflos und allein gefühlt. Zu gerne hätte sie dem jungen Mann, der blutend am Boden lag und die Hände schützend vor das Gesicht hielt, geholfen. Aber was hätte sie schon ausrichten können gegen diese vier Skins? Das fragte sie am nächsten Morgen auch in der Schule, als sie von ihrem Erlebnis erzählte.

»Was haben die Leute gegen die Ausländer?« fragte sie.

Herr Burger seufzte: »Ich würde dir gerne eine Antwort geben«, sagte er. »Doch ich verstehe es selbst nicht. Vielleicht, weil jeder nur noch an sich selbst denkt.« Er seufzte wieder. »Die Welt ist so gleichgültig geworden. Wen interessiert schon ein Ausländerschicksal?«

»Also ich«, rief Katharina entschlossen, »würde nicht so denken«. Und sie nahm sich fest vor, nie, ja wirklich niemals so gleichgültig und selbstsüchtig zu sein wie die Leute auf der Straße. »Die Ausländer sind arm genug dran«, sagte sie. »Da muß man ihnen doch helfen!«

Herr Burger lächelte dankbar.

»Das hast du schön gesagt«, sagte er.

Ein paar Tage später kam Herr Burger mit einem neuen Mädchen in die Klasse.

»Das ist Tanja«, stellte er die Neue vor. »Seid nett zu ihr!« »Guttenn Ttagg!« nuschelte Tanja, und die Klasse kicherte.

»Wo kommt die denn her?«

»Aus Rußland«, sagte Herr Burger. »Tanja ist erst zwei Wochen bei uns.« Er führte die Neue zu Katharinas Bank. »Katharina wird sich um dich kümmern«, erklärte er Tanja und wies ihr den Platz neben Katharina zu.

Katharina merkte, wie sie sauer wurde. »Aber das ist doch Jens' Platz«, protestierte sie. »Der ist heut nur krank.«

»Dann kann er sich ja zu Tom setzen, wenn er wiederkommt«, meinte Herr Burger ungerührt.

»A-a-aber ...« Katharina zögerte. Sollte sie vor allen sagen, wie sehr sie in Jens verknallt war und mit wieviel Tricks sie gearbeitet hatte, damit sich Jens neben sie gesetzt hatte?

Sie biß sich auf die Lippen. »Ach, außerdem, Katharina«, sagte da Herr Burger noch. »Tanja kennt sich hier noch nicht aus. Würdest du sie nach der Schule nach Hause bringen?«

Das auch noch! Katharina schnappte nach Luft. Wo sie doch nach der Schule Jens besuchen wollte! »Warum gerade ich?« schimpfte sie los.

Herr Burger sah Katharina ernst an. »Warum? Tanja wohnt ganz in deiner Nähe, ja, und ich habe eigentlich gedacht, daß ...«

Aber er sagte nicht, was er eigentlich gedacht hatte. Katharina wußte es auch so.

»Schon klar«, murmelte sie und vermied es, Herrn Burger anzusehen. Es war aber auch zu dumm! Ausgerechnet heute! Sie seufzte und dachte an ihre Worte vor einigen Tagen. ›Die Ausländer sind arm dran‹, hatte sie groß herumgetönt. ›Da muß man ihnen helfen.‹ Sie seufzte noch einmal. Ja, reden ist leichter als handeln. Am liebsten hätte sie dieser fremden russischen Tanja eine geknallt oder sonst etwas Blödes angestellt. Einfach so.

Sie beugte ihren Kopf tief über ihr Heft, damit sie Tanja nicht ansehen mußte.

Da schob sich auf einmal unter der Bank eine Hand zu ihr herüber. Die fremde Hand faßte nach ihrer Hand. Sie fühlte sich gut an, die Hand.

Katharina spürte, wie ihr warm ums Herz wurde.

Es war ein schönes Gefühl.

»Schon klar«, murmelte sie noch einmal. Sie sah auf und blickte in Tanjas Augen, und die strahlten hell vor Freude.

Biblischer Bezug: Lukas 5, 12-16
Biblische Erläuterung: Jesus hilft dem Aussätzigen (dem Außenseiter).
Kreativer Zugang: 100, 101, 102, 103, 104, 107, 108, **111,** 112, 116, 125, 134, 135, 139, 157, 162, 163, 165, 184, 191
Inhalt: Schaustellerkinder, zumeist nur wenige Tage in einer Schule, werden dort oft an den Rand gedrängt.

Schausteller

Alleinsein

Annehmen

Anders(sein)

Rand-gruppen

Vorurteile

Kinder auf der Reise

Erzählung von Gottfried Pangnitz

Hurra! die Ferien sind angebrochen. Die Koffer werden gepackt und in das Auto geladen. Keine Schule – die Eltern haben einmal Zeit für uns! Ferien an der See oder in den Bergen. Verreisen ist schön.

Sissi reist immer, verreist aber nie. Man könnte fast ein Rätsel daraus machen. Etwa so: Welche Kinder reisen immer, können aber – jedenfalls im Sommer – nie verreisen? Verreisen, das heißt: seine Wohnung verlassen und für einige Zeit nicht zu Hause sein. Sissi verläßt ihre Wohnung nur, wenn sie von der Mutter zum Einkaufen geschickt wird, oder wenn sie zur Schule geht. Und trotzdem ist sie fast das ganze Jahr auf der Reise.

Die Lösung des Rätsels: Sissi ist ein Zirkuskind. Sie ist mit ihren zehn Jahren schon eine Artistin, die in der Zirkusmanege des Familienzirkus Henry mit einer eigenen Nummer auftritt. Sie macht eine wunderbare Bodenakrobatik. Die Fachleute reden von einer Parterrenummer. Manche sagen auch Kautschuk dazu. Ihr hättet sicher auch gestaunt, wenn ihr gesehen hättet, mit welcher Grazie Sissi ihren Körper beherrscht. Aber was steckt da für Training dahinter, bis das so leicht und mühelos geht und man dabei noch lächelt, als wär gar nichts dabei!

Kinder auf der Reise, das sind nicht nur die Kinder der Zirkusfamilien, Artistenkinder, die mit irgendeinem kleinen oder großen Zirkus reisen. Auch die Schausteller sind auf der Reise, von einem Volksfest zum anderen. Und die meisten ihrer Kinder reisen mit: zum Oktoberfest in München, nach Stuttgart zum Canstatter Wasen, zur Cranger Kirmes nach Herne, zum Bremer Freimarkt oder zum Hamburger Dom. Da bauen die Eltern eine Geisterbahn, ein Riesenrad, einen Wellenflieger oder eine Schießbude auf, und die größeren Kinder helfen dabei. Aber auch die Schulkinder haben ihre Pflichten. Wenn die Mutter an der Kasse sitzt und die Chips für den Musikexpreß ausgibt, spülen sie das Geschirr vom Mittagessen.

Auch sonst gibt es manches im Wohnwagen zu tun. Schließlich muß ja nach jeder Reise der ganze Wagen wieder eingerichtet werden. Und wenn die Reise weitergeht, muß man vorher das Geschirr und die Vasen, die Bücher und den Fernseher wieder gut einpacken, damit unterwegs nichts kaputtgeht. Manche Familien wohnen auch im Winter, wenn die Reise zu Ende ist, in ihrem Wagen – irgendwo am Rande einer Stadt. Nicht irgendein Dorf oder eine Stadt ist ihre Heimat, sondern der Wagen, in dem viele von ihnen quer durch ganz Deutschland reisen.

Die Großeltern und auch manche Eltern sind noch im Wohnwagen geboren. Und sie sind stolz darauf, wenn sie ein echtes Kind »von der Reise« sind. Aber auch die Kinder kommen dort zur Welt, wo die Eltern zufällig mit ihrem Geschäft stehen. Zum Beispiel in Hannover, wenn dort Schützenfest ist, oder auch in Düsseldorf in einer Klinik, während der Wohnwagen auf der Rheinwiese steht.
Wenn Sissi und die Kinder der Artisten und Schausteller immer unterwegs sind – das gibt doch Probleme! Zum Beispiel mit der Kirche. Die reist ja nicht mit, sondern steht an einem festen Ort und rührt sich nicht vom Fleck.
Zu welcher Gemeinde gehören sie dann eigentlich? Wer kümmert sich um sie, wenn sie getauft oder konfirmiert werden sollen?

Natürlich gibt es keine reisende Kirche, aber es gibt einen reisenden Pfarrer. Für die 6000 evangelischen Schausteller und Artisten ist das nicht viel. Und es ist keine leichte Aufgabe, jedes Jahr etwa 60 000 Kilometer mit Wohnmobil, Pkw, Zug oder Flugzeug unterwegs zu sein. Aber jeder Gottesdienst, den ich in einem Zirkus- oder Festzelt halte, ist ein Erlebnis.

In diesen Gottesdiensten sind auch immer die Kinder, da ich kaum einmal extra Kindergottesdienst halten kann. Ein Posaunenchor spielt, manchmal auch das

Zirkusorchester. Ich halte eine Predigt. Und danach taufe ich die Kleinen, und die Älteren werden konfirmiert. Die ersten Konfirmanden, die ich in Hamburg einsegnete, haben mir ein schönes Kniekissen gekauft, das reist nun immer mit, wenn ich unterwegs bin. Aber auch eine Altardecke, Leuchter und Kerzen, ein Altarkreuz, eine Taufschale, ein Abendmahlsgerät, eine Lautsprecheranlage und eine Menge Liederbücher gehören zu meinem Gepäck. Manchmal halte ich Gottesdienst auf einem Autoskooter. Manchmal taufe ich auch in einem Wohnwagen. Ich kann euch sagen, das ist genauso feierlich wie in der Kirche. Nur daß beim Zirkusgottesdienst manchmal ein Löwe dazwischenbrüllt, oder ein Hund durchs Bierzelt läuft. Aber das stört keinen, weil sie alle ganz bei der Sache sind, ich meine natürlich: bei Gott. Oder besser umgekehrt: Gott ist ganz bei seinen Kindern.

Gott hat die reisende Gemeinde genauso lieb wie die seßhafte. Und das ist meinen Freunden auf der Reise sehr wichtig, weil sie manchmal das Gefühl haben: es gibt Leute, die haben etwas gegen uns, weil wir für sie Fremde sind. Bei Gott sind wir zu Hause! Schließlich ist der Herr Jesus ja auch gereist, von Ort zu Ort und von Markt zu Markt, und der Apostel Paulus erst recht. Und die beiden waren doch bestimmt bei Gott zu Hause. Oder nicht?

Ich kann mir denken, daß es euch Spaß machen würde, mit Sissi durch das Stallzelt des Zirkus zu streifen und ihr zu helfen, wenn sie ihr Lieblingspferd, den Ali, putzt. Vielleicht würde euch der Vater auch einmal aufsitzen lassen. Und René, den Schaustellersohn, zum Freund zu haben, wäre auch nicht übel. Wenn ihr mit dem über den Volksfestplatz geht, könntet ihr manche Fahrt umsonst haben. Aber Freundschaft mit den Wohnwagenkindern kann nur in der Schule entstehen. Und da müßt ihr anfangen; denn sie sind die neuen Schüler, die nur für einige Tage in der Klasse sind. Oft machen sie keine guten Erfahrungen in der Schule.

René sagt: »Die Lehrer wissen meist nicht, was sie mit einem anfangen sollen. Meistens geben sie einem was zum Abschreiben und setzen einen nach hinten. Und in manchen Schulen habe ich schon erlebt, daß es Gruppen gibt, die sich einen Spaß daraus machen, einzelne Schaustellerkinder zu verprügeln.«
Zum Glück ist das nicht immer so schlimm. Aber oft stehen die Wohnwagenkinder draußen, am Rand des Schulhofes, weil ihr sie nicht mitspielen laßt in der Pause. Vielleicht hat mal ein Erwachsener zu euch gesagt: »Laßt euch nicht mit denen ein!« So ein dummes Vorurteil solltet ihr nicht übernehmen. Ich weiß, daß die Wohnwagenkinder genauso nette Kinder sind wie ihr.

Manchmal beneide ich die Schaustellerfamilien um ihre Kinder, weil sie fleißiger sind als meine eigenen, und weil sie ihren Eltern aufs Wort gehorchen. Deshalb mein Rat: wenn ein Kind vom Zirkus oder vom Volksfestplatz in die Klasse kommt, dann fragt den Lehrer, ob ihr neben ihm sitzen dürft. Erklärt ihm alles, was es nicht weiß. Ihr könnt Sissi oder René auch mal nachmittags zu euch einladen. Wenn sie dann im nächsten Jahr wieder in eure Stadt kommen, begrüßt ihr euch wie alte Freunde.
Ihr freut euch, wenn ihr verreisen dürft. Es sind Ferien, und die Eltern sind dabei. Manche Zirkus- oder Schaustellerkinder verreisen immer dann, wenn Schule ist, und die Eltern sind nicht dabei. Diese Kinder leben in einem Internat. So brauchen sie nicht jede Woche die Schule zu wechseln. Sicher lernen sie so viel mehr.

René, der Schaustellersohn aus Worms, war kurze Zeit im Kinderheim der Zirkus- und Schaustellerseelsorge in Feuchtwangen. Er sagt: »Es hat sehr viel Spaß gemacht, aber ich habe nur selten meine Eltern sehen können.« Das Heimweh hat er nicht ausgehalten. Er ist längst wieder zu Hause und hilft seinen Eltern auf dem Backfischfest in Worms, auf der Dippemeß in Frankfurt und auf vielen anderen Plätzen. Und seine Schwester Dolores hat wieder einen starken Beschützer.

Biblischer Bezug: Lukas 9, 23

Biblische Erläuterung: Jesus sagt: »Wer mit mir gehen will, der muß sich und seine Wünsche aufgeben«.

Kreativer Zugang: 100, 101, 102, 104, 108, 109, 110, 111, 112, **115, 116,** 117, 123, 125, 134, 135, 136, 137, 138, 139, 151, 154, 155, 156, 157, 161, 162, 163, 165, 166, 169, 170, 171, 172, 173, 174, 175, 176, 177, 178, 184, 186, 191, 193, 205, 206, 208, 213

Inhalt: Die Außenseiterin Nina kann nicht am Klassenfest teilnehmen, weil sie die Verantwortung für ein behindertes Kind übernommen hat. Durch Zufall erfährt Michael davon. Er stellt sich auf Ninas Seite.

Verantwortung

Außenseiter/-in

Schule

Anders(sein)

Alleinsein

Freundschaft

Helfen

Verstehen

Eine Glasscherbe für Michael

Erzählung von Susanne v. Schroeter

»Wir kommen natürlich alle kostümiert zum Klassenfest«, sagte Achim, »schließlich ist Karneval!«
»Prima Idee!« riefen einige. »Klasse!« Einer wollte als Indianer gehen, eine als Hexe. Die ganze Klasse redete durcheinander. Michael überlegte noch, wie er sich kostümieren sollte, da schrie Achim, um den Krach zu übertönen: »Dienstag ist der beste Tag für unser Fest!« Einige hatten da zwar schon etwas vor, aber Achim ließ sie gar nicht erst zu Wort kommen. »Das könnt ihr alles auf andere Tage verlegen,« meinte er, »oder?«
Ja, eigentlich konnten sie, na also – Dienstag!« »Und daß alle kommen!« rief Achim. Er kommandierte gern.

»Nein«, sagte da jemand hinter Michael. »Ich kann nicht kommen.«
Michael drehte sich um. Das war Ninas Stimme. Nina saß ganz ruhig auf ihrem Platz. »Ich kann nicht«, sagte sie noch einmal.
»Warum nicht?« fragte Achim unfreundlich.
»Ich muß auf ein Kind aufpassen«, antwortete Nina, als sei das ganz selbstverständlich. Das gab ein Gejohle und Geschrei.
»Bist du doof!« sagte Achim. »Da paßt eben jemand anders auf.«
Nina schüttelte den Kopf. Sie war ganz rot geworden.
»Die spinnt doch!« brüllte einer. Ein paar andere lachten. Achim lachte am lautesten. Michael lachte nicht. Er wußte selber nicht, warum. Er mußte nur immer wieder zu Nina hinübersehen. Sie war schon genauso lange in der Klasse wie alle anderen. Aber eigentlich, dachte Michael, eigentlich kenne ich sie gar nicht. Nur daß sie nichts in Mathe konnte, das wußte er. Und daß sie klein war und so viele Sommersprossen hatte. Na ja, das sah man. Aber sonst? Sie redete so wenig.

Und sie wurde oft rot. Dann riefen die anderen »Nina die Doofe!« Eigentlich war es meistens Achim, der das sagte. Aber die anderen machten es nach, weil sie Achim so toll fanden. Im Werkraum saß sie immer allein auf dem schlechtesten Platz, weil die anderen schneller waren. Keiner wollte sich dann zu ihr setzen in die letzte Bank. Und in der Pause ließen sie sie nicht mitspielen. Auf dem Nachhauseweg ging Michael ein Stück neben Nina her. »Vielleicht kannst du doch kommen«, sagte er. Aber Nina wurde nur rot und schüttelte den Kopf. Da ärgerte sich Michael und ließ sie stehen. Dann vergaß er die Geschichte.

Bis Dienstag, da dachte er wieder an Nina. Das heißt, zuerst dachte er überhaupt nicht an sie. Das Karnevalsfest war nämlich ganz lustig. Michael hatte ein Indianerkostüm. Aber so schön wie Achims Kostüm war es nicht. Jedenfalls behaupteten das ein paar Mädchen. »Mit Achim kommt eben keiner mit«, sagte eine. »Den finde ich unheimlich toll!« Sie redeten noch eine Weile darüber, was sie von Achim hielten, der immer so witzig war und frech zu den Lehrern und der ein so großes Tonbandgerät hatte. Dann redeten sie auch noch über andere in der Klasse.

Da fiel ihnen auf einmal Nina ein. Sie war tatsächlich nicht da. »Ist die unkameradschaftlich«, regten ein paar sich auf. »Hütet lieber Kinder, als zum Klassenfest zu kommen. Mit der spiel' ich überhaupt nicht mehr!«
Es spielt ja sowieso nie einer mit ihr, dachte Michael. Auf einmal machte ihm das ganze Fest keinen Spaß mehr. Am liebsten wäre er gegangen. Aber was hätten dann die andern von ihm gedacht?

Als Michael am nächsten Morgen die Schultreppe hinaufrannte, sah er Nina. Sie lief vor ihm mit ihrer schweren Schultasche. In dem Augenblick tauchte Achim auf. »He!« schrie er, »da ist sie ja, die Blöde!« Und ehe Nina merkte, was geschah, packte er ihre Schultasche und warf sie übers Geländer. Die Tasche ging auf. Bücher und Hefte rutschten die Treppe hinunter. »Es regnet!« rief ein Witzbold. Die andern lachten. Nina sagte nichts. Sie lief nach unten und sammelte ihre Sachen wieder ein. Achim grinste.

»Du bist gemein«, sagte Michael.
»Hört, hört!« schrie Achim. »Findet mich noch einer gemein?« Es meldete sich keiner.
»Blödmann!« rief Achim und drehte Michael den Rücken zu.
Ein paar Tage später ging Michael in die Stadtbücherei. Die Bücherei lag neben dem Stadtpark. Michael schlenderte durch den Park. Es war schon richtig warm heute. Michael schwenkte seine Büchertasche und pfiff vor sich hin. Da sah er Nina.

Sie saß auf der Bank bei dem kleinen Teich, und sie redete ganz laut mit sich selber. Michael blieb wie angewurzelt stehen. »Nicht ans Wasser«, hörte er sie sagen, »kalt!« Michael glaubte seinen Ohren nicht zu trauen. Vielleicht war sie wirklich nicht gescheit. Langsam ging er auf die Bank zu. Da sah er, daß Nina doch nicht allein war. Ein Junge hockte auf dem Boden neben dem Teich und warf Steinchen ins Wasser. Michael blieb stehen und sah ihm zu. Der Junge stand auf. Er war schon ziemlich groß, fast so groß wie Nina. Er hatte ein ganz ulkiges Gesicht, kleine Augen, und sein Mund stand offen. Mit langsamen, tapsigen Schritten ging er auf Nina zu. Er lachte. Michael sah verwundert, daß der Junge beim Lachen die Zunge herausstreckte. Das sah komisch aus. Dann sah er, wie der Junge Nina etwas gab. Es war ein weißer Kieselstein, so wie sie um den Teich herum lagen. »Danke«, sagte Nina, »der ist schön!« Da lachte der Junge wieder so seltsam mit seinem großen, offenen Mund. Er ging zum Teich zurück und fing wieder an, Steinchen hineinzuwerfen.
Michael ging langsam bis zur Bank.
»Hallo, Nina!« grüßte er unsicher.
Nina lächelte. »Ich passe auf Andy auf«, sagte sie.
»Was wollte er mit dem Stein?« fragte Michael. Nina betrachtete den Kieselstein in ihrer Hand. »Er findet ihn schön. Er wollte mir etwas schenken. Wenn er denkt, daß jemand ihn mag, dann schenkt er ihm etwas.«
»Einen Stein! Komisches Geschenk!« Das verstand Michael nicht. »Er findet alles schön, was glatt oder bunt ist«, erklärte Nina. »Alle kleinen Kinder finden das schön.«

Da mußte Michael doch lachen. Kleine Kinder! Der Junge war ja fast so groß wie Nina.
»Er ist aber noch wie ein Kind«, sagte Nina. »Und seine Mutter hat mir erklärt, daß er immer wie ein Kind bleiben wird, auch wenn er groß ist. Mongoloid – so nennt man das.« Da verstand Michael auf einmal.
Andy warf immer noch Steine in den Teich. Er lachte, wenn das Wasser hochspritzte.
»Warum paßt du denn auf den auf?« fragte Michael.
»Seine Mutter muß oft zum Arzt. Sie ist krank. Und sonst will keiner in der Nachbarschaft auf ihn aufpassen.«
Jetzt riß Andy seine Wollmütze vom Kopf und warf sie ins Wasser. Nina rannte hin und fischte die Mütze heraus.
»Und am Dienstag?« fragte Michael. »Habe ich auch auf ihn aufgepaßt. Man kann ihn nie allein lassen.«
Da fiel Michael auf einmal alles ein, was die andern gesagt hatte. Über Nina. »Doof«, hatten sie gesagt, und »Plemplem« und »Unkameradschaftlich«.

Andy war aufgestanden. Er kam mit seinen unsicheren Schritten herbei. Vor Michael blieb er stehen. »Na«, sagte Michael, »paß mal auf!« Er pflückte einen Grashalm und fing an, darauf zu pfeifen. Das konnte er gut. Da lachte Andy ganz laut. Er streckte Michael seine Hand hin. Eine große blau-grüne Glasscherbe lag darin. Sie glitzerte in der Sonne. »Er will sie dir schenken«, flüsterte Nina.
»Danke«, sagte Michael. Er war auf einmal ganz verlegen.

Auf dem Heimweg nahm er die Glasscherbe aus der Tasche und ließ sie in der Sonne blitzen. Morgen, dachte er, morgen setzte ich mich im Werkraum neben Nina, und ich lasse sie mitspielen in der Pause. Ganz egal, was die andern von mir denken.

Biblischer Bezug: Jesaja 40, 27-31

Biblische Erläuterung: Alle, die auf den Herrn vertrauen, bekommen neue Kraft. Es wachsen ihnen Flügel wie dem Adler.

Kreativer Zugang: 100, 106, **115, 116,** 166, 206

Inhalt: Ulli hat eine schwere Krankheit durchgemacht und leidet darunter, jetzt eine schlechte Sportlerin zu sein. Als sie einmal ausnahmsweise im Sportunterricht gelobt wird, geht sie wie auf Wolken.

Krankheit

Schule

Sport

Glück

Loben

Kraft

Ausdauer

Ein Lob für Ulli

Erzählung von Annette Kinder

»Heute fängt der Tag gut an, in der ersten Stunde haben wir Sport!« Gabi und Britta freuen sich schon auf dem Schulweg. »Hoffentlich kommen wieder Studenten mit, dann machen wir immer etwas Tolles!« »Vielleicht dürfen wir Ringe turnen oder Bock springen!« Während die beiden fröhlich überlegen, was sie wohl heute erwartet, trottet ihre Freundin Ulli still nebenher.

Früher, als sie noch gesund war, hat sie sich auch auf die Sportstunden gefreut. Aber dann kam eine böse Krankheit, die alle Kraft aus ihrem rechten Arm genommen hat. Die Erwachsenen sagen, Ulli könne froh sein, daß nur der Arm und nicht die Beine gelähmt sind. Doch was wissen sie davon, wie es ist, wenn man mit der rechten Hand schön schreiben konnte und nun mit der linken kritzelig neu beginnt. Radfahren klappt nicht, weil Ulli sich beim Aufsteigen nicht festhalten kann. Auch die Schleife beim Schuhezubinden wird nie fest genug.

Viele Dinge muß sie neu lernen, daran hat Ulli sich schon gewöhnt. Was sie während der langen Krankheit an Schulstoff versäumte, konnte sie schnell aufholen. Kummer bereitet ihr aber, daß sie im Sportunterricht bei vielen Übungen nicht mitmachen kann. Gern würde sie mit Britta tauschen, die zwar Diktate mit vielen Fehlern schreibt, jedoch wunderbar im Handstand laufen kann.

Heute morgen sind wirklich wieder fünf Studenten mit in der Sporthalle. Sie sitzen auf einer Bank am Rand und passen gut auf, was Frau Scholz mit den Jungen und Mädchen turnt. Zu Beginn sollen sich alle in einem großen Kreis bewegen. Das kann Ulli natürlich auch, und so geht sie wie die anderen einmal auf Zehenspitzen, einmal in der Hocke.

»Und jetzt geht ihr alle so gerade, wie ihr könnt!« Ulli reckt sich und überlegt dabei, daß sie den Rükken in der Mitte fast ein bißchen nach hinten biegen muß, um wirklich gerade zu sein. Als sie dicht an den Studenten vorbeikommt, hört sie, wie Frau Scholz zu ihnen sagt: »Sehen Sie sich Ulli an, das Kind hat begriffen, worauf es ankommt. Alle anderen strecken Bauch und Po raus und machen ein Hohlkreuz!« Jetzt wendet sich Frau Scholz zu den Schülern und ruft: »Gut macht ihr das, aber bleibt einmal stehen und seht, wie schön gerade Ulli geht!«

Kerzengerade schreitet die so Gelobte weiter. Sie ist glücklich. Sie darf beim Sport auch einmal etwas vormachen! Das Lob hebt sie hoch und macht sie leicht. Sie spürt nicht mehr den harten Boden unter den Füßen. Sie geht wie auf einer Wolke und schwebt in eine neue Zeit, in der Sport auch für sie wunderschön sein kann.

13 Beten

Angst

Singen

Danken

Biblischer Bezug: Matthäus 26, 36-56
Biblische Erläuterung: Auch Jesus hatte Angst und betete in Gethsemane.

Kreativer Zugang: 104, 105, **117,** 161

Inhalt: Rolf war auf Entdeckungsreise im Wald und hat zu spät gemerkt, daß es dunkel wurde. Nun fürchtet er sich und betet laut, bis er den Weg wiederfindet.

Glaube mir, das hat geholfen

Erzählung von Ilse Jüntschke

Einmal ist Rolf allein in den Wald gegangen, der gleich hinter Großvaters Haus anfängt. Er wollte Sachen suchen zum Basteln – Stöckchen und Tannenzapfen und Eicheln und seltsam geformte Wurzeln. Daraus wollte er kleine Waldmännchen basteln. Er wußte schon genau, wie sie aussehen sollten.
Er ging den Weg entlang bis zu der großen Eiche. Dort sammelte er Eicheln auf. Sonst war auf dem Weg nichts weiter Nützliches zu finden. Darum ging Rolf quer zwischen den Bäumen hindurch, die Augen immer auf den Boden geheftet. Da entdeckte er allerlei interessante Dinge: Pilze, die eng beieinander standen und die Köpfe zusammensteckten, als hätten sie ein Geheimnis. Und rote und blaue und grüne Beeren. Und kleine Käfer, die eilig vor ihm davonliefen. Und Baumstümpfe, mit grauem Moos überwuchert, als wären ihnen Bärte gewachsen. Und dazwischen Sammelsachen, die Rolf für seine Waldmännchen brauchen konnte. Die Plastiktüte, die er mitgenommen hatte, füllte sich und wurde ordentlich schwer.

Auf einmal entdeckte Rolf einen riesigen Ameisenhaufen. So einen großen hatte er noch nie gesehen. Er schaute zu, wie die kleinen Krabbeltiere eilig auf ihrer Ameisenstraße hin und her liefen. Sie schleppten Samenkörnchen, kleine Gräser und Holzstückchen mit sich. Was für ein Gewimmel und Gewusel! Rolf wollte sich eine Ameise merken und sehen, wo sie hinging und was sie machte. Aber er konnte gar nicht so schnell schauen, wie sie zwischen all den anderen davonwimmelte. War es die? Oder diese? Rolf rieb sich die Augen. Er suchte sich eine andere Ameise aus. Aber sie war in der Menge verschwunden, ehe er einmal geblinzelt hatte.
Inzwischen war hinter den Bäumen die Sonne untergegangen. Als Rolf endlich weiterging, sah der Wald auf einmal ganz anders aus. Lange Schatten wuchsen zwischen den Bäumen. Und die Büsche bewegten sich und hatten Gesichter. Rolf stolperte über eine Wurzel und wäre beinahe hingefallen. Er blieb stehen und lauschte ängstlich. Überall knackte und knisterte und raschelte es.

Wenn doch Großvater hier wäre! Mit Großvater war Rolf schon oft im Dunkeln durch den Wald gegangen. Großvater hielt ihn dann an der Hand, und sie sangen miteinander.
»Singen ist gut gegen die Angst«, sagte Großvater. Er hatte als kleiner Junge einen langen, einsamen Schulweg gehabt. »Manchmal habe ich den ganzen Weg über gesungen«, erzählte er. »Und weißt du, was ich gemacht habe, wenn ich ganz schlimme Angst hatte? Dann habe ich laut gebetet. Glaube mir, das hat geholfen!«
Kra, kra, machte es hinter Rolf. Ein Vogel flog auf. Er klatschte mit den Flügeln. Rolf erschrak. Sein Herz klopfte, und er fühlte, wie seine Hände feucht wurden. »Lieber Gott«, betete er, »mach, daß ich wieder aus dem Wald herauskomme!«
Er ging weiter und hob vorsichtig die Beine über Wurzeln und Gestrüpp.

»Großvater hat bestimmt lauter gebetet«, dachte er und versuchte es noch einmal. »Lieber Gott«, rief er, »mach bitte, daß ich aus dem Wald herauskomme!«
Sein Gebet schallte durch die Stille. Da sagte er es schnell noch einmal und noch einmal und immer wieder, ohne aufzuhören. Denn solange er betete, hörte er das Rascheln und Knacken und Knistern nicht und all die seltsamen Geräusche, die ihm Angst machten.
»Lieber, lieber Gott, hilf mir, daß –«
Da sah er plötzlich die große Eiche. Und da war der Weg. Jetzt wußte er, wie es weiterging. Er lief, so schnell er konnte. Weiter vorne war der Wald zu Ende. Und da stand Großvaters Häuschen. In der Küche brannte Licht. Rolf rannte quer über die Wiese und hielt erst an, als er vor der Haustür stand. Aber bevor er hineinging, schaute er noch einmal zurück zum Wald, der sich dunkel gegen den Abendhimmel abhob, und sagte: »Danke, lieber Gott!«
Er sagte es ganz leise. Es war nur ein Flüstern in seinem Kopf. Dann atmete er tief durch und trat ins Haus.

Biblischer Bezug: Jesaja 12, 3
Biblische Erläuterung: Ein Brunnen ist mehr als eine Wasserstelle, er ist ein Ort des Heils.
Kreativer Zugang: 102, 109, 110, 115, **118, 119, 120, 121, 122,** 123, 136, 137, 138, 139, 146, 147, 154, 159, 160, 169, 170, 171, 179, 186, 187, 191, 208, 213
Inhalt: Sartinas Vater und ihre Brüder graben bei großer Trockenheit vergeblich nach Wasser. Das Mädchen erhält von einer alten Frau einen seltsamen Rat.

Klima

Weisheit

Erfolg

Freundschaft

Brunnen

Frag Oma Wacu

Erzählung von Hans Hoffmann

Es ist überall heiß. Über die niedrige Mauer schauen zwei Kühe zu Sartina herüber. Sie sind vom Wassertrog zurückgekommen, aber sie sind durstig wie zuvor, denn schon seit Tagen ist im Trog kein Wasser mehr. Weiter weg zittern die grauen Büschel der staubigen Dornenbäume wie Flammen. In der Ferne zittert alles, und Wellen heißer Luft steigen sogar von den Steinen hoch.

Sartina sitzt auf einer Strohmatte im Schatten einer Hütte und ißt das bißchen Reis, das ihr Vater und ihre Brüder zurückgelassen haben. Sie sind jetzt draußen vor dem Dorf und damit beschäftigt, einen Brunnen zu graben. Es wird höchste Zeit, daß sie endlich Wasser finden. Wenn sie keines finden, müssen die Leute, die bis jetzt im Dorf geblieben sind, auch fortgehen. Jetzt sind nämlich außer Sartinas Familie nur noch ein paar alte Leute hier. Sartinas Mutter nennt sie die »Eidechsen«. Sie sitzen den ganzen Tag in der Sonne. Dabei folgen sie der Bewegung der Sonne. Morgens sitzen sie vor ihren Hütten, mittags unter dem Mukoigobaum und am Nachmittag hinter ihren Hütten, um noch die letzten Sonnenstrahlen mitzubekommen.

Sartina fürchtet schon den Nachmittag. Dann werden ihr Vater und ihre Brüder zurückkommen, die Schaufeln und die Hacken, die Eimer und die Stricke fallen lassen und ohne ein Wort in die Hütte gehen. Das bedeutet, daß sie immer noch kein Wasser gefunden haben.

So ist es. Beim Abendessen sagt Sartinas Vater: »Ich glaube, die Stelle, wo wir nach Wasser graben, ist verhext.« Eine Zeitlang schweigen alle. Dann sagt Sartinas Mutter: »Sollten wir nicht Oma Wacu fragen, was da zu tun ist?«

Sartinas Vater schüttelt den Kopf. Oma Wacu lebt außerhalb des Dorfes in einer kleinen Hütte. Als sie jung war, hat sie den Mann geheiratet, der ihr gefiel. Das nahmen ihr die Dorfbewohner übel, und als sie ihr erstes Kind bekam, wollte ihr keine Frau des Dorfes bei der Geburt helfen. Als dann einige Jahre später ihr Mann starb, zog sie in die Hütte vor das Dorf.

Sobald die Mutter mit Sartina allein ist, sagt sie: »Geh zu Oma Wacu und frage sie, wie die Männer Wasser finden können, Papa will nicht, daß wir sie fragen, aber wir müssen etwas tun, wenn wir nicht verdursten wollen.«

Oma Wacu ist eine große Frau mit hohen Backenknochen, die noch mehr hervorstehen, seitdem sie ihre Backenzähne verloren hat. Sie scheint immer in die Ferne zu schauen. Sartinas Mutter hat einmal gesagt: »Ich glaube, Oma Wacu sieht ihre Mädchenjahre über den Horizont tanzen.«

Sartina fragt: »Was müssen sie tun, damit sie Wasser finden?«

Oma Wacu schaut unbeweglich in die Ferne. Nach langem Schweigen fragt sie: »Bringen sie ihr Werkzeug jeden Nachmittag mit nach Hause?«

Sartina antwortet: »Ja, sie haben nämlich Angst, die Leute aus dem Nachbardorf könnten es stehlen, wenn sie es draußen liegen lassen.«

»Sie sollen es liegenlassen«, sagt Oma Wacu.

Sartinas Mutter sagt zu ihrem Mann und ihren Söhnen: »Tut, was Oma Wacu sagt. Laßt die Sachen morgen nachmittag neben dem Loch liegen.«

Zuerst sagen sie nein, doch am nächsten Nachmittag kommen sie ohne Werkzeug zurück.

»Wenn es gestohlen wird, seid ihr schuld«, sagen sie zu Sartina und ihrer Mutter.

In der Nacht stehen Sartina und ihre Mutter auf und gehen zu dem Loch vor dem Dorf. Das Werkzeug ist weg. Sie haben keinen Mut, es den Männern zu sagen. Die gehen am nächsten Morgen hinaus zum Loch. Das Werkzeug liegt da, und sie graben weiter. Am Nachmittag lassen sie es wieder draußen liegen. Wieder gehen Sartina und ihre Mutter nachts hinaus zum Loch. Das Werkzeug ist fort, doch am nächsten Morgen liegt es wieder da. Seitdem graben die Männer mit neuem Mut und neuer Kraft. Sie wissen nicht warum. Am Ende wird der Boden, wo sie graben, weich, und sie stoßen auf Wasser. Vor lauter Freude laufen sie ins Nachbardorf und rufen: »Wir haben Wasser! Wir haben Wasser!« »Wir auch«, sagen die Leute dort und zeigen stolz den Brunnen, den sie gegraben haben.

»Aber ihr hattet doch kein Werkzeug, hieß es immer?« fragt Sartinas Vater. Der älteste aus dem Nachbardorf sagt: »Seitdem ihr euer Werkzeug habt liegen lassen, haben wir es uns beim Dunkelwerden geholt und nachts wie verrückt gegraben. Morgens haben wir es dann wieder zurückgebracht.«

Seitdem besteht zwischen den beiden Dörfern eine enge Freundschaft.

15 Dritte Welt

Hunger

Klima

Brot

Biblischer Bezug: 2.Mose 16, 1-35
Biblische Erläuterung: Gott sorgt für sein Volk.
Kreativer Zugang: **118, 119, 120, 121, 122,** 145, 146, 147, 159, 160, 161, 179, 187
Inhalt: Till erfährt bei seiner Tante, wie wichtig der Regen für die Ernte ist. Als es wochenlang nicht regnet, sind sie beide sehr besorgt. Im Briefkasten steckt ein Zettel von einem hungernden Kind aus Afrika. Till hat eine Idee.

Vielleicht ist Yambo noch zu retten

Erzählung von Renate Schupp

In den Sommerferien fuhr Till zu Tante Paula nach Füllsdorf.
Tante Paula holte ihn am Bahnhof ab und ging mit ihm nach Hause. Sie wohnte in einem kleinen Häuschen, hinter dem sich ein riesiger Garten ausdehnte. Es war der größte Garten, den Till je gesehen hatte.
Tante Paula führte ihn herum und zeigte ihm alles, was darin wuchs: Obst und Gemüse und Beeren und Blumen. Ja, sogar mehrere Reihen mit Kartoffeln gab es da.
Natürlich konnte Tante Paula all die vielen Sachen nicht allein aufessen. Deswegen fuhr sie dreimal in der Woche nach Wörrstadt auf den Markt. Sie hatte auf dem Marktplatz einen Stand, wo sie all das verkaufte, was sie übrig hatte.

Till war höchstens zwei- oder dreimal in seinem Leben auf einem richtigen Wochenmarkt gewesen. Mama kaufte all ihr Obst und Gemüse im Supermarkt. Da lag es fertig verpackt in den Regalen, und man nahm es sich einfach weg.
Auf dem Wochenmarkt war alles viel aufregender. Da gingen die Leute umher und verglichen die Preise und wählten aus. Till durfte Tante Paula beim Verkaufen helfen. Er wog ab und packte ein und versuchte, sich die Preise zu merken. Es machte ordentlich Spaß zu sehen, wie Tante Paulas Geldkasse immer voller wurde, während sich die Kisten und Körbe leerten. Gegen Mittag, wenn sie fast alles verkauft hatten und die letzten eiligen Hausfrauen ankamen, gab Tante Paula den Rest zu halben Preisen her. Sie nahm niemals etwas mit nach Hause zurück.
Danach gingen sie noch auf einen Sprung zu »Filippo« hinein und aßen ein Eis oder tranken eine Limonade. Nach all der Arbeit auf dem heißen, staubigen Marktplatz war das eine wunderbare Erfrischung.

Wenn sie Lust hatten, und das hatten sie meistens, bummelten sie noch ein wenig durch die Hauptstraße und sahen sich die Schaufenster an. Sie konnten sich Zeit lassen, soviel sie wollten, da es ja niemanden gab, der zu Hause mit dem Essen auf sie wartete. Till durfte sich am Kiosk ein Würstchen kaufen oder worauf er sonst Appetit hatte. Und Tante Paula bezahlte aus dem großen Geldbeutel, in dem all das Geld war, das sie auf dem Markt verdient hatten.
Till fand das herrlich. Er konnte sich überhaupt nichts Besseres vorstellen, als mit einem vollen Geldbeutel in der Stadt herumzuspazieren und es kein bißchen eilig zu haben. Er war so vollkommen damit beschäftigt, all das zu genießen, daß er gar nicht bemerkte, wie Tante Paula trotz des vergnügten Lebens, das sie zusammen hatten, von Tag zu Tag besorgter dreinsah. Sie ging in ihrem Garten umher und hatte tiefe Falten in der Stirn.

»Wenn es doch nur regnen wollte«, seufzte sie und schaute sehnsüchtig zum Himmel hinauf, wo auch nicht das kleinste Wölkchen zu entdecken war. »Jeden Tag bete ich darum, daß es nur endlich einmal wieder regnet!« Till dachte, er müsse sich verhört haben. Es war doch wohl nicht möglich, daß Tante Paula sich Regen wünschte, wo es auf der ganzen Welt nichts Schöneres gab als blauen Himmel und Sonnenschein! »Von mir aus dürfte es überhaupt niemals regnen!« rief er.

Gott behüte!« sagte Tante Paula. »Da würden wir alle miteinander jämmerlich verhungern. Sieh doch nur, wie die Pflanzen dahinkümmern! Sie können nicht wachsen, weil es so trocken ist.«
Tante Paula zog eine Mohrrübe aus dem Beet und hielt sie hoch. Sie war dünn und blaß.
»Und mit den Kartoffeln steht's noch schlechter. Sie sind nicht viel größer als Kaugummikugeln. Das wird eine kümmerliche Kartoffelernte!«
»Dann essen wir eben Nudeln!« sagte Till.

Aber Tante Paula schlug die Hände zusammen und rief: »Hört euch das an. Nudeln! Und woraus sind die gemacht, Meister Schlaukopf? Aus Mehl! Und wo kommt das Mehl her? Aus dem Getreide! Und wie soll das Getreide wachsen, wenn es niemals regnet?«
»Ach so«, sagte Till. »Dann müssen wir eben Fleisch ohne etwas dazu essen – wie die Cowboys und Indianer.« Tante Paula seufzte,
»Da sieht man einmal wieder, wie dumm so ein Großstadtjunge ist! Du glaubst wohl am Ende, die Nudeln

und das Fleisch und all die anderen Dinge, die du jeden Tag in dich hineinstopfst, wachsen im Supermarkt auf den Regalen? O nein, mein Lieber! Für jeden Bissen, den du hinunterschluckst, hat zuvor irgendwo etwas in der Erde wachsen und reif werden müssen. Wo soll das Fleisch herkommen, wenn das Gras auf der Weide verdorrt und die Tiere kein Futter finden?«
»Hm!« sagte Till. Und danach schwieg er lange.

Tante Paula stand jeden Morgen in aller Frühe auf und goß den Garten. Aber ein paar Stunden später hatte die Sonne schon wieder alle Feuchtigkeit aufgesogen, und der Boden war grau und hart und voller Risse. Nun merkte Till es auch, wie ausgetrocknet alles war. Sogar die Bäume fingen an, ihre Blätter hängen zu lassen. Till erschrak, als er es sah.
Abends, wenn er lange nicht einschlafen konnte, weil es so heiß war, dachte er über alles nach, was Tante Paula gesagt hatte. Je länger die Hitze andauerte, desto besser begriff er es, und er fühlte sich auf eine unbestimmte Weise beunruhigt. Heimlich sprach er viele Male vor sich hin: »Laß es doch regnen, lieber Gott! Laß es doch endlich, endlich regnen!«
Aber die Sonne schien an jedem neuen Tag so strahlend und hell wie zuvor. Till fing an, sich ernstlich Sorgen zu machen.

»Und wenn es nun überhaupt niemals mehr regnet?« fragte Till ängstlich, als er gerade mit Tante Paula zusammen im Keller saß und Petersilie und Suppengrün für den nächsten Markttag bündelte.
Tante Paula sah ihn verwundert an.
»Ich meine nur«, versuchte Till ihr zu erklären, »es könnte doch sein, daß Gott keine Lust hat, es regnen zu lassen. Oder daß er es einfach vergißt ein paar Jahre lang. Ein paar Jahre sind doch gar nichts für Gott. Das fällt ihm vielleicht nicht einmal auf.«
»Aber Till!« rief Tante Paula erschrocken. »Sag doch nicht solche Sachen. Das wäre ja furchtbar! Da gingen wir alle elend zugrunde. So etwas würde Gott niemals zulassen!«
»Bestimmt nicht?«
»Bestimmt nicht!«
O wie erleichtert war Till, als Tante Paula das sagte, wenn auch ein leichter Zweifel in ihm zurückblieb, woher Tante Paula das so sicher wissen konnte.
Vorerst wurde es jedenfalls nur noch heißer. In manchen Dörfern fing das Wasser an, knapp zu werden. Es wurde verboten, Autos zu waschen und den Rasen zu sprengen. Und in Wörrstadt mußte das Schwimmbad geschlossen werden, weil es nicht genug Wasser gab, um die Becken nachzufüllen. Ein heimlicher Schrekken durchfuhr Till, als Tante Paula ihm das erzählte.

Und gerade da kam ihm auch noch dieses Bild von Yambo in die Hände. Es flatterte aus dem Briefkasten, als Till nachschaute, ob nicht vielleicht ein Brief von Mama da wäre. Zuerst dachte er, es sei einer von diesen Reklamezetteln, die immerzu in allen Briefkästen steckten. Aber wie erschrak er, als er näher hinsah!
Da war vorne drauf ganz groß ein schwarzer Junge abgebildet, der genauso aussah wie das Knochenskelett, das in der Schule im Lehrmittelraum stand. Seine Beine waren so dünn, daß man nicht verstehen konnte, wieso er nicht auf der Stelle zusammenbrach. Überall standen seine Knochen heraus, und seine Haut war schlaff und faltig, wie bei ganz alten Leuten. Entsetzt starrte Till das Bild an.
»Yambo ist sechs Jahre alt«, stand unter dem Bild. »Aber noch niemals, solange er lebt, hat er sich satt essen können. Er weiß gar nicht, wie das ist, einmal keinen Hunger zu haben. Seit fünf Jahren hat es in seinem Land keinen Tropfen geregnet. Die Pflanzen sind verdorrt. Das Vieh mußte geschlachtet werden, weil es kein Futter mehr gab. Yambo und seine Familie sind aus ihrer Heimat fortgezogen, weil sie hofften, woanders Nahrung finden zu können. Seine kleine Schwester ist unterwegs gestorben. Aber wie lange wird Yambo sich noch auf den Beinen halten können, wenn keine Hilfe kommt?«

Till ließ das Blatt sinken. Seine Hand zitterte. Es war also möglich! Es war möglich, daß es fünf Jahre lang keinen Tropfen regnete! Er hatte ja längst etwas Derartiges befürchtet. Aber daß er es gerade jetzt erfuhr, wo weit und breit keine Menschenseele war, mit der er darüber reden konnte – das erschütterte ihn vollends. Tante Paula war nach Wörrstadt gefahren zum Zahnarzt. Und danach wollte sie noch Besorgungen machen. Eine ganze Liste hatte sie sich aufgeschrieben. Es wurde bestimmt Abend, bis sie zurückkam. Till mußte sich auf die Treppe setzen. Es dauerte lange, ehe er wagte, das Blatt umzudrehen.

Auf der Rückseite gab es noch mehr schlimme Bilder von völlig abgemagerten Menschen, verhungerten Tieren, verdorrten Bäumen und Sträuchern. Aber das Bild von Yambo war doch das schrecklichste von allen. In seinem ganzen Leben hatte Till nicht etwas so Entsetzliches gesehen. Das durfte doch nicht sein, daß ein Junge so furchtbar ausgehungert aussah! Alles in Till sträubte sich dagegen. Und plötzlich sprang er auf und lief entschlossen hinunter in den Keller. Vielleicht war es ja noch nicht ganz und gar zu spät! Vielleicht war Yambo noch zu retten!

In fieberhafter Eile riß er aus der Gerümpelecke die größte Schachtel, die er finden konnte, und trug sie hinüber in Tante Paulas Vorratskeller, wo all das bereitstand, was Tante Paula heute früh für den nächsten Markttag geerntet hatte. Till tat von allem etwas in seine Schachtel: Blumenkohl und Erbsen und Frühäpfel und Kohlrabi und Zwiebeln und gebündelte Petersilie. Zuletzt war die Schachtel so voll, daß auch nicht die kleinste Rübe mehr Platz gefunden hätte.
Obendrauf legte er das Blatt mit Yambos Bild. »Damit er etwas zu essen hat«, schrieb er an den Rand und machte einen Pfeil zu Yambo hin. Außen auf den Dekkel schrieb er die Adresse, die auf der Rückseite des Blattes angegeben war. Es war eine schwierige Adresse. Till verschrieb sich zweimal, aber man konnte es

trotzdem lesen. Im Küchenschrank fand Till eine Schnur, die er mehrmals um die Schachtel wickelte und fest verknotete.
Am Ende war es ein richtiges Postpaket, was Till da zustande gebracht hatte. Nicht einmal der Postbeamte fand etwas daran auszusetzen, obgleich er ein wenig mißtrauisch guckte, als Till das Paket mit letzter Kraft hereinschleppte. Es war so schwer, daß Till es in Tante Paulas Handwagen hatte herfahren müssen. Er war den ganzen Weg gerannt, geradeso, als müsse er Yambo sein Paket selber hinbringen und dürfe darum keine Sekunde Zeit verlieren.

Erst auf dem Rückweg bemerkte er, wie unerträglich heiß es auf der Straße war. Der Schweiß lief ihm über die Stirn und in die Augen, daß es aussah, als weine er. Er war vollkommen erschöpft, als er wieder zu Hause ankam.
Am Abend begann es zu regnen. Till saß im abgedunkelten Wohnzimmer vor dem Fernsehapparat, als sacht und unbemerkt die ersten Tropfen fielen. Und während er drinnen das Programm an sich vorbeilaufen ließ und sehnsüchtig auf Tante Paula wartete, ging draußen ein warmer, gleichmäßiger Regen nieder.

16 Eifersucht

Rivalität

Aggressionen

Anders(sein)

Konkurrenz

Biblischer Bezug: 1.Samuel 18, 5-16

Biblische Erläuterung: Saul ist eifersüchtig auf David.

Kreativer Zugang: 108, 111, 112, 116, **123,** 134, 135, 141, 142, 143, 152, 162, 163, 183, 184

Inhalt: Dieter bekommt Besuch von seinem Vetter. Rainer ist so ganz anders, so daß sich Dieter provoziert fühlt und seine Stärke herauskehrt. Rainer aber besitzt eine andere Stärke.

Ein richtiger Junge

Erzählung von Salme Raatma

Die Sommerferien begannen für Dieter ohne Ärger. Er war doch nicht sitzengeblieben, und Vater sagte zu seinem mittelmäßigen Zeugnis: »Na, siehst du, du hast es immerhin geschafft.« Das war anständig von ihm, denn Dieter hatte sich seit Ostern wirklich Mühe gegeben. Schwer war es in der Schule nicht, nur langweilig; immer kamen ihm tausend andere Sachen in den Sinn, die er hätte machen wollen. Die Hausaufgaben fand er völlig überflüssig.

Nun freute er sich auf die Freiheit. Außerdem sollte sein Vetter Rainer kommen und die ganzen Ferien über dableiben. Mit Rainer war es so eine Sache, er wollte nicht überall mitmachen.

Schon am ersten Tag ging der Ärger los, als er sich weigerte, auf dem Gepäckträger zu sitzen, um mit dem Fahrrad zum Weiher zu fahren. »Das darf man nicht«, sagte er.
»Du hast Angst, gib es zu!« rief Dieter.
»Ja, wenn du Achter fährst«, bekannte Rainer freimütig. Und sowas wollte ein Junge sein! In den Weiher ging er nicht hinein wegen der Glasscherben, und auf die Ulme zu klettern wagte er auch nicht. Mit ihm konnte man rein gar nichts unternehmen.

Beim Abendbrot saß er still und ruhig am Tisch und gab nur Antwort, wenn man ihn fragte. Dabei sah er so brav und glatt aus wie ein gepelltes Ei. Gerade deswegen führte sich Dieter besonders laut und patzig auf.
»Aber Dieter!« rief Mutter schon zum dritten Mal. Das kam sonst selten vor. »Ja, er ist manchmal etwas wild – ein richtiger Junge«, hatte Mutter einmal zur Nachbarin gesagt. Dieter hatte es zufällig gehört. Nun wollte er dem Muttersöhnchen Rainer zeigen, was ein richtiger Junge ist.

Rainer schenkte seinen Anstrengungen so wenig Aufmerksamkeit, daß es Dieter von Tag zu Tag mehr reizte, diesen »Goldjungen« endlich aus der Ruhe zu bringen. Er kletterte bis an die höchste Spitze der alten Ulme; Rainer sah ihm zu und meinte, vom Fernsehturm könne man noch weiter ins Land sehen. Dieter fing einen lebendigen Frosch; Rainer sagte, die Laubfrösche seien schöner. Dieter ging mit den anderen Jungen Fußball spielen, Rainer hatte keine Lust und half der Mutter Wäsche aufhängen.

Das Schlimme war, daß die Eltern gar nicht merkten, wie feige und mädchenhaft Rainer sich benahm. Fast hatte es den Anschein, als hätten sie für diesen Drückeberger mehr Verständnis übrig als für ihn, ihren eigenen Jungen. Dieter spürte, daß er Rainer bald nicht mehr ausstehen konnte.
Als sie einmal hinter dem Haus Pfeile in die Zielscheibe warfen und

Rainer dreimal hintereinander gewann, nahm Dieter einen Stein und sagte: »Kannst du die Telefonzelle treffen?«
»Wozu?« fragte Rainer gleichgültig. »Schau, ich kann's«, rief Dieter und hob die Hand.
»Tu es nicht! Du bist doch nicht verrückt!« sagte Rainer und sah ihn erschrocken an. Aha, das wirkte! Endlich kam Leben in dieses stille Wasser.
Die einzige Telefonzelle der Siedlung stand genau einen Steinwurf entfernt, so günstig, daß die Jungen sich gleich hinter der Haushecke hätten verstecken können. Aber das überlegte sich Dieter erst gar nicht.

Er war wütend, daß Rainer, diese sonst so unbeholfene Memme, gewonnen hatte, und wollte ihm zeigen, daß er ganz andere Dinge konnte. Als dieser ihn hindern wollte und seinen Arm packte, kam es wie ein rote Dunstwolke über Dieter. Er stieß den anderen weg, daß er hinflog und warf den Stein. Dann verschwand er blitzschnell hinter dem Haus.
Rainer richtete sich langsam auf und starrte auf die Zelle. Die obere Scheibe war völlig zersplittert, Dieter hatte sie gut getroffen. Rainer stand wie gelähmt und wartete, was nun geschehen würde. Aber es geschah nichts. Um diese Zeit war die Siedlung wie ausgestorben, kein Mensch zu sehen, kein Auto, kein Kinderwagen. Rainer ging unschlüssig zum Teich hinunter, wo kleinere Kinder spielten. Ohne daß er richtig wußte, was er tat, kletterte er auf die alte Ulme und blieb in der höchsten Astgabelung sitzen.

Zu Tisch erschien Dieter pünktlich und benahm sich musterhaft. Rainer hatte sich verspätet, stotterte etwas zur Entschuldigung und rückte unruhig hin und her. Als hätten die Jungen plötzlich ihre Rollen vertauscht, dachte die Mutter. So dauerte es einige Tage, bis die neue Scheibe an der Telefonzelle eingesetzt wurde.
»Siehst du, es kam nicht heraus«, sagte Dieter stolz. »Wollen wir wetten, ich mach's nochmal!«
»Ich wette nicht«, wehrte Rainer ab. Aber das war es gerade, was Dieter an ihm nicht leiden konnte: dieses Ängstliche, Ordentliche, immer Liebkindseinwollen. Nicht einmal petzen kann er, dachte Dieter, deshalb gerade!
Als das Glas klirrend herunterfiel, rief jemand entsetzt: »Dieter, bist du von Sinnen!« Die Stimme klang fremd, wie ein Hilfeschrei. So hatte er die Mutter nie rufen hören. Er lief nicht fort – wozu sollte er sich verstecken? Mutter kam, faßte seine Schultern, sah ihn verzweifelt an und fragte: »Bist du von allen guten Geistern verlassen? Sag, was ist?«
Dieter rührte sich nicht. Er wußte selbst nicht, was mit ihm los war. Sein Kopf kam ihm leer vor wie ein ausgehöhlter Kürbis. Vielleicht war er wirklich von allen guten Geistern verlassen.

Vater kam erst am Abend und sprach lange mit Dieter. Was er über den guten und bösen Geist sagte, die im Menschen ständig miteinander kämpfen, verstand Dieter nicht ganz. Aber die Sache mit dem Waldbrand leuchtete ihm ein: Ein brennendes Streichholz kann auf trockenem Boden einen gefährlichen Waldbrand verursachen, da hilft oft nur ein Gegenfeuer. Aber die erste kleine Flamme läßt sich leicht auslöschen, wenn man gut Obacht gibt. So, meinte der Vater, sollte man auch gleich gegen jeden bösen Gedanken ankämpfen.

Enttäuschung 17

Biblischer Bezug: Markus 8, 31-33
Biblische Erläuterung: Petrus ist von Jesus enttäuscht.

Kreativer Zugang: **124,** 125, 126, 136, 141, 142, 143, 152, 153, 156, 182, 183, 184, 189, 190, 191, 193, 213

Inhalt: Lisa streitet mit ihrem Stiefbruder Jan darüber, wer den besseren Vater hat. Lisa kann nicht einsehen, warum sie ihren leiblichen Vater vergessen soll, bis ihre Mutter ihr anbietet, ihn einmal zu besuchen.

Stief-geschwister

Familie

Streiten

Liebe

Traurigkeit

Verletzen

Vatis liebster Schatz

Erzählung von Elke Bräunling

Du gemeiner Schuft!«
»Du dumme Ziege!«
»Du Dusselkopf!«
»Du Lügenbär!«
»Oh, warte, das sagst du nicht noch einmal.« Lisa stürzte sich auf Jan und schlug zu. Jan ließ sich nicht lumpen und haute zurück, und schon rollten die beiden Kampfhähne auf dem Boden hin und her. Lisa kämpfte und kämpfte, aber Jan war stärker. Triumphierend hielt er ihre Arme fest. »Wenn das mein Vater wüßte!« heulte Lisa. »Du bist so gemein. Und sag bloß nicht noch einmal ›Lügenbär‹!«

Jan lachte. »Lügenbär«, rief er. »Lisa Lügenbär! Du hast ja gar keinen Vater!«

17 Enttäuschung

Klar habe ich einen Vater, und der ist ein rechter Mann. Nicht so eine Flasche wie dein Vater.« »Hoho«, höhnte Jan. »Besser mein ›Flaschenvater‹, als ein ›Lügenvater‹, der nie da ist.«

Lisa platzte fast vor Wut. Warum ließ Jan sie nicht in Ruhe! Oh, und warum hatte Mutti Jans Vater geheiratet! Nun war dieser doofe Jan so etwas wie ein Bruder geworden. Und Jans Vater war auch ein blöder Typ. So langweilig und ernst. Ach, wenn Vati doch hier wäre! Lisa seufzte. Sie dachte an früher: Wie lieb hatte sie Vati gehabt, damals, als sie noch eine Familie waren! Er war der beste Vater auf der Welt. Aber eines Tages war er weg. Nicht einmal »Auf Wiedersehen« hatte er zu Lisa gesagt. Das war ein Schock für Lisa gewesen. Später dann kam Jans Vater und heiratete Mutti. Lisa aber konnte Vati nicht vergessen. Es war so lustig mit ihm. Immer hatte er gelacht. Und viel Zeit hatte er für Lisa gehabt. Er hatte mit ihr gespielt und Unfug gemacht. Sie fuhren spazieren und trafen sich mit Vatis Freunden, die auch so lustig wie Vati waren. Ja, sie hatten viel Spaß gehabt.»Ach, Vati«, seufzte Lisa leise. »Wenn du nur bei mir wärst!« »Ach, Vati!« höhnte Jan. »Hör doch endlich mit deinem blöden Supervater auf! Dieser Faulpelz hat euch doch sitzengelassen!« »Nie würde er das tun«, schrie Lisa erschrocken aus. »Mein Vater nicht! Er hat mich lieb. ›Du bist mein liebster Schatz auf der Welt‹ hat er zu mir gesagt.« »Du lügst dir selber etwas vor, du Lügenbär«, brummte Jan. Lisa schrie auf.

»Sag das nie wieder, hörst du?« Lisas Mutter kam ins Zimmer. »Warum streitet ihr?« fragte sie. »Jan ist gemein. Hundsgemein.« Lisa heulte wieder los. »Immer hackt er auf Vati herum.«

»Quatsch«, rief Jan. »Sie nervt mit ihrem blöden Supervater. Immer gibt sie mit ihm an. Als ob er der klügste, netteste, beste und lustigste Vater auf der Welt ist! Dabei hat sie ihn seit Jahren nicht mehr gesehen!«

»Siehst du«, heulte Lisa, »wie gemein er ist? ›Lügenbär‹ sagt er zu mir. Er ist doch nur neidisch auf Vati. Kein Wunder bei seinem doofen Vater!« Jan wurde immer wütender. »Mein ›doofer‹ Vater ist da, wenn ich ihn brauche. Ätsch.«

»Meiner auch, wenn er könnte!« Lisas Mutter seufzte. »Hört das denn nie auf? Vergiß deinen Vater, Lisa. Bitte.« Ihre Stimme klang flehentlich, und Lisa traute sich nicht, noch etwas zu sagen.

Lisa war traurig. »Warum soll ich Vati vergessen?« fragte sie ein paar Tage später. »Warum, Mutti? Hat er etwas Böses getan?«

Lisas Mutter seufzte wieder.

»Weißt du, Lisa«, begann sie vorsichtig, »dein Vati hat mir sehr weh getan.«

»Warum?« Lisa sah ihre Mutter erschrocken an.

»Möchtest du es wirklich wissen?« Lisa nickte.

Da erzählte Mutti von Vati, dem Studenten, der alles andere lieber tat, als ein Studium zu beenden. »Ich verdiente das Geld zum Leben. Dein Vater gab es aus. Mit seinen vielen fröhlichen Freunden. Und eines Tages hatte er eine Freundin. Da habe ich ihn fortgeschickt. Ich konnte nicht mehr. Versteh mich, Lisa, bitte!« »Nein«, schrie Lisa auf. »Das glaube ich nicht, Du lügst.« »Möchtest du deinen Vater sehen?« fragte Mutti mit ruhiger Stimme.

»Weißt du denn, wo er wohnt?«

»In der Bismarckstraße.«

»In der Bismarckstraße? Hier in der Stadt?« Lisa sah ihre Mutter verwirrt an. »A-a-aber warum besucht er mich dann nie?«

Lisas Mutter lachte bitter auf. »Ich weiß es nicht.«

Lisa begann sich zu freuen. »Darf ich ihn besuchen? Oh, bitte.« »Wenn du möchtest?«

Noch am gleichen Tag fuhren Lisa und ihre Mutter zur Bismarckstraße. Aus einem Garten erklang fröhliches Kinderlachen. Dann lachte eine Männerstimme. Vatis Stimme. Aufgeregt lugte Lisa über den Zaun. Ja, es war Vati. Er lachte und tobte mit einem kleinen Mädchen über den Rasen. Dann hob er das Mädchen hoch, küßte es und rief: »Du bist mein liebster Schatz auf der Welt.«

»Aber das hat er doch immer zu mir gesagt!« flüsterte Lisa. »Möchtest du hineingehen?« fragte Mutti.

Lisa schüttelte stumm den Kopf und ging zurück zum Auto.

Biblischer Bezug: Matthäus 3, 13-17
Biblische Erläuterung: Gott proklamiert Jesus bei der Taufe als seinen Sohn.
Kreativer Zugang: **125, 126,** 138, 151, 152, 153, 213
Inhalt: Durch Zufall werden Bettina und Billi Zeugen eines Gesprächs. Bettina kam als kleines Kind in die Familie. Die Mutter erklärt in diesem Gespräch, daß die große Sorge um Bettina ihre Liebe vertieft hat. Bettina wird geliebt wie die eigenen Kinder.

Adoption

Pflegekind

Geschwister

Zusammenhalt

Liebe

Fürsorge

Geborgenheit

Die Azalee

Erzählung von Friderun Krautwurm

Um 14 Uhr stellte Mami die fertige Torte ans Fenster und sagte. »So, nun kann Tante Gerda kommen. Ich lege mich jetzt noch ein bißchen hin.«
Um 15 Uhr ging sie zurück in die Küche. Da rief sie: »Nein, Kinder! Das ist doch nicht möglich!«

Es war aber doch wahr! Von der leckeren Torte war die ganze Verzierung aus Buttercreme einfach verschwunden. Unser Dackel hatte sie abgeschleckt.
Wir sagten: »Du kannst ja was Neues draufspritzen!« Aber Mami fand: »Dackelspucketorte kann man keinem mehr anbieten. Es hilft nichts: Wer läuft mal zum Bäcker?«

Tinta und ich blieben stumm, aber Tom sagte strahlend: »Ich mach das!« Und da ging uns schon auf, wie dumm wir gewesen waren: Tom suchte natürlich nur Tortenstückchen aus, die er gern aß! Einen großen Pappteller voll Schillerlocken, Windbeutel, Nußtörtchen und anderen leckeren Kuchen schleppte er an. Aber alles war mit Buttercreme gefüllt, und daraus machen Tinta und ich uns gar nichts.

Ein einziges Obsttörtchen lag auf der Platte. Ein sehr leckeres war das, mit Ananas drauf. Das schob Tinta schnell unter die Schillerlocken. Ich sah das und dachte: Das schnappt die sich nachher als erstes. Ich kenne doch Tinta. Die holt sich fast immer die besten Stücke. Aber dieses hier, dachte ich, will ich mal haben! In dem Augenblick kam Tante Gerda an.

Sie brachte Bonbons mit und ging dann mit Mami ins Zimmer. Wir Kinder gingen nach draußen zum Spielen. Es war aber kälter als vorher. Oder kam es mir an dem Tag nur so vor? Jedenfalls lief ich nach zwanzig Minuten wieder ins Haus zurück und schlich leise in das Zimmer, wo Mami mit Tante Gerda saß. Die beiden sprachen so laut, daß sie mich gar nicht hörten.

Ich sah auf den Tisch. Oh, hurra! Die Papierservietten lagen zusammengeknautscht auf den Tellern. Die zwei waren fertig mit Essen, und mein Obsttörtchen lag noch unberührt da.
Ich wollte schon hinlaufen und fragen: »Darf ich beim Abräumen helfen?« Aber da hörte ich Tante Gerda sagen: »Im Augenblick nicht mehr, Sabine. Vielleicht später noch etwas. Wirklich, dein Kuchen schmeckt ausgezeichnet.«

In der Küche klapperte jemand. Das ist Tinta, dachte ich. Wenn der Tisch abgedeckt wird und wir die Kuchenreste essen dürfen, ist sie immer als erste da. Nur diesmal nicht, dachte ich: Ätsch! Ich hockte mich hinter den Sessel, der gleich bei der Tür steht.
Ich konnte jetzt kaum noch was sehen: nur die obere Hälfte von Mamis Gesicht, Tante Gerdas graue Locken und das Blumenfenster dahinter.

Mami mag gern Topfpflanzen. Besonders Azaleen. Die gedeihen bei ihr wie sonst nirgends. Sie hat viele Sorten: hellrosa und rote, zartlila und dunkle. Von meinem Platz aus konnte ich nur die gestreifte sehen. Die hat Mami besonders gern, glaube ich.

Ein Bein tat mir weh. Der Teppich war kratzig. Nach fünf Minuten wollte ich weggehen. Da hörte ich Tante Gerda sagen: »Wann wollt ihr's Bettina denn endlich erzählen?« Und jetzt blieb ich sitzen.

Es gab also etwas, das wußte Bettina noch nicht mal. Und die ist drei Jahre älter als ich!
»Bettina« ist Tintas richtiger Name. Den sagt aber niemand. Sie heißt eben »Tinta«. Mami meint, wegen der dunklen Augen, weil die kohlschwarz wie Tinte sind. Pappi brummt: »Daraus guckt Tintas Seele. Die ist so schwarz wie Toms Fingernägel. Und das will schon was heißen.« Das sagt er natürlich nur so.

Und dann sagte Tante Gerda: »Man merkt es doch deutlich an ihrem Aussehen! Willst du denn, daß sie's von anderen erfährt?«

Ich spitzte die Ohren: Was sollte Tinta von anderen hören? Was konnte man an ihrem Aussehen erkennen? Mir fiel plötzlich der Briefträger ein. Der dicke alte, der früher immer kam. Ich hab mal gehört, wie der zu Frau Nolte gesagt hat: »Wo die Tinta die schwarzen Haare bloß her hat? Ihre Eltern sind doch beide hellblond.« Da hab ich mich auch mal gewundert, aber höchstens zwei Minuten lang und nur, weil Frau Nolte so blöde gekichert hat. Danach hab ich's wieder vergessen.

Mir kam ein Gedanke: War Tinta nicht meine richtige Schwester? Ich hatte mal eine Geschichte gelesen von einem Jungen. Der war »adotiert«. So ähnlich, glaube ich, hieß das Wort. Es bedeutet: Leute nehmen ein fremdes Kind bei sich auf. Sie unterschreiben ein Papier. Auf dem steht: »Dies Kind gehört zu uns, als wär's unser eigenes. Es bleibt nun für immer in unserer Familie.« In der Geschichte hatte mich das kein bißchen gewundert, aber bei Tinta? Die sollte aus einem fremden Haus kommen? Ich konnte es kaum glauben.

Da sagte Mami zu Tante Gerda: »Weißt du, es gibt immer noch Augenblicke, wo ich denke: Bettina fühlt sich nicht ganz so sicher in unserem Hause wie Billi und Tom.» (Die Billi bin ich.)
»Noch immer nicht?« fragte die Tante.

»Nein», meinte Mami. »Auch nach neun Jahren noch nicht. Besonders beim Essen ist das zu merken. Da denkt sie dauernd, sie kriegt nicht so viel wie die anderen. Tinta würde sich um ein Stück Kuchen prügeln. Wenn's so weitergeht, steckt sie mir Billi noch an.«

Ich saß hinterm Sessel und fühlte mich scheußlich. Ich wollte schon weggehn; doch da sagte Tante Gerda den Satz mit dem Fremdwort, das ich vorher nur aus Geschichten kannte. Sie flüsterte es beinah: »Sie war doch erst zwei, als ihr sie adoptiert habt!«

Nun war es heraus! Bettina war nicht meine richtige Schwester. Mir war ganz komisch. Was es alles gibt! Ich hatte aber gar keine Zeit, darüber nachzudenken. Der Vorhang am Seitenfenster gegenüber fing bei dem Wort »adoptiert« an, hin und her zu wackeln.

Und als ich nun etwas genauer hinsah, entdeckte ich die roten Hausschuhe, die unter der langen Gardine hervorguckten. Ich kannte die Schuhe. Es waren Tintas. Sie war also noch vor mir hereingekommen. Sie wollte genauso wie ich nur das Törtchen und hörte nun diese unglaublichen Sachen.

Oh, dachte ich, was mag Tinta jetzt denken? Dann ist Mami ja nicht ihre richtige Mutter. Ob das schlimm ist für Tinta? Ob sie nun wohl herauskommt? Sie kam nicht. Da blieb ich auch ganz still sitzen.

Auf einmal war ich sehr froh, daß ich wenigstens die Hälfte von Mamis Gesicht sehen konnte. Ihre Augen guckten so lieb, und da war das Unheimliche, das ich eben gehört hatte, längst nicht mehr so schlimm. Tintas Augen blinzelten durch die Ritze am Rand der Gardine. Ich dachte: So kann sie Mamis Gesicht sogar ganz sehen. Das war gut. Ganz bestimmt.

Nun horchten wir beide.
»Ist sie noch immer so schwierig wie früher als Kleinkind?« fragte Tante Gerda. »Ich weiß doch, daß du anfangs manchmal verzweifelt warst.«
Der Vorhang drüben bewegte sich heftig. Aber die Hausschuhe standen ganz still.

»Nein«, sagte Mutter. »Das hat sich gegeben. Anfangs hatte ich immer Angst, sie würde weglaufen. Sie ging ja mit jedem gleich mit, der nur ein klein bißchen nett zu ihr war. Sie wußte nicht, was das ist, ein Zuhause haben! Sie wußte nicht, daß Mütter, die schelten, ihre Kinder auch in dem Augenblick lieben. Sie hielt sich an die, die ihr Bonbons gaben.«

»Und du mußtest ja schimpfen!« rief Tante Gerda. »Du meine Güte, wie war das Kind wild! Dreimal hat sie mir eine Kette zerrissen, und dauernd sah das Gör drekkig aus. Wir haben dich damals alle bedauert!« Die Tante redete immer lauter.

»Ehrlich gesagt«, meinte sie, »als dann das Unerwartete geschah und ihr doch noch eigene Kinder bekamt, da hab' ich mich heimlich gefragt: Wird sie das fremde Kind auch so liebhaben können?«

Der Vorhang drüben hing plötzlich ganz starr. Mir war's, als stünde ich neben Tinta, und wir beide hielten den Atem an.
Aber Mami lachte. Wahrhaftig, das tat sie. Sie sagte ganz einfach: »Ihr seid wirklich dumm.«

»Na hör mal!« Tante Gerda wurde richtig ärgerlich. »das ist doch wohl eine verständliche Frage! Nach allem, was du mit deinem kleinen schwarzen Wildfang durchgemacht hattest!«

»Ja, eben!« rief Mutter. »Das ist es ja gerade. Wie soll ich's erklären?« Sie schaute zum Fenster. »Weißt du noch«, fragte sie, »wie Tom mir einmal eine ausgeblühte Azalee ins Haus geschleppt hat? Er hatte sie irgendwo aus einem fremden Ascheimer gefischt.
Es war eine sehr schöne Pflanze. Ich sah's an den letzten Blütenblättern, die noch dran hingen. Aber wie sah sie aus! Kein bißchen gepflegt!

Mein Mann hat gesagt: ›Was soll das Gestrüpp hier? Stell den Topf weg! Der paßt nicht an unser Fenster.‹ Aber mich hat die Sache nicht losgelassen. Ich habe die Pflanze mit Substral gegossen (das ist flüssiger Dünger) und den Topf häufig ganz ins Wasser gestellt. Ich hab über Azaleenpflege gelesen, wo ich nur irgendetwas finden konnte. Im nächsten Winter blühte sie

spärlich; aber jetzt ...« Mami zeigte hinüber zum Fenster.
»Sag bloß, das ist die weiß-rosa gestreifte!« rief Tante Gerda und guckte die Azalee genau an. »Die blüht wirklich herrlich! Nein, ist die schön!«

»Na, siehst du!« rief Mami. »Und glaubst du nun etwa, die hätte ich weniger gern als die anderen? Die Pflänzchen, die du besonders gepflegt hast, die wachsen dir eher noch mehr ans Herz. So geht's mir mit Tinta.«
»Hm«, meinte die Tante. »Da ist aber noch was. Tintas richtige Eltern leben doch nicht mehr. Wer weiß, wie die waren und was Tinta von ihnen ...«

»Ach, was«, sagte Mami, »das hab ich schon so oft zu hören bekommen. Wenn die Kleine früher mal genascht hat, dann flüsterten manche gleich ängstlich: ›Von wem sie das wohl geerbt hat!‹ Dann habe ich immer gesagt: ›Wer weiß, was in uns steckt!«

Sie lachte wieder: »Ich kann dir erzählen: In der Steinbeker Straße und in ganz Neustadt spricht niemand mehr so. Die wissen's jetzt alle: Tinta ist mein Kind, und das hab ich lieb, wie Tom und wie Billi. Ganz, ganz genauso. Komm, Gerda, wir wollen noch etwas hinausgehen. Die Sonne ist wieder herausgekommen.«

Die beiden holten die Mäntel vom Hausflur. Sie gingen zum Glück durch die andere Tür.
Der Kuchenteller stand jetzt allein da. Aber Tinta lief an dem Tisch vorbei durch die Küche und fragte: »Kann ich mitkommen, Mami?«

Sie gingen zu dritt hinaus auf die Straße. Tinta ganz dicht an Mami gekuschelt. Sie strahlte. Auf dem Teller im Zimmer lag noch das Törtchen. Sie hat es nicht einmal angeguckt.

Fremde/Fremdsein 19

Biblischer Bezug: Daniel 5
Biblische Erläuterung: Gott steht auf Seiten der Fremden.
Kreativer Zugang: 102, 104, 105, 109, 110, 112, 113, 114, 115, 116, 117, 123, 125, **131, 132, 133, 134, 135,** 136, 137, 138, 139, 153, 154, 155, 156, 161, 165, 169, 170, 171, 178, 186, 191, 193, 208, 213
Inhalt: Nico und Gianna helfen ohne Wissen der Eltern Asylsuchenden. Als die Eltern dahinterkommen, besorgen diese einen Anwalt für die Flüchtlinge. Daraus entwickelt sich eine Freundschaft.

Asylbewerber/-in

Helfen

Angst

Flucht

Verfolgung

Freundschaft

Ausländer/-in

Gestrandet

Erzählung von Ulrich Walter

Es war ein heißer Tag in den Sommerferien. Nico und Gianna hatten es sich unter dem Vordach der Scheune gemütlich gemacht und spielten im Sand. Ihr Vater war schon früh mit dem Traktor in die Weinberge gefahren. Und auch die Mutter hatte sich aufgemacht, um in der Stadt einzukaufen.
Gianna wurde plötzlich unruhig. »Nico, schau mal, da war etwas!« – »Gianna, es ist immer dasselbe mit dir. Wenn Mama fort ist, siehst du überall Gespenster! Vielleicht war es ein Huhn?« »Nein, Nico, ich habe ganz deutlich einen Kopf gesehen; einen Mann mit schwarzem Haar.« »Gianna, hör auf, oder hast du schon zu viel Sonne abbekommen?« Sie spielten weiter, doch Gianna war unruhig. Immer wieder schaute sie hinüber zur Hausecke. Plötzlich stutzte auch Nico, nun hatte auch er ein Gesicht gesehen.
»Bleib ganz ruhig, Gianna, wir tun so, als ob wir spielen. Mal sehen, was passiert. Da ist wirklich jemand.«

Nach einer Weile schauten zwei Gesichter hinter der Hausecke hervor. Und als sie sahen, daß nur die beiden Kinder dort waren, kamen sie hervor. Im-

mer wieder drehten sie sich nach allen Seiten um und gingen auf die Kinder zu. Jämmerlich sahen die beiden aus. Ihre Hosen waren zerrissen, einer hatte kein Hemd an, der andere trug die Reste eines T-Shirts. Beide liefen barfuß, die Füße von Dornen und Steinen aufgerissen und blutverkrustet. Sie sprachen eine fremde Sprache, doch ein Wort konnten die Kinder sofort verstehen: »Wasser, bitte Wasser!«
Die Kinder schauten sich an. Gianna hatte beim Anblick dieser armseligen Gestalten ihre Furcht verloren. Ihr kam eine Idee. »Moment, Moment!« rief sie und lief in Richtung ihres Hauses. »Ich komme gleich wieder!« Nico machte eine einladende Geste und bat die beiden, sich auf eine Bretterbank in den Schatten der Scheune zu setzen.
Die beiden Fremden blickten sich verwundert an und setzten sich. Nico's Blick fiel auf ihre geschundenen Füße. Wie lange mochten die beiden Fremden schon gegangen sein? Aus ihren Augen sprach die Angst. Immer wieder schauten sie sich um, als ob sie verfolgt würden.
Bald kam Gianna mit einem großen Krug kühlen, frischen Wassers. Abwechselnd tranken sie in großen Schlucken. »Wo sind Papa und Mama?« Gianna schaute Nico an. »Papa und Mama kommen gleich wieder.«

Doch wie sollte es nun weitergehen? Die beiden brauchten Hilfe, frische Kleidung und warmes Wasser zum Reinigen der Wunden.
Während Gianna den Fremden noch einmal den Krug mit Wasser reichte, machte Nico eine Handbewegung, die bedeuten sollte: »Wartet einen Moment!« und lief los.
Gianna war neugierig geworden: »Woher kommt ihr?« – »Mit einem Schiff gekommen, aus Albanien.« Nur mühsam fanden sie Worte, die Gianna verstehen konnte. »Wir sind auf der Flucht. In Albanien ist es gefährlich für uns. Unser Vater und unser Bruder sind getötet, und nach uns suchen sie auch.« »Aber ihr seid hier in Sizilien, warum lauft ihr noch immer weg?«
»Eure Polizei glaubt uns nicht, sie will uns wieder zurückschicken, nach Albanien. Wir haben Angst!« Inzwischen war Nico wieder zurückgekehrt. Er hatte zwei Paar alte Hosen und Hemden vom Vater dabei; dazu eine Schüssel mit warmem Wasser und ein altes Handtuch, aus dem er geschickt Streifen riß. Gianna erzählte ihm, warum die beiden auf der Flucht waren.
Während diese sich ihre wunden Füße säuberten, überlegten Gianna und Nico, was zu tun war. »Wir werden sie erst einmal in der Scheune verstecken; oben, wo das Heu vom letzten Jahr lagert. Da kommt keiner hin.«

Die Mahlzeiten der Familie gestalteten sich in den nächsten Tagen sehr merkwürdig. Den Eltern blieb der ungeheure Appetit ihrer Kinder natürlich nicht verborgen. Besonders wunderten sie sich, daß die Kinder auch noch für die Nacht einen Vorrat an Brot und Käse verlangten. Nach drei Tagen entdeckte der Vater die beiden Fremden in der Scheune. War nun alles vergeblich?

Nein, Kinder wie Gianna und Nico haben Eltern mit einem weiten Herz. Kurz entschlossen luden sie die beiden in ihr Haus. Nun mußten sie ihre ganze Geschichte erzählen.
»Ihr dürft sie nicht fortschicken!« Die Kinder ließen nicht locker. Schließlich hatte der Vater einen Entschluß gefaßt: »Natürlich können wir die beiden nicht für immer hier verstecken. Irgendwann werden sie gefunden. Ich weiß, was ich tun werde. Mama und ich haben noch ein wenig Erspartes. Wir werden nach Syrakus fahren und einen Anwalt suchen. Eure Freunde sollen ein richtiges Gerichtsverfahren bekommen, damit sie ihren Asylantrag stellen können.«
Es kam zur Verhandlung. Der Anwalt konnte beweisen, daß der Vater und der Bruder tatsächlich ermordet worden waren und sie in Albanien zu Unrecht verfolgt wurden. Ihr Asylantrag wurde angenommen. Sie durften als freie Bürger in Italien bleiben. Sie wurden nicht zurückgeschickt, wie so viele andere, die mit ihnen auf dem Schiff geflohen waren. Auf dem Hof von Nicos und Giannas Familie fanden sie ein neues Zuhause.

Natürlich hoffen die beiden, daß sie eines Tages zu ihrer Familie zurückkehren können. Doch Nico und Gianna werden immer ihre Freunde sein.

Vorurteile

Ablehnung

Zeit

Trotz

Biblischer Bezug: 1.Samuel 20

Biblische Erläuterung: Der König will eine schöne Freundschaft zerstören.

Kreativer Zugang: 102, 106, 109, 110, 111, 112, 115, 123, **136, 137, 138, 139,** 154, 169, 170, 171, 186, 191, 208, 212, 213, 214

Inhalt: Als Katrin von ihrer neuen Schulfreundin Martina erzählt, stößt sie bei ihren Eltern auf Ablehnung. Sie finden Martina »schmuddelig«. Katrin aber hält zu ihrer Freundin.

Eine neue Freundin

Erzählung von Manfred Mai

Katrin und Martina winken sich zu. Dann läuft Martina zur Haustür und klingelt. Bevor sie hineingeht, winkt sie noch einmal. Katrin winkt zurück und hüpft dann im Wechselschritt weiter. Heute kommt ihr der Schulweg viel kürzer vor als sonst. Zu Hause streicht sie wie eine Katze um ihren Vater herum. Als der die Soße abschmecken will, stolpert er beinahe über Katrin. »Paß doch auf«, sagt er. Katrin geht zur Seite.
»Ist denn was?« fragt der Vater. »Du tust so komisch.« Er schüttet dampfende Nudeln in ein Sieb.
»Ich habe eine neue Freundin«, sagt Katrin.
»Das ist aber schön.« Er schreckt die Nudeln mit kaltem Wasser ab. »Wer ist es denn?«
»Martina.«

Er schaut Katrin an. »Martina Schweitzer?« Katrin nickt. »Und in der Schule sitzt sie jetzt neben mir.« »Soso, neben dir?«, murmelt der Vater. Er drückt Katrin drei Teller in die Hand. »Hilf mir mal. Mutti kommt gleich.«
Katrin deckt den Tisch.
»Tanja war doch immer deine Freundin«, sagt der Vater. »Die ist doof, die will ich nicht mehr.«
»So? Aber ist Martina nicht ein bißchen schmuddelig?«
»Nein!« sagt Katrin sofort. Dann fragt sie vorsichtig: »Was ist schmuddelig?«
»Na, unordentlich, ungepflegt, schmutzig ...«
»Das ist sie nicht!« ruft Katrin dazwischen.
»Dann muß sie sich aber sehr geändert haben.«
»Hat sie auch.«
»Das würde mich allerdings wundern, denn ...«

In diesem Augenblick kommt die Mutter herein. »Hallo, ihr zwei!« Sie gibt beiden einen Kuß. »Ich habe einen Bärenhunger.«
»Wir können gleich essen.« »Na, gibt's was Neues?« fragt die Mutter. »Wie war's in der Schule?« »Katrin hat eine neue Freundin!« antwortet der Vater.
»So, wen denn?«
Katrin gibt keine Antwort. »Warum sagst du es der Mutti nicht?« »Sag du's doch«, ruft Katrin und läuft hinaus. Ein paar Tage später gehen sie spazieren. Dabei spielen sie »Engelchen flieg«, balancieren über einen Balken, hüpfen auf einem Bein um die Wette, werfen Kastanien und so weiter.
»Da vorne wohnt Martina!« ruft Katrin plötzlich.
»Deswegen brauchst du nicht so zu schreien«, sagt der Vater.
Katrin guckt, ob sie Martina irgendwo entdeckt.
»Sieh dir mal den verlotterten Garten an«, sagt der Vater zur Mutter. »Wenn das unserer wäre, würde ich mich schämen.«
»Und die Fenster wurden auch schon ewig nicht mehr geputzt. Überhaupt ist ...«
Katrin hält sich die Ohren zu.

»Hör mal, Katrin«, sagt der Vater, als sie wieder zu Hause sind. »Wir meinen es doch nur gut.« »Ich will aber nicht.« »Die Schweitzers sind nicht der richtige Umgang für dich. Martinas Vater arbeitet nicht und sitzt oft in Kneipen herum ...«
»Ist mir doch egal.«
»Aber uns nicht«, sagt der Vater einen Ton lauter. »Es ist nicht gut, wenn du in so einem Haus bist.« »Gestern hat Martinas Vater ganz toll mit uns gespielt«, wehrt sich Katrin. »Und ganz lang. So viel Zeit hast du nie.«
»Ich muß auch arbeiten ...« »Es wäre viel schöner, wenn du nicht arbeiten müßtest.«
»Katrin!«
»Darum geht es doch gar nicht«, sagt jetzt die Mutter. »Wir möchten nicht, daß du bei Schweitzers aus- und eingehst. Und dafür haben wir unsere Gründe.«

»Martina ist meine beste Freundin«, sagt Katrin trotzig.
»Es gibt doch so viele nette Mädchen in deiner Klasse und in der Nachbarschaft«, versucht es die Mutter noch einmal. »Sandra, Melanie und Rachel zum Beispiel.«
»Die will ich nicht.« »Aber Sandra wäre ...«
»Ich soll ja nur Sandras Freundin sein, weil ihr ihre Eltern gut leiden könnt.«
»Das stimmt doch gar nicht«, widerspricht die Mutter.
»Stimmt wohl«, sagt Katrin. »Aber meine Freundin ist und bleibt Martina, damit ihr es nur wißt.«

21 Frieden

Gewissen

Außen-
seiter/-in

Verrat

Freund-
schaft

Starke und
Schwache

Feigheit

Miteinander

Biblischer Bezug: Psalm 98

Biblische Erläuterung: Freut euch! Der Herr kommt und sorgt für Frieden auf der Erde.

Kreativer Zugang: 102, 109, 110, 111, 115, 116, 123, 136, 137, 138, 139, **140, 141, 142, 143, 144,** 148, 149, 151, 154, 155, 165, 169, 170, 171, 182, 183, 186, 191, 208, 213

Inhalt: Niki hält in einer schwierigen Situation nicht zu seinem Freund Horst. Ihn quält, daß er so feige war. Dann hat er eine Idee, und alles wendet sich zum Guten.

Die Sache mit Horst

Erzählung von Monika Kißling

Eines Tages hatte Niki den Horst mit nach Hause gebracht.
Sie standen auf dem Hof um den Brunnen herum, der große, kräftige Jörg, die pummelige Meike, der dünne Fritz mit den braunen Wieselaugen, und in ihrer Mitte Niki mit dem Neuen, mit Horst Pohlmeier.
»Das ist Horst«, sagte Niki.
Horst zog die Nase hoch. Er schien ziemlich verlegen. Er steckte die Hände tief in die Taschen seiner schmutzigen, ausgebeulten Jeans und zog dabei die Hosenträger kräftig in die Länge.
»Horst ist nämlich mein Freund«, sagte Niki. »Er geht in meine Klasse.« »Tach«, sagte Horst.
»Tach«, sagten die anderen. Mehr sagten sie nicht, aber Niki fand, sie guckten so komisch.

Von diesem Tag an kam Horst Pohlmeier oft zu Niki. Sie wurden richtig gute Freunde. Sie spielten zusammen Verstecken zwischen dem Haus und der Scheune und dem Gemüsegarten und Fußball auf der großen Wiese. Und wenn in der Schule einer dem Niki was wollte – denn Niki zählte zu den Kleineren in der Klasse – dann flitzte Horst Pohlmeier heran, und seine mageren, kräftigen Fäuste schlugen und boxten für seinen Freund jeden Angreifer in die Flucht. »Das wär' erledigt, Niki«, schnaufte er dann und grinste und zog die Nase hoch. Es gibt Leute, die haben immer Schnupfen. Horst war so einer.
Ob ihn die anderen deswegen nicht mögen, dachte Niki manchmal. Denn es war inzwischen offensichtlich, daß die anderen Kinder vom Hof den Horst nicht mochten. Wenn er kam, ließen sie ihm die Luft aus dem Fahrrad, beim Fußball durfte er nicht mitspielen, und einmal hatte Jörg ihn tatsächlich eine »Rotztrine« genannt.
Trotzdem kam er am Nachmittag zu Niki.
Jörg sah ihn von weitem auf seinem Fahrrad anradeln. »Da kommt er ja schon wieder, der doofe Horst«, sagte er.
»Mann«, sagte Meike, »was will er denn immer hier bei uns auf dem Hof?«
»Der Horst hat hier überhaupt nichts zu suchen«, sagte Fritz.
»Los, Leute!« schrie Jörg, »den verscheuchen wir! Alle Mann mir nach!« Dann machte er einen Schritt auf Niki zu. »Und du machst mit!« sagte er.

Niki spürte irgendwie ein komisches Gefühl im Bauch. »Wieso kann der Horst denn nicht mit uns zusammen spielen?« fragte er kleinlaut.
»Nichts zu machen«, antwortete Jörg großspurig und gab das Kommando zum Grasbüschelausreißen. »Leute, der Kerl wird gebührend empfangen!« schrie er und schwang ein dickes Grasbüschel an den Wurzeln durch die Luft. »Und jeder paßt auf, daß Niki mitmacht, sonst hat er bei uns auf dem Hof nichts mehr zu suchen! Und Hiebe gibt's außerdem noch!«
Fritz und Meike waren hinter den Mülltonnen in Stellung gegangen. Das scheppernde Geräusch von Horsts Fahrrad war schon deutlich zu hören.
Jörg sah Niki an. Da bückte sich Niki ganz langsam und hob ein Grasbüschel auf.

Am Abend konnte Niki vor Kummer nicht einschlafen. Er drehte sich im Bett von einer Seite auf die andere, er versuchte es mit Schäfchen zählen, Augen zudrükken, Von-hundert-rückwärts-bis-eins-Zählen, mit Geschichtenausdenken – es war alles vergeblich. Er konnte einfach nicht einschlafen. Immer wieder sah er das verständnislose, traurige Gesicht seines Freundes Horst vor sich. Ihm war zum Heulen zumute.
Er hatte sich nicht getraut, seinen Eltern von der Sache zu erzählen. Er schämte sich einfach zu sehr. Ein paar Tränen kullerten seine Backen hinunter.
In seinem Käfig rumorte der Goldhamster. Goldhamster sind Nachttiere hatte sein Vater gesagt. Nikis Hamster war ein Weibchen und hieß Knurzeline.
Niki stand auf und tappte barfuß zu dem Hamsterkäfig hinüber. »Hallo, Knurzeline«, sagte er leise.
Der Goldhamster hielt inne und sah ihn aus seinen schwarzen, runden Augen erwartungsvoll an.
»Weißt du, Knurzeline«, sagte Niki,

»es ist einfach ekelhaft, wenn man sich nicht wehren kann, so wie ich. Die sind eben alle älter als ich, und stärker, bis auf Meike, aber die ist feige und macht sowieso nur da mit, wo der Jörg ist. – Ich hätte nicht mitmachen dürfen«, fuhr Niki fort. »Ich hätte mich eben verprügeln lassen müssen.«
Immer noch sah der Hamster unverwandt zu ihm auf. »Guck nicht so«, sagte Niki. »Hättest du an meiner Stelle etwas anderes getan? Auch nicht. Da kann man nämlich gar nichts tun. Oder? Oder doch?«

Niki fror. Das Schlafzimmerfenster stand offen, er bekam kalte Zehen und eine Gänsehaut. Trotzdem fühlte er sich auf einmal viel wohler. Er kroch wieder zurück in sein warmes Bett. Vielleicht konnte man doch noch etwas tun.

Am nächsten Tag regnete es. Jörg, Fritz und Meike standen unter der großen Pappel am Rande der Fußballwiese und ärgerten sich. »Auf so einer nassen Wiese kann kein Mensch ordentlich Fußball spielen«, murrte Fritz.
Meike fühlte einen dicken Tropfen auf dem Kopf. »Die Pappel nützt gar nicht«, sagte sie. »Ich werde trotzdem naß!«
»Ich glaub', ich hör' was«, sagte Fritz. »Ihr nehmt mir die besten Plätze weg!« beschwerte sich Meike. »Ich werde dauernd naß!«
»Mecker nicht«, sagte Jörg. »Aber ich hör' auch was. Da kommt jemand. Ein ganzer Haufen!«
Fritz steckte den Kopf vor, und dann sah er sie kommen. Es war Niki mit seiner Klasse, es mußte wirklich fast die ganze Klasse sein, komisch, auf dem Schulhof waren es ihm nie so viele erschienen. An ihrer Spitze, neben Niki, ging Horst Pohlmeier.

Und dann waren sie da und standen im großen Kreis um Jörg, Fritz und Meike herum. »Ich hab' Schiß«, flüsterte Meike und drängte sich hinter den Rücken des großen Jörg.
»Ihr Feiglinge!« rief Niki. »Jetzt habt ihr wohl Angst, was?«
»Jawohl!« schrie Nikis Nachbar, »da seht ihr mal, wie das ist, viele gegen einen!«
»Jawohl, wie ihr das gestern mit unserem Horst gemacht habt!« schrie Thomas und schüttelte die Fäuste. »Verkloppen sollte man euch!«
»Oller Angeber«, sagte Jörg unsicher.
»Ihr mickrigen Feiglinge«, murmelte Fritz.
Aber es war ihnen doch sehr unbehaglich. Wohl ungefähr so, wie gestern Horst Pohlmeier.

»Wir ziehen hier nicht eher wieder ab«, rief Niki, »bis ihr versprochen habt, den Horst in Zukunft in Ruhe zu lassen!«
Jörg, Fritz und Meike fühlten sich immer elender. Und vor allem naß, sehr naß. Es hörte nicht auf zu regnen. Auch das noch.
Jörg machte einen Schritt nach vorn. »Tut mir leid, Niki!« sagte er. »Wir waren wohl wirklich ziemlich schäbig. Von jetzt an ist Horst auch unser Freund.«
»Klar», sagte Fritz, »Alles wieder okay, Niki?«
Und Meike zog fröstelnd die Schultern hoch und nickte. Niki strahlte.

Alles wieder okay, Leute!« Noch nie in seinem Leben war er so froh und glücklich gewesen, jedenfalls konnte er sich nicht erinnern. Er drehte sich herum zu seinen Klassenkameraden und schrie aus vollem Hals: »Freunde, wir sind alle Freunde!«
»Jau!« schrie Willi zurück. »Wir sind alle Freunde!«
»Jau!« brüllten die Jungen und Mädchen auf der Fußballwiese, und irgend jemand riß ein Grasbüschel aus und warf es in die Luft, und im Nu war unter Lachen und ohrenbetäubendem Lärm eine wundervolle, lustige Grasbüschelschlacht im Gange. Der Regen störte keinen.
»Wir sind alle Freunde!« schrie Niki und lief zu Horst Pohlmeier hinüber. Der stand und hatte die Hände in den Taschen seiner schmutzigen, ausgebeulten Jeans vergraben und grinste. »Dufte, Niki«, sagte er und zog die Nase hoch.

Tiere

Vorurteile

Suchen und Finden

Miteinander

Helfen

Lohn

Biblischer Bezug: Matthäus 20, 1-15

Biblische Erläuterung: Die Arbeiter im Weinberg: Gott lohnt nach dem, was der Mensch braucht.

Kreativer Zugang: 111, 112, 115, 116, 117, 120, 139, **145, 146, 147,** 154, 155, 156, 161, 165, 178, 179, 185, 186, 191, 193, 202

Inhalt: Michael stellt eine Mannschaft zusammen, die einen verschwundenen Dackel suchen soll. Überall kleben sie Plakate und machen sich auf die Suche. Der Besitzer hat ihnen Zirkuskarten versprochen. Zum Schluß kommen noch Antonio und Andy dazu. Auch sie sollen Karten bekommen.

Aktion verschwundener Hund

Erzählung von Susanne v. Schroeter

Wütend zerknüllte Michael das Blatt Papier. Dann warf er es auf die Straße. So eine Ungerechtigkeit. Den ganzen Tag strampelt man sich ab, andere liegen auf der faulen Haut, und nachher kriegen die das gleiche.
Michael starrte böse auf das Papierknäuel. Die ganze Geschichte fiel ihm wieder ein.

Angefangen hatte es, als der Dackel verschwand. Niemand wußte, wo er steckte.
Eigentlich fand Michael Bernhardiner schöner als Dackel, aber Möllers Struppi war wirklich nett. Klein, hellbraun, struppig und pfiffig. Wenn er sich freute, dann wedelte er von der Nase bis zum Schwanz.
Vorgestern war der Dackel verschwunden. Alle sagten, der kommt schon wieder, der Struppi. Aber er kam nicht wieder.
Am nächsten Morgen traf Michael Frau Möller auf der Straße. »Er ist nicht wiedergekommen«, sagte sie. Sie hatte Tränen in den Augen. Michael konnte das gut verstehen. Als sein Hamster damals gestorben war, hatte er auch geweint. Michael fiel ein Buch ein, das er mal gelesen hatte: »Das Geheimnis des verschwundenen Papageis«. Da suchten fünf Jungen und ein Mädchen einen verschwundenen Papagei. Sie erlebten lauter Abenteuer. In unterirdischen Gängen, in einer alten Burg. Am Schluß fingen sie auch noch den Verbrecher, der den Papagei versteckt hielt.
Da kam ihm die Idee. Auf dem Spielplatz erzählte er sie den anderen. Die waren gleich Feuer und Flamme. »Klasse!« – »Das machen wir auch!« – »Das Geheimnis des verschwundenen Dackels!« Sie schrien alle durcheinander.
Einfälle hatten sie genug, was man machen könnte: zur Polizei gehen, zum Tierheim, Leute ausfragen, Plakate ankleben. Schade, daß es keine Burg und keine unterirdischen Gänge gab. Aber vielleicht konnte man auch in Hochhäusern Abenteuer erleben. Möllers waren ganz gerührt, als sie von der Sache hörten. »Wenn wir den Struppi wiederkriegen«, sagte Herr Möller, »dann schenk' ich jedem was, der mitgemacht hat.« Er überlegte ein bißchen. »Eine Karte für den Zirkus«, sagte er. »Logenplatz.«
Sie waren sprachlos. »Mann«, sagte einer. »Logenplatz! Für jeden?«
»Für jeden«, sagte Herr Möller.
Es war 10 Uhr, als sie anfingen. Polizei und Tierheim benachrichtigen, das ging schnell. Aber die Sache mit den Plakaten, die war nicht so einfach. Sie schleppten Tapetenrollen an, Farbe und Kleister. Möllers Vorgarten sah aus wie eine Malerwerkstatt. Als sie das erste Plakat fertig hatten, da waren sie sehr zufrieden. Das Plakat hatte einen schwarzen Trauerrand. Die Schrift war rot. »SOS SOS SOS« stand darüber. »Gesucht wird verschwundener Hund«.

Steckbrief

Rasse:	Dackel
Name:	Struppi
Farbe:	hellbraun
Fell:	struppig

Bekleidung: rotes Halsband
Besondere Kennzeichen: Wedelt von der Nase bis zum Schwanz, wenn man ihn streichelt.
Hinweise bitte an Tel Nr. 24 33 95 oder direkt an Möller, Holbeinstr. 6. Alle Mitteilungen werden auf Wunsch vertraulich behandelt.

Aber was nützt ein Plakat? 20 mußten es sein. 30 oder 50! Nach dem 15. Plakat hatte Michael Muskelkater in den Armen. Den andern ging es genauso. Es war ein Uhr, als sie endlich damit fertig waren. Dann ging die Ankleberei los. Der Kleistereimer war schwer. Von Abenteuern keine Spur. Zur Abwechslung fuhren sie mal in ein paar Hochhäusern mit dem Fahrstuhl. Die Leute guckten verdutzt, wenn sie nach einem Dackel fragten.
In der Nordstraße, da, wo die vielen Italiener wohnen, setzten sie sich auf eine Gartenmauer. Das tat den müden Füßen gut. Aus einem Fenster hörte man Radiomusik und Tellergeklapper. Und es roch ganz fremdartig.

Auf einmal fing einer an zu schnüffeln. »Was braten die denn?« sagte er. »Das Geheimnis der Bratpfanne«, witzelte Frank. »Vielleicht haben die Spaghettis den Dackel in der Bratpfanne.«

»Sei ruhig!« schrie Michael. »Mir dreht sich der Magen um. Außerdem sagt man nicht Spaghettis. Es ist eine Beleidigung!«
»Doofmann!« sagte Frank nur. Dann fingen sie alle an, darüber zu reden, daß die Zigeuner Igel braten und die Neger Ameisen.
»Und die Spaghettis braten Hunde«, sagte Frank stur. Er schnupperte in Richtung Küchenfenster. Gerade in dem Augenblick sah Antonio aus dem Fenster. Der Antonio Rossi aus Michaels Klasse. Er kam aus dem Haus gerannt. Vielleicht dachte er, sie wollten mit ihm spielen. Gut, daß er nichts wußte von den gebratenen Hunden und den Spaghettis.
»Frag, ob wir rein dürfen«, tuschelte Frank.
Aber da sagte Antonio schon: »Kommt doch rein.«
Die Wohnküche von den Rossis war gemütlich. Der Vater saß auf dem Sofa und las Zeitung. Die Mutter rührte am Herd in der Pfanne. Sie reckten die Hälse. Dann wurden die Gesichter immer länger. Reis, Eier und Gemüse – sonst war nichts in der Pfanne.
Auf einmal ertönte unter dem Sofa ein Jaulen und Kläffen. Das Abenteuer fängt an, dachte Michael. Ein weißer Hundekopf tauchte unter dem Sofa auf. Dann kroch der Hund unter dem Sofa hervor. Es war ein großer, weißer Spitz.
»Bella«, sagte der Vater zärtlich. »Bella ist Liebling!«
Der Liebling tänzelte um sie herum und machte Männchen. Die Mutter stellte allen Limo hin. Bella bekam ein Stück Wurst.
Auf einmal fing Michael an zu erzählen. Die ganze Geschichte von Struppi, vom Zirkus, nur das von der Bratpfanne nicht.
Antonio hörte aufmerksam zu. »Kann ich mitmachen?« fragte er schüchtern. Warum eigentlich nicht? Wo der Kleistertopf so schwer war! Als sie weiterzogen, trug Antonio den Kleistertopf, und Bella rannte wedelnd vorneweg.
Gegen vier Uhr nachmittags waren die meisten Plakate angeklebt. Ein kleiner Stapel war noch übrig.
»In meinem Buch hat ein Verbrecher den Papagei gefangen«, sagte Michael mehr zu sich selber.
»Verbrecher?« sagte einer. »Wo gibt's denn hier Verbrecher? Ich kenne keinen.«
»Aber ich«, sagte Frank, »der Andy.«
Den Andy kannten sie alle. Der hatte rote Haare und eine Zahnlücke. Da hatte ihm mal einer einen Zahn ausgeschlagen bei einer Rauferei. Und dreimal war er schon sitzengeblieben. Einmal hatte er ein Fahrrad geklaut und die Polizei war dagewesen. »Wer Fahrräder klaut, der klaut vielleicht auch Hunde«, sagte Frank.
»Das ist doch doof«, sagte Michael. Aber er ging dann doch mit, als die andern zu Andy gingen.
Andy wohnte in einem von den kleinen Häusern, wo so viele Ställe in den Gärten sind. Er fütterte gerade die Kaninchen, als sie kamen. Erst guckte Andy ein bißchen mißtrauisch. Aber dann zeigte er ihnen die Kaninchen. Bella sprang an Andy hoch und wedelte. »Die merkt, daß ich Tiere gern hab«, sagte Andy und streichelte Bella. »Wir können keinen Hund halten wegen der Kaninchen.« Und da erzählte Michael dem Andy die Geschichte von dem verschwundenen Dackel.
Andy hörte gespannt zu. »Ich mach auch mit!« sagte er. »Schade, daß ihr mir nicht früher Bescheid gesagt habt.«
Eigentlich war ja nur noch der Rest Plakate zu kleben. Aber sie hatten gar keine Lust mehr. So waren sie ganz froh, als sie Antonio und Andy mit den Plakaten und dem Kleistertopf abziehen sahen. Es war fünf Uhr. Sie saßen noch eine Zeitlang bei den Kaninchen und ruhten sich aus.
Als die beiden zurückkamen, war es kurz nach sechs Uhr. »Alles angeklebt«, sagte Andy zufrieden, »gut verteilt im ganzen Ort.«

Es wurde schon dunkel, als sie gegen halb sieben bei Möllers klingelten. Herr Möller öffnete die Tür. Noch bevor er etwas sagen konnte, schoß ein braunes Bündel zur Tür heraus, jaulte, sprang an Bella hoch und wedelte und wedelte, von der Nase bis zum Schwanz. Herr Möller strahlte.
»Vor fünf Minuten ist er abgegeben worden«, sagte er. »Er war einer Dame zugelaufen. Vor einer Viertelstunde hat sie zufällig eins eurer Plakate gesehen. Sie hat ihn gleich gebracht. Und jetzt die Gutscheine für den Zirkus. Wie viele seid ihr? Sechs, sieben, nein acht. Die richtigen Karten könnt ihr euch morgen hier abholen. Aber jetzt gibts schon einen Gutschein.«
Er drückte Andy einen Gutschein in die Hand, dann Antonio einen. Zuletzt kam Michael dran. Michael starrte auf den Gutschein in seiner Hand.
»Der Andy, der hat doch nur 'ne Stunde mitgemacht«, sagte er.
»Für's Mitmachen hab ich die Belohnung versprochen«, hörte er Herrn Möller sagen. Da fiel Michael auf einmal alles ein, die Hoffnung, die Enttäuschungen, die müden Füße. Sieben Stunden lang! Er drehte sich auf dem Absatz um und rannte weg. Die Tränen standen ihm in den Augen. Er fand es einfach ungerecht. Deshalb zerknüllte er den Gutschein und warf ihn auf die Straße. Nun saß er auf der Gartenmauer und starrte wütend vor sich hin.
Jemand setzte sich neben ihn. Es war Andy. Andy bückte sich, hob den zerknüllten Gutschein auf und legte ihn neben Michael auf die Mauer.
»Mensch«, sagte er, »wie kann man sowas wegwerfen?« Michael gab keine Antwort.
»Ich hab gar nicht gewußt, daß es so großzügige Leute gibt«, sagte Andy, »die einem so ein Geschenk machen. Mir hat noch nie einer was geschenkt.«
Michael sagte nichts. Zögernd nahm er den zerknüllten Schein in die Hand.
»Am meisten freu ich mich auf die Löwen«, sagte Andy, »und auf die Elefanten und die Bären und die Tiger. Und du?«
»Auf die Seelöwen«, sagte Michael, »und auf die Clowns.« Er wunderte sich. Die Wut war auf einmal weg.
»Auf die Clowns freu ich mich auch«, sagte Andy. Und wie er so lachte übers ganze Gesicht, mit seiner komischen Zahnlücke, da konnte Michael nicht anders. Er lachte mit.

23 Gewissen

Diebstahl

Angst

Mut

Vertrauen

Reue

Sühne

Umkehr

Biblischer Bezug: Jeremia 18, 1-10
Biblische Erläuterung: Gott gibt Israel noch eine Chance.

Kreativer Zugang: 104, 105, 110, 111, 126, 139, **148, 149,** 150, 161, 206, 207, 208, 215

Inhalt: Wolfgang »besorgt« sich Schokolade. Es macht ihm Freude, daß er nicht erwischt wird, und doch ist er beobachtet worden. Als er täglich eine Tafel Schokolade ins Haus bekommt, wird er unsicher und fühlt sich schuldig.

Schokolade im Briefkasten

Erzählung von Christa Schlüter

Auf dem Heimweg vom Schulturnen am Nachmittag standen Wolfgang und Helga an der Bundesstraße und warteten. Während Helga auf den Knopf der Fußgängerampel drückte, um den Strom der Autos abzustoppen, schob Wolfgang der Freundin einen Riegel Milka-Schokolade zu. »Willst du ein Stück?« Milka war ihre Lieblingsmarke, so zierte sich Helga nicht. »Danke! Schmeckt klasse!« – »Rate mal, wo die her ist?« fragte Wolfgang. Helga zuckte die Achseln. Woher sollte sie das wissen? Außerdem war jetzt auch keine Zeit zum Nachdenken, die Ampel zeigte rot für die Autos, ein Fahrer hupte bereits, um die Kinder aufmerksam zu machen. Die beiden rannten über den Zebrastreifen.

Drüben angekommen, schlugen sie die Richtung in die Innenstadt ein. Bis zum alten Markt hatten sie den gleichen Weg. »Wenn du mir dein großes Ehrenwort gibst, daß du keinem Menschen sagst, was ich dir erzähle, verrate ich dir, woher die Schokolade ist«, sagte Wolfgang mit merkwürdig geheimnisvollem Gesicht. – »Mach es doch nicht so spannend«, antwortete Helga. »Erst brauche ich dein Ehrenwort«, wiederholte Wolfgang noch einmal. »Schieß endlich los! Ich verspreche es ja«, erwiderte Helga ungeduldig. Der Freund schaute sich vorsichtig um, ob auch ja niemand zuhörte, dann sagte er: »Ich habe sie bei Karstadt besorgt,« Helga fühlte sich an der Nase herumgeführt. Bei Karstadt konnte jeder Schokolade kaufen. »Du bist fad«, meinte sie. Aber Wolfgang erklärte: »Du verstehst mich nicht. Ich habe sie nicht gekauft, – halt so besorgt, meinetwegen sag geklaut.« – »Du bist verrückt!« Das Mädchen blieb stehen und sah dem Jungen ins Gesicht. – »Guck mich nicht so an, wie eine Kuh, wenn's donnert«, sagte er ärgerlich, »willst du mich jetzt verpetzen? Ich habe dein Ehrenwort. Karstadt macht das bißchen Schokolade nicht arm. Was solls!«

Eine Weile gingen die beiden schweigend nebeneinander her, dann sagte Wolfgang: »Ich habe das schon mal gemacht. Ich wollte es einfach ausprobieren, so wie im Krimi, weißt du. Es ist spannend, wirklich.« Während Helga weiter beharrlich schwieg, griff er noch einmal in die Tasche und hielt ihr einen zweiten Riegel Milka-Schokolade unter die Nase. »Magst du sie jetzt nicht mehr? Sei doch nicht blöd!« Zögernd griff Helga zu. »Weißt du«, sagte Wolfgang nach einer Weile, »ich mußte das mal jemandem erzählen, und ich dachte – wir beide sind doch Freunde. Brauchst keine Angst zu haben, mich erwischt keiner.« Plötzlich kam ihm eine Idee: »Paß auf, ich beweise es dir. Wetten, wenn wir jetzt zusammen zu Karstadt gingen, daß du es nicht merkst, wenn ich eine Tafel mitgehen lasse?« – Helga wollte das nicht ausprobieren. »Ich sterbe vor Angst«, sagte sie. Aber dann ließ sie sich doch überreden.

Eine gute Viertelstunde später verließen die Kinder nebeneinander das Kaufhaus. »Wette gewonnen«, sagte Wolfgang und zog triumphierend eine Tafel Milka aus der Tasche. »Behaupte ja nicht, du hättest es gesehen!« Nein – Helga hatte nichts gesehen, aber mitkommen würde sie nicht wieder. Trotzdem aß sie zwei Tage später, es war am Mittwoch nach der Schule, wieder gestohlene Karstadt-Schokolade.

Am Abend dieses Tages betrat Frau Lehmann, langjährige Verkäuferin bei Karstadt, nach Feierabend den kleinen Büroraum ihres Abteilungsleiters. »Kann ich Sie kurz sprechen?« fragte sie Herrn Amberg, einen jüngeren Mann, der erst seit einem Jahr diesen Posten bekleidete. »Jederzeit.« Er bot der Kollegin einen Stuhl an. Sie mußte lange genug stehen während des Arbeitstages. »Wo drückt der Schuh? Sie sehen aus, als wäre es etwas Unangenehmes.«

»Ja, leider«, antwortete sie. »Ich weiß nicht, ob ich mich schämen muß, aber ich habe einen Ladendiebstahl beobachtet und ihn nicht angezeigt.« Frau Lehmann fühlte sich nicht wohl in ihrer Haut. Es gehörte zu ihren Pflichten, Diebe anzuzeigen. Sie berichtete: »Sie wissen, Herr Amberg, seit ein paar Tagen vertrete ich unsere Maria am Süßwarenstand, direkt neben der Rolltreppe. Da muß man wirklich Fuchs und Hase sein, so umlagert sind die Vitrinen.« Sie unterbrach sich: »Ich möchte die Schokolade bezahlen, die der Junge gestohlen hat. Verstehen Sie, ich kenne ihn, zwar nur vom Sehen, er

kommt aus einer ordentlichen Familie. Es ist mir unerklärlich, wie er zum Stehlen kommt. Ich brachte es einfach nicht fertig, ihn der Polizei zu übergeben.« Sie machte eine Pause und fuhr dann fort: »Man weiß doch, wie's dann weitergeht. Zu Hause ist das Vertrauen dahin. In der Schule will niemand mit einem Dieb zu tun haben. Was bleibt ihm übrig? Er kommt in schlechte Gesellschaft. Und es wird immer schlimmer.«
»Das mag zwar stimmen«, wandte Herr Amberg ein, »aber andererseits braucht so ein Junge einen Denkzettel, sonst läßt er das Mausen nie. Und außerdem sind wir keine Erziehungsanstalt. Unser Firmeninteresse verlangt strenges Durchgreifen. Sie wissen das. Wenn er wieder stiehlt, gibt es keine Nachsicht.«
Auf dem Heimweg ging Frau Lehmann die Sache nicht aus dem Sinn. Sollte sie dem Jungen ins Gewissen reden? Sie wußte ja, wo er wohnte. Er würde dann nicht mehr wagen, bei Karstadt zu stehlen. Aber ging er dann nicht vielleicht in ein anderes Kaufhaus? Was könnte ihn zur Einsicht bewegen? Sie zerbrach sich den Kopf, bis ihr endlich ein glücklicher Einfall kam.

Als Wolfgang am nächsten Tag von der Schule nach Hause kam, empfing ihn seine Mutter mit der Nachricht: »Da ist ein dicker Brief für dich gekommen.« – »Für mich? Ein Brief?« Wolfgang wollte es nicht glauben, aber dort lag er neben seinem Teller, ein großer, gelber Umschlag, wirklich sehr dick, fast ein kleines Päckchen. Er drehte den Brief um und um. Er hatte keinen Absender. Die Adresse war in Druckbuchstaben geschrieben, eine Marke klebte nicht darauf. Also mußte ihn jemand in den Briefkasten geworfen haben. Aber wer? Wolfgang nahm sein Messer und schlitzte das Papier auf. Eine Tafel Milka-Schokolade kam zum Vorschein, kein Schreiben, kein Zettel, nichts sonst. Beinahe wäre ihm die Schokolade aus den Händen gefallen, so erschrocken war er. Er wurde rot bis über die Ohren, – »Zeig mal her, was du bekommen hast!« Der Vater streckte die Hand nach dem Brief aus. Auch die Geschwister wollten ihn sehen, und alle rätselten, wer ihn geschickt haben könnte. »Eine unbekannte Verehrerin«, hänselte ihn Doris, die ältere Schwester, während Stefan warnte: »Paß auf, vielleicht ist die Schokolade vergiftet!« – »Unsinn«, beendete der Vater das Thema, »irgend jemand will Wolfgang eine Freude machen. Laßt das Fragen! Jeder Mensch hat ein Recht auf ein kleines Geheimnis.« Er nickte Wolfgang freundlich zu.

Gleich nach dem Mittagessen machte sich Wolfgang auf den Weg zu Helga. »Hast du mir Schokolade geschickt?« fragte er aufgeregt. »Nein! Wieso?« Wolfgang zeigte ihr die Schokolade aus dem Briefkasten. »Milka – genau deine Sorte!« stellte Helga fest. Aber sie hatte auch keine Ahnung, von wem der Brief stammen könnte. »Ich werde das Gefühl nicht los«, sagte Wolfgang, »die Sache hängt irgendwie mit Karstadt zusammen. Was denkst du?« Helga hatte keine Meinung. Ein bißchen unheimlich war ihr auch zumute. Dann trennten sie sich, ohne zu einem Schluß zu kommen.

Am nächsten Tag ging das Rätselraten weiter. Im Briefkasten hatte sich wieder eine Tafel Schokolade gefunden, diesmal im blauen Umschlag. »Ich weiß wirklich nicht, von wem sie ist«, stotterte Wolfgang, im höchsten Grade verlegen, so daß ihm sogar die Geschwister glaubten. So gut konnte niemand Theater spielen.
»Was mache ich bloß, wenn morgen wieder eine Tafel kommt«, fragte Wolfgang seine Freundin am Nachmittag fast verzweifelt. »Sag doch was! Ich bin sicher, daß ich nicht spinne. Es kann nur mit Karstadt zusammenhängen. Auch wenn es noch so unwahrscheinlich klingt. Schließlich schenkt man einem Dieb keine Schokolade.« Wolfgang hielt sich selbst erschrocken den Mund zu. Was hatte er da gesagt? Bisher hatte er immer behauptet, das bißchen Klauen sei kein Diebstahl. Und jetzt hatte er sich selbst einen Dieb genannt. Und da gab es auch keine Ausrede mehr. Als hätte Helga seine Gedanken gelesen, sagte sie: »Wir klauen beide nie mehr!« Sie sah den Freund fest an. Sie war mitschuldig. Schokolade stehlen oder gestohlene Schokolade essen, da war kein Unterschied. Ganz elend war den beiden Kindern zumute. Plötzlich faßte Wolfgang einen Entschluß. »Ich bringe die Briefkasten-Schokolade zu Karstadt«, sagte er, »als eine Art Sühne, verstehst du. Ich lege sie einfach irgendwo neben die Rolltreppe. Es wird sie schon jemand finden.«

Etwa 14 Tage später saß Frau Lehmann wieder im Büro des Abteilungsleiters. Es ging um die Bedarfsplanung. Herr Amberg mußte seine Bestelliste schreiben. Nachdem die geschäftlichen Dinge besprochen waren, sagte Herr Amberg: »Und was mich noch interessiert – ist der kleine Schokoladendieb nochmals aufgetaucht?« – Frau Lehmann lächelte und sagte: »Ich glaube, den gibt es nicht mehr, das heißt, seine Person wohl, aber den Dieb nicht.«

24 Heimat

Arm und Reich

Garten

Heimweh

Auswandern

Fremde

Fremdsein

Biblischer Bezug: 2.Mose 1, 6-14

Biblische Erläuterung: Die Ägypter machen den Israeliten das Leben zur Hölle.

Kreativer Zugang: 112, 114, 120, 121, 122, 125, 131, 132, 133, 134, 135, 145, **153, 154,** 165, 170, 179, 209, 210

Inhalt: Renata gehört zu einer deutschen Familie in Rumänien. Für sie ist nichts so schön wie Großmutters Garten. Doch als der Vater seine Arbeit verliert und ihr Heimatdorf vernichtet werden soll, geht die Familie nach Deutschland.

Der Apfelbaum

Erzählung von Susanne v. Schroeter

Renata lief barfuß auf der staubigen Straße, um die Schuhe zu schonen, denn Schuhe gab es keine mehr in den Geschäften. Vater und Mutter trugen Taschen und Körbe, wie immer, wenn sie zur Großmutter ins Dorf gingen. Die Taschen waren fast leer. In der Stadt gab es kaum noch etwas, das man der Großmutter hätte mitbringen können. Aber morgen auf dem Nachhauseweg, da würden sie hoffentlich wieder einige gute Sachen zu schleppen haben; ein paar Eier, Kartoffeln aus Großmutters Gärtchen, manchmal sogar ein frisch geschlachtetes Huhn. In Großmutters Dorf gab es noch Dinge, die man in der Stadt nicht mehr zu sehen bekam: Gemüse und Obst, Hühner und Ziegen, ein Schwein oder sogar eine Kuh. In der Stadt beneideten die Leute jeden, der eine Großmutter auf dem Land hatte.

Das Schönste bei Großmutter aber waren ihre Geschichten. Abends saßen sie um das Herdfeuer, weil man Elektrizität sparen mußte, und dann erzählte Großmutter die alten Geschichten von Siebenbürgen, wie ein König vor 800 Jahren deutsche Bauern und Handwerker gerufen hatte ins Land Siebenbürgen, das jetzt zu Rumänien gehört, wie sie dort Dörfer und Städte gebaut hatten, Kirchen und Burgen und immer ihre deutsche Sprache gesprochen hatten, 800 Jahre lang.
Aber auch Märchen kannte die Großmutter! Renata hörte am liebsten die Geschichten von Harun al Raschid, dem großen Kalifen, der sich verkleidete und auf den Markt ging, um zu hören, was das Volk redete, was gut oder schlecht war in seinem Land, damit er es besser machen konnte. »Ein guter Herrscher!« sagte die Großmutter an dieser Stelle immer. Und Renatas Bruder fügte jedesmal hinzu: »Nicht so wie der in Bukarest!«, worauf die Mutter mahnend zischte: »Pscht! Leise!« Aber der Bruder sprach selten leise. Er arbeitete in der großen Hauptstadt Bukarest und erzählte wütend immer neue Geschichten über den Staatschef, der nicht so weise regierte wie Harun al Raschid, das hatte Renata schon gemerkt, der nicht hören wollte, wie das Volk murrte und klagte, weil es keine Schuhe gab in den Läden, kein Öl und kein Fleisch. Ganze Stadtviertel ließ er niederreißen, um sich einen riesigen Palast bauen zu lassen, erzählte der Bruder zornig.

Und ich kann meiner Tochter keine Schuhe kaufen«, sagte der Vater bitter, »und meiner Frau keinen Wintermantel. Und Gas und Heizung gibt es nicht.«
Manchmal brachte der Bruder Zeitungen mit aus der Hauptstadt, deutsche Zeitungen, einmal auch eine Illustrierte, die ihm Touristen geschenkt hatten. Er las ihnen vor aus den Zeitungen und diskutierte mit dem Vater über die Neuigkeiten aus dem »Reich«, wie sie es nannten.
Renata bestaunte die bunten Bilder in den Illustrierten, die Leute, die alle schöne Schuhe trugen und Sonntagskleider. Am meisten bestaunte sie die Rezeptseite, auf der ein bunter Früchtekorb zu sehen war: dicke goldfarbene Bälle und lange, gelbe Halbmonde. Die Bälle hießen Apfelsinen und die Halbmonde Bananen, erklärte der Bruder ihr, und angeblich konnte man sie auf dem Markt kaufen im »Reich«. Renata grübelte, warum sie die alte Heimat »Reich« nannten. Vielleicht weil sie da so reich waren, oder gar, weil es so schön war wie das Himmelreich.

Aber trotz all der bunten Bilder aus der reichen alten Heimat, dem Himmelreich, so schön wie Großmutters Garten konnte nichts auf der Welt sein, dachte Renata, wenn die Hühner unter dem Apfelbaum scharrten, an dem die herrlichen rotgoldenen, süßen Äpfel wuchsen, die Goldparmänen hießen. Großmutters Schlafzimmer duftete nach den süßen Äpfelchen, weil sie immer einige auf dem Kleiderschrank aufhob. Von dem Garten konnten sie alle träumen in der grauen Stadt, die Eltern träumten von Gemüse und Eiern, Renata von Geschichten und Goldparmänen, und der Bruder träumte davon, weil er dort deutsch sprechen konnte mit allen im Dorf und niemand ihn deshalb beschimpfte oder es ihm verbot. Zuerst wollten sie es gar nicht glauben, als sie die schreckliche Nachricht hörten: das Dorf sollte abgerissen werden, ihr Heimatdorf. Alle Häuser sollten verschwinden und die Gärtchen, sogar die Kirche. Nicht nur dieses Dorf, auch die andern rundherum, 3000 Dörfer sollten dort entstehen, hieß es. Sie glaubten es nicht. Erst als die Bulldozer ein Nachbardorf niederwalzten, sahen sie, daß es stimmte.

Die Eltern und der Bruder flüsterten jetzt oft miteinander, und die Großmutter seufzte. Von Pässen war manchmal die Rede und vom Wegfahren. Kurz danach verlor der Vater seine Arbeit, weil er einen Ausreiseantrag gestellt hatte, weil er fortgehen wollte mit seiner Familie, zurück in die uralte Heimat, aus der die Vorfahren einmal ausgewandert waren.
Großmutter wollte nicht weg von ihrem Garten, und sie hätten sie sicher nie überreden können, wenn der Räumungsbefehl nicht gekommen wäre. Auch dieses Dorf sollte zerstört werden, für Wohnblocks.
Es war Sommer, als sie gingen. Der Apfelbaum hatte wunderbar geblüht dieses Jahr, es würde viele Äpfel geben im Herbst, aber vielleicht war der Apfelbaum dann nicht mehr da.
Großmutter weinte nicht, als sie gingen, sie sah nur starr geradeaus. Die Fahrt war lang und anstrengend. An der Grenze nahmen die Zollbeamten ihnen noch einige Sachen weg, dann durften sie endlich ausreisen. Renata drückte sich die Nase platt am Zugfenster, um nur nichts zu verpassen vom Himmelreich. Es war schon dunkel, als sie ankamen, so sah sie die neue alte Heimat erst am nächsten Morgen: das Zimmer, in dem sie alle fünf geschlafen hatten, auf Feldbetten, den Speisesaal, in dem sich Dutzende von Familien anstellten zum Frühstück.

Renata hatte sich das Himmelreich anders vorgestellt als das Übergangsheim. So hieß die neue Wohnung.
Die Eltern und der Bruder schienen sehr froh zu sein. Sie sprachen manchmal von Freiheit, sie hofften auf gute Arbeitsstellen, lasen alle Zeitungen, die herumlagen, und manchmal gingen sie in die Stadt.
Renata staunte, was es da alles gab, nicht nur Apfelsinen und Bananen, auch andere Früchte, deren Namen nicht einmal die Eltern kannten.
Jedesmal brachten sie ein paar Früchte mit für die Großmutter, um sie aufzuheitern. Die alte Frau tat zwar, als freue sie sich, aber Renata merkte genau, daß sie traurig war.

Die Eltern und der Bruder hatten immer noch keine Arbeit gefunden, als es Herbst wurde. Großmutter ging jetzt manchmal mit in die Stadt. Vor jedem Obstgeschäft blieb sie stehen. Riesige Berge von Äpfeln türmten sich auf den Ständen, grüne, rote, und alle glänzend, wie mit einer Wachsschicht überzogen. Manche schmeckten gut, aber keiner der glänzenden Äpfel hatte den Duft und die milde Süße der heimatlichen kleinen Goldparmänen. Arbeit hatte der Vater immer noch nicht gefunden, und einmal kam der Bruder nach Hause und erzählte, daß jemand ihn beschimpft hatte, er sei ein Ausländer, und er solle nach Hause gehen, da wo der Pfeffer wächst.
In ihrem Zimmer wurde es ihnen zu eng, und sie schimpften mit Renata, wenn sie auf dem Feldbett sprang und turnte.
Von da an ging die Großmutter oft mit Renata spazieren, damit die Eltern nicht noch nervöser wurden.
Auf einem der Spaziergänge entdeckten sie die Schrebergärten, winzige Gärtchen, nicht größer als die im Dorf in Rumänien, mit Kartoffelbeeten, Gemüse und Obst. Nur Hühner liefen keine herum.

Renata sah den Baum zuerst, so als hätte sie ihn erschnuppert. Rotgolden leuchteten die Äpfelchen in den Zweigen. Ein alter Mann pflückte gerade Äpfel in einen Korb. Nachher hätte Renata gar nicht sagen können, wie lange sie den Baum bewundernd angestarrt hatten. Sie merkte nur, daß der alte Mann plötzlich neben ihnen stand und ihnen den Korb hinhielt. »Nimm dir ein paar«, sagte er, »es sind Goldparmänen.«
Renata schaute die Großmutter fragend an, die nickte ihr lächelnd zu. Erst später fiel Renata ein, daß die Großmutter an diesem Tag zum erstenmal gelächelt hatte in der neuen alten Heimat.

25 Helfen

Langeweile

Diebstahl

Freude

Biblischer Bezug: Apostelgeschichte 8, 26-39

Biblische Erläuterung: Philippus ergreift die Gelegenheit und erzählt dem Äthiopier von Jesus.

Kreativer Zugang: 106, 115, 116, 117, 148, 154, **155, 156,** 161, 178, 188, 191, 193

Inhalt: Harry wandelt sich durch die Begegnung mit Philipp, der in einem Jugendheim Hausaufgabenbetreuung macht und altes Spielzeug bedürftige Kinder repariert.

Wer ist Harrys Freund?

Erzählung von Susanne v. Schroeter

Als Harry von der Schule nach Hause kam, fand er den Zettel seiner Mutter auf dem Küchentisch. »Komme heute später«, stand darauf. »Will noch ein paar Besorgungen machen, nach der Arbeit. Mach deine Aufgaben. Essen steht auf dem Herd.«
Harry sah mißmutig in den Topf. Erbsensuppe. Mochte er nicht besonders. Während er seine Suppe löffelte, blätterte er im Fernsehprogramm. Zu blöd, daß die Sendungen erst um 14 Uhr anfingen. Im Radio war auch nichts Passendes. Er wußte überhaupt nicht, was er anfangen sollte. Hausaufgaben machen? Dazu hatte er keine Lust. Er nahm sein Transistorgerät und ging runter auf die Straße.

Es sah nach Regen aus. Mißmutig schlug er den Kragen seiner Jacke hoch. Er drehte ein paarmal an seinem Transistorgerät. Nichts, die Batterie war leer, schon wieder. Gräßlich, so ein Nachmittag ohne Transistorgerät. Er ging weiter zum Kaufhaus. Beim Kaufhaus traf er sich nachmittags immer mit den andern. Die andern, das waren ein paar Jungen aus seiner Schule. Die wußten auch nicht so recht, was sie anfangen sollten. Die Eltern waren weg, zur Arbeit. Zu Haus war es langweilig; so allein. Da trafen sie sich eben beim Kaufhaus. Einer hatte immer ein Transistorgerät dabei. Kaugummi hatten sie auch. Und Gert brachte meistens Zigaretten mit, geklaute. Er klaute sie im Kaufhaus. Er konnte das gut. Da standen sie dann nachmittags, kauten Kaugummi, rauchten. Manchmal fuhren sie auch mit dem Fahrstuhl rauf und runter, nur so zum Spaß.
Von den andern war heute noch keiner da. Harry fuhr ein paarmal mit dem Fahrstuhl rauf und runter. Da sah er das Stück Papier. Es war hellblau, mit roten Buchstaben drauf. Jemand mußte es verloren haben. Etwas über eine Spielzeugsammlung stand darauf. Auch altes und beschädigtes Spielzeug sei willkommen. Man könne es im Jugendheim abgeben. Harry wurde nicht klug daraus.
Er merkte nicht, daß der Fahrstuhl hielt. Ein Junge stieg ein, ungefähr so alt wie Harry. Der Junge sah Harry über die Schulter. »Weißt du, was das ist?« sagte er erfreut, »unsere Sammlung!«
»Woher soll ich das wissen?« knurrte Harry unfreundlich. »Wie soll man denn das da verstehen, wenn's einem keiner erklärt?«
»Komm doch mal zum Jugendheim«, sagte der Junge. »Ich erklär dir's.« Der Fahrstuhl hielt. Der Junge stieg aus, noch ehe Harry weiter fragen konnte.
Harry zeigte den andern den Zettel, als sie kamen. »Jugendheim«, meinte einer, »das ist doch das Holzhaus bei dem freien Platz. Arbeitsgemeinschaften oder sowas machen sie da.«
»Das hätte mir grad noch gefehlt«, sagte ein anderer. »In der Schule arbeiten langt.«
Das Gerede über das alte Spielzeug fanden sie doof. Keiner verstand, was das heißen sollte. Aber Harry hätte gern gewußt, was es hieß.
Am nächsten Tag schlenderte er wieder zum Kaufhaus. Von den andern war keiner da. Er hatte keine Lust, zu warten und ging weiter. Da sah er das Holzhaus auf der anderen Straßenseite. Das war doch das Jugendheim, hatten die andern gesagt. Er ging hinüber. Die Tür war nicht verschlossen. Zögernd ging Harry hinein. Gleich neben dem Eingang hing eine Anschlagtafel. Neugierig sah Harry sich die Zettel an, die da hingen.
»Bastelgruppe, Mittwoch, 17 Uhr«, stand auf einem und »Fotogruppe, Donnerstag, 16 Uhr, Gitarrenstunde, Montag 17 Uhr«. Also doch, dachte Harry, so 'ne Art Schule.

Er wollte schon gehen, aber dann las er doch noch die andern Zettel: »Spielzeug kann noch bis Freitag gebracht werden«, stand da. »Dann geht's los. Bitte Pinsel und gute Laune mitbringen. Farbe und Kleister sind ausreichend vorhanden.«
Harry las das ein paarmal. Das mußte etwas mit der Spielzeugsammlung zu tun haben. Er schüttelte verwundert den Kopf. Komische Schule war das. Noch mehr wunderte ihn der Anschlag daneben. »Es können sich noch ein paar Leute melden für die Hausaufgabenbetreuung. Bitte recht drängeln!«

»Hallo«, sagte da jemand hinter ihm. Harry fuhr herum. Es war der Junge aus dem Fahrstuhl. »Ich wollte nur das da mal lesen«, sagte Harry unsicher. Er zeigte auf das Anschlagbrett. »Aber ich werd' nicht schlau draus.«

»Was ist denn so schwierig daran?« wunderte sich der Junge. Harry zuckte die Achseln. »Vielleicht kann ich dir erklären, was du wissen willst«, meinte der Junge. »Ich hab hier nur noch was zu tun. Du kannst mitkommen.«

Harry ging neugierig hinter dem Jungen her in einen kleinen Raum. Überall standen Kartons mit Spielzeug: Roller, Puppen, Autos, Bauklötze, alles lag bunt durcheinander.

»Von unserer Sammlung«, erklärte der Junge.

»Was macht ihr mit dem Krempel?« fragte Harry.

»Wir malen alles wieder neu an«, sagte der Junge, »und leimen es, wenn nötig. Dann verschenken wir die Sachen. Du müßtest sehen, wie sich manche Kinder darüber freuen.«

»Und was verdient ihr dabei?« erkundigte sich Harry interessiert.

Der Junge sah ihn verwundert an. »Verdienen?« sagte er erstaunt. »Nichts!«

»Na, ihr scheint ja komische Nummern zu sein!« sagte Harry. Er wandte sich zum Gehen. Aber als der Junge ihm dann anbot, er könne sich das ganze Haus ansehen, wenn er wolle, da blieb Harry doch noch.

Der Junge – er hieß Philipp – führte ihn in alle Räume. Harry erfuhr, daß das Jugendheim keine Schule war. Er sah den Bastelraum, ein kleines Fotolabor, die Gruppenräume. Und Lehrer, erzählte Philipp, Lehrer gab es hier keine. Die Jungen und Mädchen verwalteten alles selbst. Jeder hatte eine Aufgabe. Er erfuhr auch, was es mit der Hausaufgabenbetreuung auf sich hatte, für Kinder, denen zu Hause niemand helfen konnte, deren Eltern den ganzen Tag arbeiteten. Sie konnten hierher kommen ein paarmal in der Woche. Irgend jemand half ihnen immer. Das fand Harry gut. Aber jetzt hatte Philipp es auf einmal eilig. Er müsse noch einkaufen, sagte er, für eine alte Frau aus seiner Straße. »Komm doch morgen wieder!« rief er noch, ehe er losrannte.

Als Harry später im Kaufhaus die andern traf, erzählte er ihnen vom Jugendheim, von der Spielzeugsammlung und von der Hausaufgabenbetreuung.

»Die spinnen wohl«, sagte Gert. »Wenn sie wenigstens was dabei verdienen würden!« Die andern waren ganz seiner Meinung, nur Harry nicht. Warum, wußte er selbst nicht recht. Als Gerd seine geklauten Zigaretten anbot, nahm Harry keine davon. Er fand es auf einmal sehr langweilig, hier beim Kaufhaus herumzustehen und ging heute früher nach Hause als sonst.

Am nächsten Nachmittag ging er nicht zum Kaufhaus. Er ging gleich zum Jugendheim. Hoffentlich war Philipp wieder da! Er war da. Aber er hatte keine Zeit für Unterhaltungen. Er schleppte Farbtöpfe und Spielzeug in den Bastelraum. Harry half ein bißchen dabei. Dann schraubten sie neue Räder an eine Holzeisenbahn. Ein Mädchen brachte eine Puppe, bei der mußte die Perücke angeleimt werden. Die Sache begann Harry Spaß zu machen. Ein tolles rotes Auto war auch dabei. Harry merkte gleich, warum es nicht mehr fuhr. Die Batterie war leer. Er nahm die neue Batterie aus seinem Transistorgerät. Philipp sah ihm verwundert zu. Die Batterie paßte tatsächlich. Harry bastelte noch ein bißchen an den Drähten. Dann ließ er das rote Auto eine Ehrenrunde durch den ganzen Raum drehen.

»Das hätte ich nicht hingekriegt«, sagte Philipp bewundernd. »Du mußt unbedingt mitkommen, wenn wir die Sachen verschenken. Diese hier sind für eine Ausländerfamilie mit ganz vielen Kindern.« Harry nickte. Er war schon im voraus gespannt, was die Kinder zu dem roten Auto sagen würden.

Am nächsten Tag nahm Harry seine Schulmappe mit ins Jugendheim. Er freute sich schon darauf, hinzugehen. Philipp übte mit ihm das Diktat. Dann holte er einen größeren Jungen, der Harry bei den Mathematikaufgaben half. Beinahe machten die Aufgaben sogar Spaß. Am besten aber fand Harry, daß er einem Kleinen eine Aufgabe erklären konnte, etwas über Elektrizität. Davon verstand er was.

Nachher ging er auf den Speicher. Er wühlte ziemlich lange in dem Gerümpel, das dort herumstand, bis er schließlich fand, was er suchte: einen alten Roller. Noch ganz stabil. Bloß die Farbe war abgeblättert. Er würde ihn anmalen – dachte er, rot vielleicht. Und vorn würde er ein Katzenauge anmontieren, von seinem alten Fahrrad. So einen Roller hatte er sich früher immer gewünscht.

Am nächsten Morgen sollten sie in der Schule einen Aufsatz schreiben: »Wie stelle ich mir einen Freund vor?« Harry kaute ziemlich lange am Bleistift. Gert machte ihm von weitem Zeichen, schnitt Grimassen und deutete auf sich selber. Aber Harry hatte überhaupt keine Lust, sich seinen Freund so vorzustellen wie Gert, mit seinen geklauten Zigaretten. Als er anfing zu schreiben, merkte er, daß er die ganze Zeit an Philipp dachte und an die andern im Jugendheim.

Warten

Vorurteile

Außen-
seiter/-in

Heimkehr

Anders(sein)

Obdachlose

Annehmen

Geborgen-
heit

Liebe

Fremde

Fremdsein

Biblischer Bezug: Markus 2, 13-17

Biblische Erläuterung: Jesus setzt sich mit dem Außenseiter Levi an einen Tisch. Er hilft ihm. Er liebt ihn.

Kreativer Zugang: 102, 103, 106, 107, 108, 111, 112, 114, 115, 116, 117, 125, 126, 131, 132, 133, 134, 135, 139, 151, 153, 154, **155, 156,** 161, 162, 163, 165, 169, 178, 184, 191, 193, 212, 214

Inhalt: Andreas, das schwarze Schaf der Familie, bringt nach jahrelanger Abwesenheit einen Obdachlosen mit nach Hause. Die Familie überwindet ihr anfängliches Widerstreben.

Konrad

Erzählung von Gina Ruck-Pauquèt

Sie sprachen von nichts anderem, seine Frau und die Schwiegermutter.

»Noch zwei Tage«, sagte sie. »Noch zwei Tage, bis Andreas kommt. Ach, wenn er doch schon da wäre!«

Dann fingen die Kinder auch noch an. »Hat der Onkel Andreas ein großes Auto?« wollte der Junge wissen.

»Ist er verheiratet?« fragte das Mädchen.

Ferdinand schüttelte den Kopf. Soviel Aufregung um Andreas!

»Er ist mein einziger Bruder«, sagte Maria, seine Frau. »Und ich hab ihn so lange nicht gesehen.«

»Er war der Liebling deiner Mutter«, sagte Ferdinand. »Nicht wahr?«

Maria lächelte. Sie stand am Fenster und schaute auf die regennasse Straße hinaus.

»Das ist alles so lange her«, sagte sie.

»Es kann schon sein, daß ich früher eifersüchtig war. Jetzt verstehe ich es besser. Er war ein kränkliches Kind, weißt du. Er schien weniger Lebenskraft zu haben als andere Kinder. Natürlich hat Mama sich um ihn gesorgt. Aber dann war es auch wieder, als ob er ein Feuer in sich trüge, etwas, das die anderen wärmte. Wie soll ich es dir erklären«, sagte Maria

»Der wunderbare Andreas«, sagte Ferdinand. »Jedenfalls hat es lange gedauert, bis etwas aus ihm geworden ist.«

»Vielleicht war es ihm nicht wichtig«, sagte Maria. »Er hat die Dinge immer schon anders empfunden als wir. Einmal ist er nur deswegen nicht in die Schule gegangen, weil er auf einen Vogel aufpassen mußte, der noch nicht flügge war.« Sie lachte. »Als Mama ihm deswegen Vorwürfe machte, begriff er es nicht. Das war doch wichtiger, hat er gesagt. Den hätte die Katze gefressen.«

Ferdinand hatte Andreas nur einmal gesehen. Das war auf ihrer Hochzeit gewesen. Für ihn war der Typ ein Spinner.

»Hauptsache, er verkauft seine Bilder jetzt«, sagte Ferdinand.

Er setzte sich wieder über die Pläne. Es wurde Zeit, dieses alte Haus zu renovieren. Das hing natürlich an ihm. Obschon es ihnen miteinander gehörte. Die Familiengruft, dachte er ärgerlich. Es wurde ihm klar, wie sehr er fürchtete, Andreas könne vorhaben, hier zu bleiben.

»Ich komme heim«, hatte er telegrafiert. »Samstag mittag.«

Jetzt trat die alte Frau ins Zimmer. Seit ein paar Tagen schien ihr Gesicht weicher als sonst. »Was meint ihr«, sagte sie, »ich dachte, ich koche grüne Bohnen mit Speck. Früher war das sein Leibgericht.«

»Und Zitterpudding«, sagte Maria.

»Rote Grütze. Weißt du noch? Einmal hat er den Pudding den Kindern im unteren Viertel gebracht. Weil die nie so einen Pudding kriegten.«

Die alte Frau erinnerte sich. Sie hatte es nicht gemocht, wenn Andreas dort hinging.

»Jetzt steht er mit beiden Beinen auf der Erde«, sagte sie kurz. »Er hat eine Ausstellung in Berlin.«

Der Samstag schien endlos.

»Alle Stunden sind Gummistunden«, sagte der Junge, »nicht wahr?«

»Das ist immer so, wenn man wartet«, erklärte Maria.

Das Mädchen sah den Wagen zuerst.

»Er kommt!« schrie sie. »Er kommt!«

Sie drängten hinaus, ihm entgegen. Selbst Ferdinand war jetzt von dieser Unruhe angesteckt worden. Es war ein Sportwagen, ein neues Modell. Andreas winkte, stieg aus, ganz der alte Andreas, schlaksig, mit diesem Lächeln im Blick.

»Es ist noch jemand im Wagen«, sagte Maria.

Andreas öffnete die rechte Tür und half dem anderen beim Aussteigen. Es war ein Mann von einer Art, die man gewöhnlich nicht in Sportwagen sieht. Struppiges, verfilztes Haar, die ausgefranste Hose zu kurz, fleckiges Jackett mit beuligen Taschen, und dieses Bündel, das er mit beiden Händen hielt, ängstlich, als könne es ihm jemand wegnehmen. »Ein Penner«, sagte Ferdinand.

»Was ist das, ein Penner?« fragte der Junge.

»Ein Landstreicher«, sagte Maria. »Er hat einen Landstreicher mitgenommen.«

Aber wenn sie dachten, daß Andreas diesen Mann, der nicht herpaßte, nun fortschicken würde, so irrten sie. Er legte den Arm um seine Schultern und schob ihn auf das Haus zu. Der Mama schob er ihn entgegen, in Richtung auf Maria, Ferdinand und die Kinder.

»Hallo!« sagte er. »Ich hab jemand mitgebracht. Das ist Konrad.«

»Ferdinand, gib dem Mann Geld!« sagte die alte Frau. Andreas schüttelte den Kopf.
»Er braucht jetzt kein Geld. Er braucht ein bißchen Wärme.«
Dann waren sie im Haus. Sie versuchten, alles so zu machen, wie sie es sich wieder und wieder vorgestellt hatten. Aber es gelang nicht. Die Familie war nicht unter sich. Das Behagen hatte einen Riß bekommen, weil er da war, der Fremde.
Er saß auf einem Stuhl in der Ecke des Zimmers und sagte nichts und störte doch durch seine Anwesenheit. Durch sein Anderssein störte er, der Landstreicher, der Penner, der schmuddelige, abgerissene Tippelbruder, der nicht hergehörte.
»Du bist heimgekommen!« sagte die alte Frau zu ihrem Sohn.
Aber ihre Stimme zitterte nicht. Die Rührung stellte sich nicht ein.
Später in der Küche tuschelten sie miteinander.
»Auf dem Gutshof hätte es keine Rolle gespielt«, die alte Frau steckte sich nervös die Haarnadeln fest. »Da gab es einen Trakt für das Gesinde.«
»Du mit deinem Gutshof!« sagte Ferdinand. »Er ist eben ein bißchen verrückt, der Andreas. Das war er ja immer schon.«
Maria nahm die Teller aus dem Schrank. Sieben Teller, dann aßen sie miteinander.
Die Kinder starrten Konrad unter gesenkten Lidern an. Andreas häufte ihm Bohnen und Speck auf den Teller. Maria sah seine klobigen Hände mit den abgebrochenen Fingernägeln, und wie sie ungeschickt mit Messer und Gabel hantierten. Ihr fiel ein, daß es für diesen Mann nicht selbstverständlich war, an allen Tagen satt zu werden.
Als Ferdinand anfing, zu fragen, war es ihr peinlich. Aber Konrad erzählte bereitwillig von sich. Daß er seit dreißig Jahren unterwegs war, von hier nach dort, und von dort nach irgendwo. Im Freien schlief er, klar, unter einer Brücke vielleicht, im Wartehäuschen einer Autobusstation, oder in einem Heuschuppen, wenn er draußen war, auf dem Land. Er kannte alles, was in den Wäldern eßbar war.
»Wie ein Indianer!« sagte der Junge, und Konrad grinste.
Gearbeitet hatte er auch, immer wieder mal. Und wenn es nichts gab, dann hatte er halt geklopft. Gebettelt, ja. Und warum war er nirgends geblieben?
»Es hat sich nicht ergeben«, sagte Konrad und senkte den Blick.
Hinter diesen Worten lag seine Geschichte. Eine Geschichte, die Freude und Schmerz enthielt, Liebe, Enttäuschung, Hoffnung und Einsamkeit, wie alle Menschengeschichten. Lediglich die Form, in die er das alles gebracht hatte, die Form, in der Konrad lebte, war anders.
Die alte Frau schob Andreas den Pudding hin. Sie hatte nur Augen für ihren Sohn.
Aber war nicht auch dieser fremde Mann ein Stück von Andreas? Hatte Andreas ihn nicht mitgebracht, in der Erwartung, daß sie, die ihn liebten, Konrad mit einschließen würden in ihre Geborgenheit? Und war die Liebe nicht groß wie die Welt und reichte im Überfluß für sie alle?
Maria sah den Landstreicher an. In seinem gebräunten Gesicht waren die Augen überraschend hell.
»Das machen die Leute nicht oft«, sagte er, »daß sie mich mitnehmen zu sich nach Hause. Es ist schön hier«, fügte er leise hinzu.
Da legte Ferdinand seine Hand auf Andreas' Arm, und sie alle spürten, daß diese Geste der Zuneigung auch Konrad galt.
»Wie lange soll er hierbleiben?« fragte die alte Frau später, als sie mit Andreas allein war.
»Er will weiter nach Süden«, sagte Andreas. »Wenn ich fahre, nehme ich ihn ein Stück mit.«
»Wenn du fährst«, sagte sie.
Sie wollte, daß Andreas blieb.
Am Abend kam Konrad aus dem Bad. Ein neuer Konrad, in Kleidern von Andreas, strahlend und mit naßgekämmtem Haar.
»Ich hab Hunger gehabt im Wald«, erzählte er den Kindern. »Da hab ich den Fuchs gesehen. Er hatte einen Hasen geschlagen. Der Fuchs sah mich nicht. Er fraß die Eingeweide raus und grub den Rest vom Hasen ein für später. Dann ist er weg, und ich bin hin und hab den Hasen wieder ausgegraben. Hab ihn im Bach gewaschen, ein Feuer gemacht und hab ihn gebraten.« Er lachte. »Ich glaub schon, daß der Fuchs geschaut hat, später. Weil ich nämlich die Knochen und das Fell wieder eingegraben hab. An genau derselben Stelle.«
Im Kamin knisterte das Feuer, und Ferdinand goß ihnen Wein ein.
»Es ist gut, zu Hause zu sein«, sagte Andreas.
Am anderen Tag war die silberne Taschenuhr verschwunden.
»Sie hat eurem Vater gehört«, sagte die alte Frau.
»Sei nicht so laut«, sagte Andreas, »er muß es ja auf sich beziehen.«
»Wer sonst sollte es denn auf sich beziehen?« sagte sie. »Wer sonst als er?«
»Ich kauf dir 'ne andere«, sagte Ferdinand, »sei still!«
Maria begann zu suchen. Aber sie fand die Uhr nicht.
Dann kamen die Kinder aus der Schule nach Hause.
»Die Uhr?« sagte der Junge. »Die hab ich noch von heut morgen in der Tasche. Ich hab sie dem Konrad gezeigt. Weil sie so schön ist.«
»Wo ist der Konrad?« fragte das Mädchen.
Da erst merkten sie, daß Konrad fort war. Keiner konnte sagen, wann er gegangen war. Sie hatten gedacht, er sei in seinem Zimmer. An der Haustür fanden sie ein Bündel getrockneter Kräuter. Das war ein Abschiedsgruß an sie.
»Ich kenne seine Richtung«, sagte Andreas. »Dann fahre ich eben heute schon. Wenn ich Glück hab, finde ich ihn.«
Vielleicht weinte die alte Frau. Sie sahen es nicht. Vielleicht weinte sie später, als sie allein war.
»Nun war alles vergebens«, sagte Maria.
»Nein«, sagte Ferdinand. Er reichte Andreas die Hand zum Abschied. »Es war nicht alles vergebens. Konrad war hier. Und er hat sich ein bißchen bei uns gewärmt.«

27 Hoffnung

Heimweh

Umzug

Schule

Fremde

Fremdsein

Sprache

Angst

Ausländer/-in

Außen-
seiter/-in

Vorurteile

Vertrauen

Durchhalten

Biblischer Bezug: Jesaja 40, 27-31
Biblische Erläuterung: Gott gibt Hoffnung und Kraft zum Durchhalten.

Kreativer Zugang: 104, 105, 109, 110, 111, 112, 113, 114, 116, 125, 126, 131, 132, 133, 134, 135, 139, 148, 149, 150, 153, 154, **157, 158,** 161, 165, 169, 170, 206, 207, 208, 215

Inhalt: Zoltan hat Angst, wieder in eine fremde Klasse zu müssen. Doch die Zuwendung durch den neuen Lehrer erfüllt ihn mit glücklicher Hoffnung.

Der neue Lehrer ist unglaublich nett

Erzählung von Emmerich Lang

Besorgt blickte Frau Szekeres ihrem Sohn nach, als er aus dem Zimmer schlich. Die Schulferien gingen ihrem Ende entgegen.
»Was ist bloß mit Zoltan los!« seufzte sie.
»Ist was mit ihm?« fragte ihr Mann.
»Irgendwas bedrückt ihn. Mir fällt das schon seit ein paar Tagen auf.«
»Hast du mit ihm darüber gesprochen?«
»Ich habe es versucht. Aber du weißt ja, wie schwer es in letzter Zeit ist, an ihn heranzukommen. – Er ist so verschlossen und schwierig geworden, seit wir hier wohnen! Ich erkenne ihn kaum wieder.«
»Glaubst du, daß er noch Heimweh hat?«
»Vielleicht hat er auch Heimweh, aber das ist bestimmt nicht die Hauptursache für sein sonderbares Benehmen. Es muß irgendwas mit der Schule zu tun haben.«
»Wie kommst du darauf?«
»Merkst du nicht, daß es von Tag zu Tag ärger mit ihm wird, je näher der erste Schultag nach den Ferien rückt?«
»Aber er hat doch ein ganz gutes Zeugnis! – Abgesehen natürlich von der Deutschnote.«
»Vielleicht solltest du einmal versuchen, mit ihm zu reden«, schlug Frau Szekeres vor.
Zoltans Eltern führten dieses Gespräch in ungarischer Sprache. Sie waren mit ihrem Sohn aus dem Osten über die Grenze geflüchtet und beherrschten Deutsch nur sehr bruchstückhaft. Zoltan besuchte nun schon das zweite Schuljahr des Städtchens. Er hatte die deutsche Sprache rascher erlernt als seine Eltern. Sein Wissen reichte bereits für ein verdientes »Genügend« im Zeugnis. Deswegen konnte Herr Szekeres nicht verstehen, warum Zoltan plötzlich Angst vor der Schule haben sollte. Die größte Schwierigkeit hatte er ja schon überwunden!
»Zoltan, was ist mit dir los? Mutti sagt, daß du dich in letzter Zeit nicht wohlfühlst. Sage mir, was dich bedrückt, vielleicht kann ich dir helfen«, sagte Herr Szekeres und zog seinen Sohn an sich heran.
Zoltan wandte den Kopf zur Seite und schwieg.
»Hat es etwas mit der Schule zu tun? Morgen mußt du wieder in die Schule gehen!«
Jetzt füllten sich Zoltans Augen mit Tränen.
»Sag es mir. Wovor hast du Angst?«
»Ach, Papi, sie sind alle so gemein zu mir! Du kannst dir das gar nicht vorstellen.«
Herr Szekeres streichelte die Wange seines Sohnes.
»Doch, doch, mein Kind. Ich kann mir sehr gut vorstellen, wie es dir in der Schule ergeht.«
»Ich möchte nicht länger hierbleiben! – Papi, warum fahren wir nicht zurück nach Ungarn?«
»Das kannst du heute noch nicht verstehen, mein Kind. Eine Rückkehr in die alte Heimat ist für uns unmöglich, glaube mir. Man würde deine Mutter und mich sofort einsperren. Und du würdest in ein Heim gesteckt werden. Hier können wir wenigstens zusammenbleiben. Wir müssen uns damit abfinden, daß hier unsere neue Heimat ist.«
»Ich glaube, hier werde ich mich nie zu Hause fühlen. Jetzt sind wir schon fast zwei Jahre hier, und ich habe noch immer keinen Freund.«
»Das ist freilich sehr traurig. Aber in deiner Klasse sind doch ein paar sehr nette Jungen. Verstehst du dich mit keinem?«
»In meiner bisherigen Klasse war es gar nicht mehr so schlimm. Aber jetzt, nach den Ferien, soll ich in eine andere Klasse kommen, hat mir mein Lehrer gesagt.«
»Ach, und davor hast du Angst?«
»Ja! – An die Kameraden in der 2 B hatte ich mich schon gewöhnt. Sie waren auch nicht mehr so sehr darauf aus, mich zu verspotten und zu quälen. Doch jetzt geht bestimmt alles wieder von vorne an.«
Zoltan brach in Schluchzen aus. Sein Vater drückte ihn an sich und streichelte ihn, bis er sich allmählich beruhigte. Leise sprach er auf seinen kleinen Sohn ein. Von Kindern erzählte er ihm, die noch viel schlimmer dran waren als Zoltan, von Kindern, die keine Eltern hatten, die keine Schule besuchen durften, die sich von dem ernähren mußten, was sie auf der Straße erbetteln oder stehlen konnten.
»Im Vergleich zu diesen Kindern bist du unendlich reich und glücklich. Du wohnst bei deinen Eltern, hast jeden Tag zu essen und darfst eine gute Schule besuchen«, schloß Herr Szekeres.
»Ich weiß ja, daß du recht hast, Papi! Und ich bin auch gar nicht unzufrieden. Wenn bloß meine Schulkameraden ein kleines bißchen netter zu mir wären. Sie sagen zum Beispiel, daß alle Ausländer stinken. Ich stinke doch nicht, Papi!«
»Und wenn du es deinem Lehrer sagst?«
»Ach, Papi, was kann der Lehrer dagegen tun! Nach dem Unterricht bin ich ihnen doch wieder ausgelie-

fert. Es hat gar keinen Sinn, sich zu wehren, denn ich bin allein, und sie sind viele. Ich bin schon froh, wenn sie mich nur beschimpfen und nicht auch noch mit Steinen bewerfen.«
Zoltans Vater seufzte tief auf. Er verstand seinen Sohn sehr gut, denn er erlebte am Arbeitsplatz Tag für Tag ähnliches. Dennoch versuchte er, Zoltan zu trösten.
»Vielleicht wird es in der Klasse, in die du jetzt kommst, ganz anders sein«, sagte er. Aber seine Stimme klang nicht sehr überzeugend. Man konnte gut heraushören, daß er selbst nicht daran glaubte.
»Hast du mit Zoltan gesprochen?« fragte Frau Szekeres ihren Mann.
»Ja. Er soll heute in eine andere Klasse versetzt werden. Das bedrückt ihn so.«
Sie standen beide am Fenster und blickten ihrem Sohn nach, der mit hängendem Kopf die Straße entlangschlich.
»Der arme Junge!« seufzte Frau Szekeres.
»Ich werde in den nächsten Tagen seinen neuen Lehrer aufsuchen, um mit ihm zu reden. So kann das nicht weitergehen.«

Wie ein Wirbelwind fegte Zoltan mittags zur Tür herein. Er war so verändert, daß sich seine Eltern verwundert anblickten.
»Du strahlst ja über das ganze Gesicht. Was ist denn mit dir los?« fragte die Mutter verwundert. »Am Morgen schlichst du noch herum, als hätten dir die Hühner das Brot weggefressen.«
»O Mami, mein neuer Lehrer ist unglaublich nett«, rief Zoltan begeistert. »Was glaubst du, was er tat, als er erfuhr, daß ich aus Ungarn bin?«
»Also, spanne uns nicht auf die Folter. Was tat er denn? Erzähle!«
»Er zeigte der ganzen Klasse auf der Landkarte, wo meine Heimat liegt. Und dann mußte ich erzählen, wie es bei uns in Ungarn aussieht, und zum Schluß durfte ich ein ungarisches Lied vorsingen!«
»Und die Kinder, deine Kameraden, was sagten die dazu?«
»Sie lachten und klatschten Beifall, und in der Pause umringten sie mich und wollten ungarisch lernen!«
»Nein, tatsächlich?«
»Ja. Ungarisch kommt ihnen sehr lustig vor. Sie wollten wissen, was auf ungarisch Brot heißt und was Speck heißt, und wie man bei uns zum Buch sagt und zum Bleistift. Und jedesmal, wenn ich ihnen das ungarische Wort sagte, lachten sie und wiederholten es so komisch, daß ich wieder lachen mußte.«
»Mit einem Wort, du bist jetzt froh, daß du in die neue Klasse versetzt wurdest«, stellte Herr Szekeres fest.
»Ja, Papi, wirklich! In der neuen Klasse fühle ich mich viel wohler. Stell dir vor, ein Junge, er heißt Udo, hat mich sogar eingeladen. Er hat am Samstag Geburtstag, ich darf doch hingehen, nicht wahr?«

Hunger 28

Biblischer Bezug: Johannes 6, 1-13
Biblische Erläuterung: Bei Jesus werden viele Menschen satt.
Kreativer Zugang: 115, 116, 117, 118, 119, 120, 121, 122, 145, 146, 147, 154, 155, 156, **159, 160 161,** 178, 179, 187, 188, 191, 193
Inhalt: Ein junger Missionar kommt in ein afrikanisches Dorf, in dem großer Hunger herrscht. Als er die Geschichte von der Speisung der Fünftausend erzählt, muß er sich fragen lassen, warum er keinen Mais mitgebracht hat. Er macht Pläne!

Helfen
Dritte Welt
Teilen
Glauben
Klima

Teilt mit ihnen

Erzählung von Klaus Stolzmann

Der junge Missionar hatte gerade die Missionsschule hinter sich und den einheimischen Dialekt der Afrikaner studiert. Doch so schwierig hatte er sich seine neue Aufgabe nicht vorgestellt. Der afrikanische Busch war undurchdringlich. Nicht einmal mit Jeeps kam er zu den weit auseinanderliegenden Dörfern. Alles mußte mit Trägern durch Steppe und Busch geschafft werden.
Nach zwei Tagen voller Plage, in sengender Sonne, umschwärmt von Stechmücken, kam der junge Missionar am Abend in dem entfernten Kral (Runddorf afrikanischer Stämme) an. Die Eingeborenen in diesem entlegenen Kral sahen sehr ausgemergelt aus, unterernährt. Viele Kinder hatten aufgedunsene Hungerbäuche, denn lange Zeit hatte es nicht mehr geregnet.
Im Gottesdienst am nächsten Morgen erzählte der junge Missionar den Eingeborenen die Geschichte von der Speisung der 5000. Am Schluß hielt der Häuptling den Missionar an der Schulter fest. »Eine Frage habe ich an dich, Missionar: Jesus hat doch zu seinen Jüngern gesagt: ›Gebt ihnen zu essen.‹ Du bist doch auch ein Jünger Jesu. Und wir haben Hunger. Warum hast du uns keinen Mais mitgebracht?«
Da wurde dem Missionar klar: Nicht nur für die Seele der Hungernden mußte er sorgen, sondern auch für ihren Leib. Wieder daheim auf der Missionsstation, machte er Pläne. Er verhandelte mit der Regierung: Straßen sollten angelegt werden bis in die fernsten Krale. Kraftwagen der kirchlichen Hilfswerke sollten auf ihnen fahren und Saatgut zu den Kralen bringen. Alles ging sehr langsam, bis der erste Spatenstich getan wurde. Doch langsam geht es weiter.

29 Miteinander

Helfen

Behindert

Freund-schaft

Außen-seiter/-in

Rassismus

Biblischer Bezug: Sprüche 17, 9

Biblische Erläuterung: Wer Freundschaft halten will, verzeiht Unrecht.

Kreativer Zugang: 111, 112, 113, 115, 116, 117, 123, 126, 134, 135, 138, 139, 142, 154, 155, 156, 159, 160, 161, **164, 165, 166,** 178, 182, 183, 186, 187, 188, 191, 193, 206

Inhalt: Martin ist behindert und findet in Aische, die Türkin ist, eine Freundin. Martin wird aktiv, als er eine ausländerfeindliche Parole entdeckt.

Das Mißverständnis

Erzählung von Alfred Krüger

Es waren stets die gleichen Leute, die an Martins Fenster vorbeizogen: Nachbarn, Arbeiter aus der nahen Wäscherei und die Kunden des Bäckers, der in der Straße seinen Laden hatte. Einige winkten Martin zu. Martin schaute immer weg. Auf Mitleid konnte er verzichten.

Zuweilen verwünschte Martin seine Mutter. Dann ballte er die Fäuste, und manchmal weinte er auch, weil die Mutter ihm verboten hatte, die Wohnung zu verlassen, wenn sie zur Arbeit war. Martin gehorchte, obwohl er mit seinem Rollstuhl besser umgehen konnte als andere Kinder mit dem Fahrrad.

Eines Morgens parkte vor dem Haus gegenüber ein Möbelwagen. Männer in blauen Overalls luden Möbel aus und schleppten sie ins Haus. Ein Mann gab Anweisungen in türkischer Sprache, und ein dunkelhaariges Mädchen in Martins Alter half beim Tragen. Martin war enttäuscht. »Nur ein Mädchen!« Ein Rollstuhlfahrer wäre ihm lieber gewesen.

Die türkische Familie zog in den zweiten Stock. Wenn Martin schräg nach oben schaute, konnte er in ihre Fenster sehen. Ab und zu spielte das türkische Mädchen unten auf dem Bürgersteig. Auf Martins Seite traute es sich nie.

Eines Morgens goß es in Strömen. Martin hockte am Fenster und sah zu, wie die Leute durch den Regen huschten. Da erschien das Mädchen drüben am Fenster. Ihre Blicke trafen sich, und das Mädchen winkte Martin zu. Martin winkte zurück, dann duckte er sich und schaute erst wieder hinaus, als das Mädchen verschwunden war.

Am nächsten Tag lachte wieder die Sonne, und Martin hatte sein Fenster weit geöffnet. Das türkische Mädchen hüpfte mit einem Springseil in der Hand aus der Haustür, überquerte die Straße und begann unter Martins Fenster seilzuspringen.

Martin spähte verstohlen nach draußen. »Ob die wohl Bonbons mag?« überlegte er, nahm einen Bonbon und warf ihn auf den Bürgersteig. Das Mädchen hielt inne, hob den Bonbon auf und betrachtete ihn argwöhnisch. Martin reckte sich aus dem Fenster. »Du essen!« sagte er. »Schmeckt gut!« Das Mädchen wickelte den Bonbon aus und steckte ihn in den Mund. »Du sprechen Deutsch?« fragte Martin. Das Mädchen blickte Martin verwundert an. »Na klar!« griente es. »Und danke für den Bonbon! Ich heiße Aische, kommst du raus zum Spielen?«

»Ich darf nicht raus«, antwortete Martin. »Meine Mutter erlaubt es nicht.«

»Stubenarrest?«

Martin zögerte. »Ich kann nicht laufen«, murmelte er dann. »Aber ich habe zwei Rollstühle!« fügte er stolz hinzu. »Einen für drinnen und einen für draußen!«

Im Haus gegenüber sprang ein Fenster auf, und eine Frau rief nach Aische. »Meine Mutter!« sagte Aische. »Ich muß rein!«

»Kommst du wieder?« fragte Martin.

»Mal sehn«, sagte Aische, und es klang wie: »Na klar!«

Von nun an kam Aische jeden Tag – auch zu Martin in die Wohnung, wo sie ›Mensch ärgere dich nicht‹ oder Mühle spielten. Martins Mutter war über den Gast in ihrer Wohnung nicht sonderlich erfreut. »Ich möchte nicht, daß fremde Kinder zu uns kommen, wenn ich nicht da bin«, sagte sie zu Martin.

»Aber, Mama!« widersprach Martin. »Aische ist kein fremdes Kind! Sie wohnt gegenüber und ist viel netter als die anderen Kinder in der Straße!«

Als Martin am nächsten Morgen aus dem Fenster schaute, stach ihm der Spruch an Aisches Hauswand gleich ins Auge. »Türken raus!« hatte jemand mit roter Farbe an die Wand geschmiert. Martin starrte auf die Hauswand. »Aische darf das nicht lesen!« schoß es ihm durch den Kopf, und plötzlich wußte er, was zu tun war. Aus der Abstellkammer holt er einen Eimer Farbe und einen Pinsel, rollte in den Hausflur und stieg in den anderen Rollstuhl um. Dann rollte er, Farbeimer und Pinsel auf dem Schoß, hinüber zu der Hauswand mit der häßlichen Parole. Der Deckel des Farbeimers war fest zugeklebt. Martin benutzte den Pinselstiel als Hebel, und der Deckel sprang auf. Da kam Aische aus der Haustür.

»Martin, was machst du hier?« rief sie und entdeckte die Worte an der Hauswand. Ihr Gesicht erstarrte. »So einer bist du also!« schrie sie Martin an. Wut und Enttäuschung gaben ihrer Stimme einen schrillen Klang.

Miteinander 29

Martin hob abwehrend die Hände. Da kippte der Farbeimer um. Die Farbe schwappte über Martins Hose, lief über den Rollstuhl und tropfte auf den Bürgersteig. Aische sah die weiße Farbe, die Inschrift war rot. »Ich wollte nur drübermalen!« flüsterte Martin. Dann fuhr er Aische ärgerlich an: »Sieh her, was du angerichtet hast! Mein Rollstuhl! Meine Hose! Weißt du, was du bist? Du bist eine blöde Kuh!« Er heulte vor Wut laut auf. Dann schluckte er und flüsterte: »Aber ich mag dich trotzdem ...«

Miteinander 30

Ausländer/-in

Verbote

Aufeinander-zugehen

Aufgaben

Islam

Religionen

Frieden

Biblischer Bezug: Epheser 4, 1-6

Biblische Erläuterung: »Erhebt euch nicht über die anderen, sondern seid immer freundlich und geduldig. Sucht in Liebe miteinander auszukommen.«

Kreativer Zugang: 108, 109, 110, 112, 113, 114, 116, 117, 123, 126, 131, 132, 134, 135, 138, 140, 141, 142, 143, 154, 155, 161, **164, 165, 166,** 168, 182, 183, 186, 187, 188, 211

Inhalt: Der muslimische Iman Turkan und der evangelische Pfarrer Becker organisieren gemeinsam einen Fußballplatz für die ausländischen und deutschen Kinder.

Hier spielt niemand mehr

Erzählung von Wolf D. Aries

Carlos! Kenan! Warum spielt ihr denn schon wieder hier?« Herr Röder war sichtlich böse.
»Könnt ihr nicht drüben auf der Wiese spielen? Ich habe euch das so oft gesagt. Aber ihr hört ja nicht.« Carlos und Kenan sahen Herrn Röder betreten an. Sie hatten so schön gespielt, und nun kam wieder der Hausmeister und verbot es ihnen.
»Aber Herr Röder«, rief Klaus, der gerade dazukam, »wo sollen wir denn spielen?«
»Ja, wo denn?« fragte Carlos erregt.
»Wenn wir hier zwischen den Häusern spielen, dann schimpfen Sie. Wenn wir auf der Wiese spielen, dann meckert Frau Meyer, weil sie Angst hat, daß ihren Blumen was passiert.«

Herrn Röder reichte es. Die Jungen widersprachen ihm immer. Zwischen den Häusern war das Ballspielen verboten. Erst vor zwei Wochen war eine der großen Thermopenscheiben zu Bruch gegangen, und er hatte hinterher den Ärger gehabt. Nein, er wollte nicht mehr. Und so schrie er: »Hier spielt niemand mehr!«
Carlos bückte sich und nahm seinen Fußball hoch. Kenan zuckte mit den Schultern, während Klaus den Hausmeister wütend anstarrte. Einen Augenblick herrschte gespannte Ruhe. »Assalam o alaikum«, sagte da eine tiefe Stimme.
Kenan antwortete fast automatisch »Alaikum salam.« Dann erst schaute er den Sprecher an. Es war Umur Turhan, der Imam der Moschee vom Kantplatz. Dort lernte er seit einem Jahr den Koran lesen.
»Was macht ihr denn für Gesichter? Habt ihr eben so gebrüllt? Man konnte es weithin hören. Schaut einmal, wer da alles aus dem Fenster guckt.« Der Imam grüßte zu den Neugierigen hinauf. Mancher von ihnen gehörte zu seiner Gemeinde.
»Geht es um den Fußball?« fragte der Imam und deutete auf den Ball.

Klaus holte tief Luft und begann: »Stellen Sie sich vor, Herr Turhan ...« – und dann erzählte er dem Imam den Grund des Streites zwischen den Jungen und dem Hausmeister. Es dauerte eine Weile, bis Klaus zu Ende war. Der Imam hörte ihm geduldig zu. Schließlich fragte er: »Ist das alles?« Carlos, Kenan und Klaus nickten.
»Hm. Das verstehe ich nicht. Warum sollt ihr nicht auf der Wiese spielen? Wegen Frau Meyer? Das kann nicht sein. Die Wiese ist doch so groß wie zwei Fußballfelder zusammen.«
»Ja, aber der größte Teil ist abgesperrt. Da will die Kirchengemeinde bauen.«
»Die Auferstehungsgemeinde?«
»Ja.«
»Dort ist doch Pfarrer Becker.«
»Na, der hat mir gerade noch gefehlt«, murmelte Herr Röder. Er kannte Pfarrer Becker nur zu gut. Schon oft hatte er sich über ihn geärgert, weil der Pfarrer immer für die Kinder eintrat.
»Pfarrer Becker und ich sind hier verabredet, weil wir zu den Evrens wollen. Ich will ihn gleich fragen, wie das mit der Wiese ist.«
Die drei Jungen sahen sich an. Das hilft auch nichts, dachten sie.
»Guten Tag, Herr Amtsbruder.«
»Ah, da sind Sie ja, Herr Becker. Wir haben gerade von Ihnen gesprochen. Es geht um die Wiese neben

Ihrem Gemeindezentrum. Die Kinder dürfen hier nicht Fußball spielen. Ginge es nicht auf der Wiese?
»Na klar. Ein Teil ist zwar abgesperrt, weil wir bauen wollen, aber daraus wird nichts. Uns fehlt das Geld dazu. Und die Synode wird uns keines geben. Also werden wir noch warten müssen, bis Geld da ist.«
»Ließe sich da zwischenzeitlich ein Bolzplatz einrichten?«
»Morgen abend ist Gemeinderatssitzung. Ich werde den Antrag stellen, daß wir die Wiese dafür freigeben.«
Die Jungen wußten nicht recht, was sie nun tun sollten. Sie sahen den Pfarrer und den Imam fragend an.

Pfarrer Becker lachte. »Nun lauft hinüber zur Wiese und spielt dort. Ich werde euch in den nächsten Tagen Bescheid sagen. Ihr müßt mir nur sagen, wie ihr heißt. Bist du nicht der Bruder von Elke Beermann?«
Klaus nickte. »Richtig. Du heißt Klaus?« Klaus strahlte und nickte wieder, ihm wurde Pfarrer Becker immer sympathischer.
»Und wer bist du?«
»Ich heiße Carlos Ruiz. Wir wohnen im gleichen Haus wie die Beermanns.«
»Mein Name ist Kenan Kasavoglu.« Einige Tage später erhielten viele Familien in der Neusser Straße einen Brief. Er kam von Pfarrer Becker und Imam Turhan. Sie luden die Eltern und Kinder in das Gemeindezentrum ein.
Es kamen fast alle Eltern und noch mehr Kinder. Auch Herr Röder hatte eine Einladung erhalten. Und so war auch er gekommen. Jeder unterhielt sich mit seinen Nachbarn. Es war ziemlich laut. Pfarrer Becker mußte richtig schreien, als er zu sprechen anfing.
»Guten Abend«, brüllte er. »Seid mal still!«
Aber nur wenige hörten.
Imam Turhan brüllte: »Ruhe!«
Manche machten: »Sch, Sch!« Und dann wurde es langsam ruhig.

Pfarrer Becker begann noch einmal: »Guten Abend! Herr Turhan und ich freuen uns, daß so viele gekommen sind. Es geht um den Bolzplatz. Die Kinder dürfen nicht zwischen den Häusern unserer Neusser Straße kicken, weil dabei immer wieder eine Scheibe getroffen worden ist.«
»Richtig«, sagte Herr Röder laut.
»Eigentlich wollte die Gemeinde auf der großen Wiese einen Kindergarten bauen, aber uns fehlt das Geld. Ich habe daher vorgeschlagen, daß das Presbyterium auf der Wiese einen Kinderspielplatz und Bolzplatz baut. Dem hat man zugestimmt. Imam Turhan und ich waren auch bei der Stadtverwaltung und haben gefragt, ob wir hier einen Spiel- und Bolzplatz errichten dürfen. Die Stadt hat ja gesagt. Also können wir bauen.«
Die Kinder jubelten. Endlich bekamen sie einen richtigen Fußballplatz. Als es wieder ruhig wurde, fuhr Imam Turhan fort: »Es gibt nur eine Schwierigkeit. Niemand hat das Geld für den Spielplatz.«
Da stand Carlos Vater, Herr Ruiz, auf: »Das ist einfach. Jeder von uns bringt etwas. Ich besorge die Pfosten für ein Tor.«
Und dann meldete sich ein anderer Vater: »Ich heiße Pietro Benuti aus Greboli. Hinter jedes Tor muß ein hoher Zaun, sonst fliegt der Ball doch in eine Fensterscheibe. Also ich besorge einen Zaun, wenn mir jemand beim Transport hilft.«
Es ging noch eine Weile hin und her. Schließlich stand fest, wer etwas besorgte, half oder einkaufte. Fast jeder hatte eine Aufgabe übernommen.
»Bevor wir nach Haus gehen«, sagte Pfarrer Becker, »müssen wir festlegen, wann wir mit der Arbeit beginnen. Ich schlage vor, am kommenden Sonnabend.«
»Gut«, meinte der Imam. »Um zwölf Uhr ist das Mittagsgebet. Also sollten wir uns um ein Uhr treffen.«
»Ein Uhr auf der Wiese.«
Alle waren einverstanden.

Zur verabredeten Zeit standen zwanzig Eltern und fünfunddreißig Kinder, Jungen und Mädchen, am Rande der Wiese neben dem Gemeindezentrum. Pfarrer Becker teilte ein, wer mit wem und auch wo arbeiten sollte.
Nach wenigen Stunden waren der Spiel- und ebenso der Bolzplatz fertig. An diesem Abend waren wirklich alle müde. Nur Pfarrer Becker und Imam Turhan saßen noch spät zusammen.
»Wie viele Nationen waren wir eigentlich?« fragte der Imam.
»Ich weiß es nicht, Herr Ruiz ist Spanier, Herr Benuti Italiener, Frau Spanovic Jugoslawin und Ihre Landsleute, die Türken.«
»Na, die Abdallahs sind aber Marokkaner.«
»Da können wir nur Gott danken, daß wir wirklich zusammenfanden.«
»Alhamdulilah«, ergänzte der Imam.
»Gelobt sei Gott.«

Biblischer Bezug: Apostelgeschichte 4, 1-22
Biblische Erläuterung: Mutig stehen Petrus und Johannes zu ihrer Überzeugung.
Kreativer Zugang: 109, 111,112, 113, 114, 116, 131, 132, 139, 151, 155, 161, 165, 215
Inhalt: Katja liebt einen Spanier. Die Eltern lehnen ihn ab, weil er Ausländer ist. Katja widersteht entschieden. Schließlich lenken die Eltern ein.

Starke und Schwache

Ausländer/-in

Vorurteile

Liebe

Rassismus

Widerstehen

Katja ist stark

Erzählung von Gudrun Pausewang

Meine Schwester hat einen Freund. Seinetwegen gab es am vorletzten Wochenende bei uns daheim einen fürchterlichen Krach.
Ich hab ja bis jetzt mit meiner Schwester nicht viel anfangen können. Katja ist zwanzig, und ich bin zehn. Aber als der Krach losging, da hab ich doch gestaunt über Katja. Sie hat durchgehalten, sie hat sich nicht kleinkriegen lassen! Nicht einmal Papa konnte sie einschüchtern!
Der Krach ging also um Katjas Freund. Sie hat ihn schon ein ganzes Jahr, aber davon wußten Mama und Papa nichts. Nur ich wußte das, ich hab nämlich manchmal Nachrichten zwischen den beiden hin- und hertragen müssen. Er arbeitet in der Gärtnerei Breitenauer hier in Gunzelbach. Voriges Jahr hat er die Gesellenprüfung gemacht und gut bestanden. Er ist zweiundzwanzig Jahre alt und schenkt mir immer was, wenn ich hinkomme: Erdbeeren oder Kirschen oder Sonnenblumenkerne, und das Pfeifen auf zwei Fingern hat er mir auch beigebracht. Ignacio Martinez heißt er, und er ist Spanier. Wenn er beim Sprechen nicht so viel mit den Händen herumfuchteln würde, und wenn er nicht ab und zu »das Hubschrauber« oder »der Kreuzung« sagen würde, könnte man ihn für einen Deutschen halten. Er ist nämlich mit zwölf Jahren nach Deutschland gekommen und noch zwei Jahre hier zur Schule gegangen. Deshalb kann er so gut Deutsch. Seine Eltern sind im vorigen Jahr nach Spanien zurückgegangen. Er ist allein hiergeblieben. Er hat braunes Haar und braune Augen und ist im Fußballverein von Gunzelbach Tormann! Mein Vetter Fred, der auch dabei ist, hat mir mal gesagt, nach Ignacio würden sich alle Fußballvereine in der Umgebung die Finger lecken!

Ignacio ist wirklich ein prima Kerl. Wenn er wollte, könnte er nämlich die Lehrlinge schuften und die Dreckarbeit machen lassen und sich selber schonen. Aber so was tut er nicht. Dem dicken Albert, der bei jedem Spatenstich schnauft wie eine Lokomotive, steht er auch bei, wenn ihn die anderen hänseln. Der schaut ihn deshalb immer an wie ein treuer Hund und hat ihn lieber als seinen eigenen Vater.
Der Ignacio ist also Katjas Freund, und daß sie sich gerade den ausgesucht hat, finde ich ganz und gar in Ordnung. Vorher hat sie schon andere Freunde gehabt, aber das ging immer wieder nach ein paar Wochen auseinander. Und alle miteinander fand ich nicht so, daß ich gern mit ihnen verwandt gewesen wäre. Aber der Ignacio – der ja!
Ausgerechnet den Ignacio mochten meine Eltern nicht, obwohl sie ihn nur vom Sehen kannten. Deshalb kam es zu dem Krach. Am vorletzten Samstag saßen wir alle so gemütlich vor dem Fernseher. Wir hatten gerade einen Wildwestfilm gesehen, in dem ein Cowboy ein Indianermädchen liebte und es nicht kriegen konnte, weil alle, die Weißen und die Indianer, dagegen waren. Mama war ganz erschüttert, und auch Papa schneuzte sich, und da dachte Katja wohl, dies sei der richtige Augenblick für ihr Anliegen. Wenn Mama und Papa dem Cowboy sein Indianermädchen wünschten, dann würden sie auch nichts gegen Ignacio einzuwenden haben.

Mama, Papa«, sagte sie, »ich habe einen Freund. Wir möchten heiraten.«
Mama fuhr hoch, wie von einer Wespe gestochen. »Wer ist es?« fragte sie scharf.
»Ignacio aus der Gärtnerei«, antwortete sie ruhig.
»Der Spanier?« fragte Papa.
Katja nickte. Es wurde plötzlich ganz still im Zimmer. Man hörte die Uhr ticken. Mama starrte Papa an.
»Du bist wohl nicht recht gescheit, Katja«, sagte Papa. »Ein Spanier!«
»Was hast du denn gegen Spanier?« rief Katja gereizt. »Sie sind Menschen wie wir! Sie –«
»In Spanien«, unterbrach sie Papa, »sind die Leute längst nicht so weit wie bei uns. Sie sind faul, deshalb arm. Und so ungebildet -«
»Ungebildet?« rief Katja. »Unsinn! Ignacio weiß genauso viel wie ich, vielleicht sogar noch mehr. Und faul ist er schon ganz und gar nicht, da kannst du seinen Meister fragen.«
»Und sie riechen nach Olivenöl«, stöhnte Mama.
»Na und?« antwortete Katja. »Ich mag den Geruch gern. Wahrscheinlich riechen wir für die Spanier auch komisch, vielleicht nach Wurstbrühe oder nach Seife?«
»Also schlag dir das aus dem Kopf«, sagte Papa. »Daraus wird nichts.«

»Papa«, sagte Katja ruhig, »sag mir einen einzigen vernünftigen Grund, weshalb ich den Ignacio nicht heiraten soll.«
»Ignacio ist Gastarbeiter«, brüllte Papa. »Was ist denn schon ein Gastarbeiter? Die Tochter des Bauunternehmers Möller und ein Gastarbeiter! Was werden die Leute sagen? Hast du dir das schon mal überlegt?«

Was die Leute sagen, ist mir egal«, sagte Katja. »Und du warst ja früher auch nur Maurer.«
»Du könntest den Helmut Gruner haben!« rief Papa. »Der erbt den größten Gasthof in der Umgebung!«
»Aber den kann ich nicht ausstehen«, antwortete Katja.
»Oder den Gerhard Fink vom Sägewerk!«
»Ich weiß«, sagte Katja, »ich könnte alle möglichen Männer bekommen, aber ich bleibe bei Ignacio. Den hab ich eben lieb, sehr sogar. Er ist ehrlich und anständig, er ist nicht langweilig, er ist fleißig und sparsam, er betrinkt sich nicht und rauft nicht. Er hat Fehler, aber die sind nicht so, daß ich sie nicht ertragen könnte. Und, vor allem will er nicht immer recht behalten. Ich finde ihn einfach großartig.«
»Er würde dich mitnehmen nach Spanien«, jammerte Mama. »Dort müßtest du die Stube mit einem Reiserbesen kehren und barfuß laufen und acht bis zehn Kinder kriegen.«
»Ignacio will hierbleiben«, antwortete Katja. »Aber wenn er auch wieder heimginge, würde ich mitgehen. Es kommt doch nicht darauf an, ob man barfuß läuft oder nicht. Dort ist es ja auch viel wärmer als bei uns. Übrigens schadet es gar nichts, wenn man aus dem Gunzelbacher Mief mal rauskommt. Dir würde es auch nichts schaden, Mama.«
Mama stieß einen Schrei aus. »Sprich ein Machtwort!« stöhnte sie dem Papa zu.
»Schluß mit dem Ignacio«, polterte Papa. »Das ist mein letztes Wort!«
»Ich denke nicht daran«, antwortete Katja. »Ich bin alt genug, daß ich weiß, was ich tu. Wenn ihr nicht erlaubt, daß ich mich mit ihm treffe, gehe ich eben von euch fort. Ich verdiene ja Geld, ich werde schon allein fertig.«

Da ging Papa auf sie zu, krebsrot vor Zorn, und gab ihr eine Ohrfeige. »Führ sie in ihr Zimmer, Mama!« schrie er. »Bis sie zur Vernunft kommt!«
Mama schubste Katja in ihr Zimmer und sperrte sogar von außen zu. Es dauerte keine fünf Minuten, da dröhnte der Plattenspieler in Katjas Zimmer. Eine Frauenstimme wiederholte unzählige Male: »Ich liebe dich« auf Englisch. »I love you«, das verstehe ich. Katja hat mir's mal beigebracht. Man konnte es im ganzen Haus und sogar draußen hören, bis Papa zu Katja hineinging und ihr den Plattenspieler wegnahm. Aber das störte Katja nicht weiter, wie jeder hören konnte. Denn nun sang sie laut in ihrem Zimmer das Lied weiter. Mama und Papa mußten es sich anhören, weil sie ihr ja nicht noch die Stimme wegnehmen konnten. Aber Papa platzte fast vor Wut. Ich hab Katja wirklich bewundert, daß sie wagte, anderer Meinung zu sein als er. Denn bisher hatten wir alle Angst vor ihm gehabt.

Nach dem Abendessen ging erst Mama zu Katja ins Zimmer und redete auf sie ein. Ich horchte an der Tür, aber ich konnte nichts verstehen. Nach einer halben Stunde kam Mama mit einem verheulten Gesicht wieder heraus, schüttelte den Kopf und ließ sich in einen Sessel fallen. Da ging Papa zu Katja hinein. Ab und zu gab es ein Gebrüll. Meistens brüllte Papa, aber dazwischen wurde auch Katja laut. Als Papa nach einer Stunde wieder zum Vorschein kam, sah ich ihm gleich an, daß er auch nicht weitergekommen war.
»Laß sie nicht raus!« befahl er der Mama, »sonst geht sie auf und davon. Dieser verdammte Spanier! Wenn man ihn nur ausweisen lassen könnte.«

Als Mama und Papa schlafengegangen waren, schlich ich mich zu Katja hinein. Ich brachte ihr was zu essen, und sie war richtig nett zu mir. Sie sprach mit mir ganz ernst, wie zu einem Erwachsenen. Ich sagte ihr, wie großartig ich es fände, daß sie zu Ignacio hielt und daß Ignacio ein feiner Kerl sei.
»Am besten wäre es«, schlug ich vor, »wenn er herkäme und dich holen würde. Er ist sicher stärker als Papa.«
»Nein«, sagte Katja, »dabei käme gar nichts heraus. Ich muß das schon allein mit Mama und Papa durchstehen.«
»Dann geh doch in der Nacht heimlich fort«, flüsterte ich eifrig. »Morgen früh, wenn sie dich suchen, bist du mit Ignacio schon weit weg.«
»Das wäre feig«, sagte Katja. »Entweder sie werfen mich selber raus oder sie gewöhnen sich an den Ignacio. Das wird sich bald zeigen.«
»Wie stark du dich machen kannst«, staunte ich.
»Wenn du erst mal so weit bist, daß du jemanden sehr gern hast«, sagte Katja, »dann schaffst du das auch. Und wenn mir zum Heulen ist, dann singe ich, das hilft. Lauf morgen früh zu Ignacio und grüß ihn von mir und sag ihm, daß ich noch nicht wüßte, wann ich ihn wieder treffen kann. Ich würde ihm Nachricht geben. Erzähl ihm aber nichts von dem Krach, sonst macht er sich Sorgen.«
Dann schickte sie mich mit einem zärtlichen Knuff ins Bett. Als ich schon halb schlief, hörte ich sie noch singen – diesmal aus der Badewanne. Sie hatte eine Tür zum Badezimmer, aber das Badezimmer hatte Mama von außen verschlossen.

Den ganzen Sonntag blieb Katja eingesperrt. Abwechselnd gingen Mama und Papa hinein und versuchten sie zu überreden und zu überzeugen. Aber Katja änderte ihre Meinung nicht. Ich war gespannt, wie es weitergehen würde, denn am Montag mußte sie ja wieder arbeiten gehen.
Mama war die erste, die am Sonntagabend aufgab. »Katja ist großjährig, Papa«, schluchzte sie. »Du kannst sie nicht daran hindern, den Spanier zu heiraten. Wie wäre es, wenn du ihm die Gärtnerei in Meisenheim verschaffen würdest, die zum Verkauf steht? Das Geld hast du doch, mindestens für den Anfang. Den Rest könnte er ja langsam abbezahlen. Mit einer Gärtnerei wäre der Ignacio kein Gastarbeiter mehr, man könnte sich mit ihm sehen lassen.«

»Ich denke nicht daran!« brüllte Papa.
»Wenn du so stur bleibst«, schluchzte Mama, »machst du alles noch viel schlimmer. Dann bist du Katja los, für immer!«
Aber Papa brauchte noch ein paar Stunden, bis er einsah, daß es keinen Zweck hatte, Katja umstimmen zu wollen. Kurz vor Mitternacht ließ er sie raus und sprach ruhig mit ihr.
»Nein«, sagte Katja, »behalt nur dein Geld. Wenn ihr euch schämt, dann ziehen Ignacio und ich eben in einen anderen Ort. Tüchtige Gärtner braucht man überall!«
Zuletzt kam es so weit, daß Mama und Papa meine Schwester baten, doch nicht fortzuziehen, sie würden sich nicht schämen, nein, keinesfalls! Und Mama war dann auch sehr freundlich zu Ignacio, der gleich am Montagabend mit Katja herüberkam – nur auf eine halbe Stunde. »Damit sie ihn mal beriechen können«, flüsterte Katja mir zu. Inzwischen ist er schon fast jeden Abend bei uns, und er und Mama verstehen sich großartig.
»Er riecht gar nicht nach Olivenöl«, sagte Mama gestern zu Papa. »Und er hat so gute Manieren.«
Papa knurrte etwas, ich konnte es nicht verstehen. Aber immerhin hat er schon mit Ignacio eine Partie Schach gespielt. Und für die Verlobungsfeier, heute in drei Wochen, hat er ein ganzes Fäßchen Wein bestellt.

Mut 32

Biblischer Bezug: Apostelgeschichte 6, 8-15
Biblische Erläuterung: Stephanus: Das Bekenntnis zu Jesus führt in den Tod.
Kreativer Zugang: 111, 139, 215
Inhalt: Seinem Bekenntnis treu, widersetzt sich Paul Schneider, Pfarrer aus Dickenschied/Hunsrück, bei einer Beerdigung den »Grabreden« örtlicher Nazigrößen. Die Folge sind Auseinandersetzungen mit den nationalsozialistischen Machthabern. Sie führen zu seiner Verhaftung und seinem qualvollen Tod im KZ Buchenwald.

Unfreiheit

Faschismus

Nächstenliebe

Sterben

Bekennen

Widerstehen

Das laßt ihr euch gefallen?

Erzählung von Hans Hoffmann

Der eine hieß Schneider, der andere war Schneider. Den, der Schneider hieß, habe ich höchstens eine Stunde lang gesehen und gehört. Den anderen, der Schneider war, habe ich genau gekannt. Der war nämlich mein Onkel, und ich war oft in seinem Haus. Sie leben beide nicht mehr.
Das Merkwürdige ist nun, daß ich den Mann, der Paul Schneider hieß, bis heute nicht vergessen kann. An meinen Onkel erinnere ich mich dagegen kaum noch.

Ich glaube, es war im Jahr 1934. Ich war damals elf Jahre alt. Wir wohnten in Koblenz. In den Sommerferien brachte meine Mutter mich nach Gemünden zu ihrem Bruder, der dort eine Schneiderwerkstatt hatte. Dieser Bruder, mein Onkel also, hatte einen Jungen von zwölf Jahren. Meine Mutter meinte, die Landluft täte mir gut, und mit meinem zwölfjährigen Vetter könnte ich besser spielen als mit meiner siebenjährigen Schwester. Da hatte sie durchaus recht. Ich zankte mich oft mit meiner Schwester.
In den Wäldern um Gemünden herum konnte man prächtig Indianer spielen. Am liebsten aber saß ich in der Schneiderwerkstatt meines Onkels. Nicht, daß ich ihm gern beim Nähen zugeschaut hätte. Damals war ich noch der Ansicht, Nähen sei etwas für Frauen und nichts für Männer. Nein, das war es nicht, warum ich gern in der Schneiderwerkstatt saß. Vielmehr kamen den Tag über Leute herein und unterhielten sich mit meinem Onkel. Sie hatten viel Neues zu erzählen. Und wenn einmal keiner in die Werkstatt kam, war es trotzdem nicht langweilig, denn durch die Tür mit den vielen Fensterchen hindurch konnte man auf den Dorfplatz schauen. Da gab es immer was zu sehen.

An dem Tag, von dem ich erzählen will, saß ich wieder einmal mit meinem Vetter zusammen in der Schneiderwerkstatt. Wir blickten auf den Platz hinaus. Da kam ein Mann mit einem Fahrrad angefahren. Vor der Kirche, die am anderen Ende des Platzes stand, hielt er an. Er lehnte das Fahrrad gegen die Mauer und nahm eine Reisetasche vom Gepäckträger. Er ging zu dem Anschlagkasten an der Mauer. Der war eingedrückt und leer. Ein paar Glasscherben lagen noch auf dem Boden. Der Mann ging an das Tor der Mauer, die das Kirchengrundstück umgab. Es war verschlossen. Er schaute sich um, dann kam er geradewegs auf die Schneiderwerkstatt zu und trat ein.

»Guten Tag, ich bin Pastor Schneider«, sagte er, »ich soll den Pastor von Gemünden bei der Beerdigung des Jungen vertreten, die heute stattfinden soll. Kann ich hier meinen Talar anziehen?«
»Bitte«, sagte mein Onkel. Während Pastor Schneider den zerknitterten Talar aus der abgenutzten Reisetasche zog, fragte er meinen Onkel »Warum bringt man den Anschlagkasten nicht in Ordnung?«

Mein Onkel wurde verlegen und brummte: »Das weiß ich nicht so genau.«
Pastor Schneider sagte: »Sie wollen mir doch nicht erzählen, daß Sie nicht wissen, wer den Kasten kaputtgemacht hat und warum er nicht wieder in Ordnung gebracht wird?«
»Woher sollte ich das wissen?« fragte mein Onkel.
»Weil Sie den ganzen Tag hier sitzen und auf den Platz hinausschauen können«, erwiderte Pastor Schneider.
Mein Onkel druckste etwas herum, dann sagte er: »Wissen Sie, der Gottesdienst ist sonntags um zehn Uhr, und zu der gleichen Zeit trifft sich die Hitlerjugend. Und da beides nicht zur gleichen Zeit sein kann ...«
»... haben Hitleranhänger im Ort den Kasten an der Kirche kaputtgeschlagen, damit der Pfarrer nichts mehr ankündigen kann«, unterbrach ihn Pastor Schneider.
Mein Onkel sagte nichts. Pastor Schneider fragte: »Und das laßt ihr euch gefallen?«

Mein Onkel meinte: »Das sagen Sie so einfach. Sie kennen die Hitleranhänger nicht, und Sie kennen auch die einfachen Leute nicht.«
»Und wie ich sie kenne! Mit den Hitlermännern bin ich in meinem Ort schon mehr als einmal aneinandergeraten. Und was die einfachen Leute anbetrifft: Ich habe mehrere Jahre im Ruhrgebiet und in Berlin mit Arbeitern zusammengelebt.«
Er schaute auf die Uhr und fragte: »Wo ist hier der Friedhof?«
Mein Vetter und ich sagten wie aus einem Mund: »Wir können Sie hinbringen!«
Doch mein Onkel sagte: »Es ist besser, ihr bleibt hier.«
»Warum?« wollten wir wissen.
Mein Onkel kratzte sich den Kopf und sagte: »Ich habe das Gefühl, da passiert was.«
»Was soll da passieren?« fragte Pastor Schneider.
Mein Onkel blickte vor sich hin und murmelte: »Ich glaube, es ist besser, Sie gehen allein, Herr Pastor.«
Mein Vetter und ich waren jedoch schon an der Tür. Pastor Schneider sagte: »Kommt mit!«
Auf dem Weg zum Friedhof fragte er: »Warum läutet man nicht die Glocken?« Wir konnten es ihm nicht sagen.

Als wir uns dem Friedhof näherten, hörten wir bereits, wie jemand sehr laut sprach. Es war vom »Schicksal« die Rede, das den Jungen so früh hinweggerafft hatte. Von dem Willen Gottes und der Trauer der Mutter des Toten sprach er nicht. Um das Grab herum standen Hitlerjungen in ihren braunen Hemden und schwarzen Hosen. Einer hielt die Hakenkreuzfahne, die schlaff herunterhing, weil es an diesem Tag ganz windstill war.
»Wer spricht da?« fragt Pastor Schneider einen der Männer, die etwas weiter hinten standen. »Ich glaube, das ist der Leiter des Arbeitslagers oder sein Stellvertreter«, flüsterte der. Dann drehte er sich rasch wieder um. Pastor Schneider schob sich durch die Leute hindurch, aber noch ehe er an dem offenen Grab angekommen war, hatte schon wieder ein Mann in brauner Uniform zu sprechen angefangen. Später erfuhr ich, daß es der Kreisleiter war.
Ich erinnere mich noch genau daran, daß er sagte, der tote Hitlerjunge sei jetzt in den himmlischen Sturmtrupp Horst Wessels eingetreten, Horst Wessel, der »Blutzeuge« für die Bewegung Adolf Hitlers, sei jetzt sein »Schild und Schutz«. Er redete lange, und er redete laut. Pastor Schneider wartete, bis er fertig war, dann trat er an das Grab. Der Kreisleiter sah ihn von der Seite an, so als wollte er sagen: Du bist hier völlig überflüssig.
Pastor Schneider sprach: »Ich weiß nicht, ob es in der Ewigkeit einen Sturmtrupp Horst Wessels gibt, aber Gott der Herr segne deinen Ausgang aus diesem Leben und deinen Eingang in die Ewigkeit.« So ähnlich sagte er, an den genauen Wortlaut kann ich mich nicht mehr erinnern. Da trat der Kreisleiter noch einmal an das Grab und rief hinab: »Kamerad, du bist tatsächlich in den Sturmtrupp Horst Wessels eingegangen!«
Pastor Schneider unterbrach die Einsegnung des Toten und sagte laut und deutlich: »Ich protestiere! Dies ist eine kirchliche Feier und keine politische Veranstaltung. Ich bin als Pfarrer dafür verantwortlich, daß die reine Lehre der Heiligen Schrift nicht willkürlich verändert wird!«
Der Kreisleiter wartete die Einsegnung noch ab, dann ging er wütend davon. Pastor Schneider folgte ihm und sagte: »Warum können wir nicht ruhig über alles reden?«
Der Kreisleiter erwiderte: »Sie sind ein Knecht der Kirche.«
Ich glaube, Pastor Schneider sagte darauf: »Nein! Ich trete für nichts anderes ein als für das unverfälschte Wort Gottes. Das tue ich jetzt, und das werde ich immer tun.«
Der Kreisleiter sagte: »Nehmen Sie sich in acht, daß wir Ihnen nicht das Maul stopfen.«
»Ich habe keine Angst«, entgegnete Pastor Schneider.

Ich erinnere mich noch, wie meine Mutter wenig später erzählte, Pastor Schneider habe sich noch einige Male den Anordnungen der Partei Hitlers widersetzt und sei deshalb ins Koblenzer Gefängnis eingesperrt worden. Von dort habe er seiner Frau und seinen sechs Kindern lustige Briefe und Zeichnungen geschickt, um ihnen Mut zu machen und ihr Gottvertrauen zu stärken.
Im November 1937 kam er dann in das Konzentrationslager Buchenwald. Wenn er mit anderen Häftlingen auf dem Gefängnishof zusammenkam, tröstete er sie mit Bibelworten. Dafür wurde er von den Gefängniswärtern geschlagen, und man gab ihm nur das Nötigste zu essen. Doch er ließ sich nicht einschüchtern. Er benutzte jede Gelegenheit, um das Wort Gottes weiter zu verkündigen.
Am 18. Juli 1939 starb er. Die Anstaltsleitung sagte, er sei »an Herzschwäche« gestorben. Die Wahrheit ist, daß sie ihn so lange gequält haben, bis er starb.
Versteht ihr jetzt, warum ich oft an Pastor Schneider denken muß?

Biblischer Bezug: Lukas 1, 57-66
Biblische Erläuterung: Elisabeth weiß, daß ihr Sohn Johannes heißen soll, und sie steht dazu.
Kreativer Zugang: 102, 103, 151, 152, 162, 163, **167, 168**
Inhalt: Ein Kind wird Alexander genannt. Die Großmutter erzählt, wie es ihr mit diesem Namen erging. Die Mutter bleibt bei ihrer Namensentscheidung.

Groß und Klein

Identität

Ansehen

Alexander der Mittelgroße

Erzählung von Friderun Krautwurm

Viel mehr als ein schwarzes Haarbüschel ist nicht unter dem hellblauen Kissen zu erkennen. Aber die Tanten können sich nicht satt daran sehen. Und als Tante Gitti, die Mutter, den Kleinen endlich heraushebt, gibt es großes Geschnatter.
»Oh, sieht er nicht süß aus?«
»Ach, guck doch, die Augen: Genau wie sein Vater!«
»Die Kinnpartie hat er mehr von Gitti.«
»Ein reizender Junge.«
Großmutters ganze Geburtstagsgesellschaft schaut nur auf das Baby.
Nur Jan kann nichts Wunderbares an seinem neugeborenen Vetter entdecken: Die Augen, die der Kleine von Onkel Wolfgang haben soll, kneift er gerade zu. Eine Nase ist kaum zu entdecken, nur zwei Löcher in der Mitte des rotangelaufenen Gesichtchens und darunter ein weit aufgerissener Mund. Zwei Ärmchen fuchteln in der Luft herum. Das übrige steckt in einer hübsch bestickten Strampelhose, die aber zu groß ist. Gitti versteckt schnell die Enden der Hosenbeine. Dann trägt sie den Kleinen ins Nebenzimmer, um ihm zu trinken zu geben. »Ich finde, das Baby sieht doof aus«, sagt Jan, als die Tante die Tür hinter sich zugemacht hat.
»Wart's ab«, sagt die Oma. »Das kann noch der schönste Junge in der ganzen Stadt werden.«
»Vielleicht aber auch nicht!« schmunzelt Opa. »Vielleicht wird er eher der frechste.«
»Noch liegt alles drin«, meint Onkel Andreas.

Ihr hättet ihn nur nicht gerade Alexander nennen sollen«, meint Großmutter.
»Wieso?« fragt Wolfgang. »Was hast du dagegen? Ist der Name nicht schön?«
»Ach, weißt du«, sagt Großmutter. »Ich kann den Namen nicht hören, ohne an Alexander den Großen zu denken.«
»Das würde mir nie in den Sinn kommen«, erklärt Tante Hedi.
»Vielleicht kommt das, weil wir einen Alexander in der Klasse hatten«, erklärt Großmutter, »und der, müßt ihr wissen, war der Kleinste von allen. Außerdem, war er nicht gerade der Schönste. Er hatte die abstehendsten Ohren, die mir je begegnet sind. Und was hatte er bloß für kurze Beine! Wenn wir Kriegen spielten, war er ewig dran. Er war wirklich kleiner als manche aus der ersten Klasse.
Erst nannten wir ihn den Gartenzwerg. Aber dann stand im Lesebuch eine Geschichte von Alexander, ihr wißt schon, dem mazedonischen König. Und seitdem hieß er nur noch Alexander der Große.

Wir lachten ihn so oft aus. Mit der Zeit fing er an zu stottern. Er brachte einfach kein ›H‹ mehr heraus. Und das war schlimm zu der Zeit. Damals nämlich mußte man überall zur Begrüßung ›Heil Hitler‹ sagen statt wie heute ›Guten Tag‹.
»Der Ärmste!« sagt Opa. »Der ist ja aus dem Hei-hei-heil-Hi-hitler-sagen gar nicht mehr herausgekommen, so wie das damals war.«
»Wir werden unseren Kleinen einfach Alex nennen«, brummt Wolfgang. »Dann kann er ruhig klein bleiben. Alex, das klingt fast wie Mäxchen, nicht wahr?«
»Ja«, sagt Jan. »Das klingt lustig. Und man kann auch nicht Janni daraus machen und das immer noch sagen, wenn man längst schon zu groß ist für sowas.«
»Das ist wahr«, schmunzelt Opa. »Alexi, das geht nicht. Aber Alexanderi erst recht nicht. Siehst du, es hat alles was für sich.«

»Na, ich weiß nicht«, meint Tante Hedi. »Dem kleinen Alexander damals scheint sein Name nicht gerade Glück gebracht zu haben. Vielleicht hat er ernstlich Schaden genommen. Weißt du, was aus ihm geworden ist?«
»Nein«, sagt Großmutter. »Er ist später in einen anderen Stadtteil gezogen. Dafür kam ein anderer. Der hieß Karl und war nun wirklich der Größte und Stärkste von allen. Der wurde sofort ›Karl der Große‹ getauft. Er führte überall das Wort und war bald der Führer der Klasse! Polarforscher wollte er später werden.«
»Siehst du«, sagt Hedi, »manchmal können Namen auch passen.«

»Wart's ab«, schmunzelt Großmutter. »Karl war nur in den Pausen ein Großer, in den Schulstunden war er recht mittelmäßig. Vielleicht hätte er auch da ganz gut sein können, aber weil er's gewohnt war, überall der Größte zu sein, konnte er's einfach nicht vertragen, wenn andere etwas besser konnten als er. Da tat er lieber so, als ob er nicht wollte, und machte nur Blödsinn beim Unterricht. So war er denn auch in den Stunden ›der Große‹, wenn auch bloß als Störenfried.
Ich wette, er hätte ein guter Lokomotivführer werden können, aber weil er nichts anderes lernte als nur den ›Großen‹ zu spielen, fiel er bei seinen Prüfungen durch. Als ich neulich mal mit der Straßenbahn fuhr – wer saß da und knipste die Karten? Der unfreundlichste Schaffner, der mir je begegnet ist. Er brummte und schimpfte die ganze Zeit. Das war Karl Grünberg – derselbe, der mal ›Karl der Große‹ hieß.«
»Oh«, meint Tante Hedi, »wenn's dem großen Karl schon so ging, was mag dann erst aus dem kleinen Alexander geworden sein?«

Keiner beachtet ihre Frage, denn nun geht die Tür auf. Herein kommt Gitti mit ihrem Söhnchen. Satt und zufrieden liegt's in ihrem Arm.
»Komm, Alex«, ruft Wolfgang, der Vater.
»Alexander der Mittelgroße«, sagt Opa und schaut auf die zu langen Hosenbeine, die von des Babys Füßchen herunterbaumeln.
»Jan hat die Größe in dem Alter gepaßt!« bemerkt Tante Hedi. »Armer kleiner Alexander!«
»Wieso armer?« fragt Gitti entrüstet und zerrt die Strampelhose schnell höher. »Ich finde, sie paßt fast.« Dann hört sie die Geschichte von »Alexander dem Großen«, der kein »H« sprechen konnte.
Sie hört aufmerksam zu. »Wie heißt der denn weiter?« fragt sie auf einmal gespannt.
»Hmm«, da muß Großmutter erst überlegen. »Was mit ›ki‹ war's am Ende und vorn mit Tomaten oder so ähnlich.«
»Tomaschewski vielleicht?«
»Ja, richtig, so hieß er. Genauso! Woher kennst du den Namen?«
»Ich kenne den Mann auch, von dem ihr erzählt.«
»Waaas?« fragen die anderen.
»Was macht der denn heute?«
»Er ist Gärtner«, sagt Gitti. »Und wenn ich jemandem eine besondere Freude machen will, dann lasse ich ihm vom alten Tomaschewski einen Strauß zusammenstellen. So was Hübsches denkt sich kein anderer aus.»
»Fürs Blumenbinden sind schmale Hände gerade richtig«, meint Großmutter. »Aber wie ist's mit dem Stottern? Er muß doch auch öfter mit Menschen sprechen?«
»Du wirst lachen«, sagt Gitti, »ich kenne ihn seit Jahren. Aber erst vor ein paar Tagen ist mir aufgefallen, daß er ›Lyazinthen‹ sagt statt Hyazinthen.
Die Frau, die neben mir stand, merkte es auch. ›Ach‹, meinte sie, ›Sie waren wohl lange in Frankreich? Sie sprechen genau wie mein französischer Untermieter.‹ Der alte Gärtner hat bloß geschmunzelt und der Dame ihr Sträußchen weitergebunden. Doch als sie dann fort war, hat er plötzlich gesagt ›Wenn die wüßte, woher ich meine französische Aussprache hab.‹

Und dann hat er mir erzählt, wie er sich als Kind immer geschämt hat, weil er so klein war und dabei ausgerechnet Alexander hieß, Alexander der Große. Wie er angefangen hat zu stottern und nicht mehr hat rausgehen mögen, weil er doch nicht ›Heil Hitler‹ sagen konnte. Und wie alle Onkel und Tanten gesagt haben: ›Aus dem Jungen wird nichts‹.«
»Ja, und dann?« ruft Jan. »Wie ist es dann weitergegangen?«
»Seine Mutter«, sagt Gitti, »die hat sich um das Gerede kein bißchen gekümmert. Die hat ihrem Jungen gesagt: ›Wie du bist, bist du recht. Geh raus auf die Straße. Du kommst auch ohne ›H‹ durch die Welt.‹
Ja, und da hat der alte Tomaschewski gesagt: ›Da bin ich doch wieder nach draußen gegangen. Und auf einmal hab ich gewußt, was ich mach: Ich hab ganz einfach bloß ›Litler‹ gesagt. ›Litler Herr Meyer, Litler, Frau Prittwitz, Litler, Frau Gnosa, Litler, Herr Meckel.‹
Niemandem ist etwas aufgefallen. Keiner hat mich mehr dumm angeguckt. Und wenn mir später mal wieder was schiefging, hab ich mir gesagt: ›Alexander, mach weiter. Der Mensch kommt auch ohne ›H‹ durch die Welt.‹
Und als er mit seiner Rede soweit war, da ist auch mein Strauß fertig gewesen. Roter Mohn vor dunklen Blutbuchenzweigen. Ein paar Leute sind in den Laden gekommen und haben gerufen: ›Oh, sieht das hübsch aus! Was haben Sie nur für herrliche Blumen!‹ Auf die abstehenden Ohren und die zu kurzen Beine des Gärtners hat keiner geguckt.«
»Komm, Alexander, mein Süßer«, sagt Gitti. Und als sie ihn in sein Körbchen trägt, läßt sie die Hosenbeine ruhig herunterbaumeln.
Was macht's, daß ihr Sohn reichlich klein ist. Hängt etwa davon das Glück eines Menschen ab?

Biblischer Bezug: Lukas 24, 1-12
Biblische Erläuterung: Ostern ist alles neu geworden.

Kreativer Zugang: 104, 105, 110, 126, 148, 149, 150, 154, 161, **169, 170,** 206, 207, 208, 215

Inhalt: Birgit findet kein Vertrauen zu ihrer Stiefmutter, obwohl diese sich um sie bemüht. Erst ein Urlaub im Heimatland ihrer Stiefmutter führt beide zusammen.

Angst

Vertrauen

Geduld

Heimweh

Ostern

Stiefeltern

Die Schneekönigin

Erzählung von Salme Raatma

Birgit hatte zu Weihnachten neue Skistiefel bekommen, aber es gab am Rhein keinen Schnee in diesem Winter. Regen und kalter, dichter Nebel machten die Tage dunkel. Der Frühling wollte und wollte nicht kommen.
Dann sagte Vater eines Abends: »In den Osterferien fahren wir zum Skilaufen nach Finnland.«
Mutter ließ die Tasse mit einem Klick auf den Untersatz fallen und sah den Vater mit erstaunten Augen an. Die Schneekönigin! dachte Birgit wieder. Es gelang ihr nicht, Mutter oder gar Mutti zu ihr zu sagen.

Birgits richtige Mutter war schon lange tot, Birgit konnte sich kaum an sie erinnern. Im vorigen Sommer hatte Vater wieder geheiratet. Als die neue Mutter im langen, weißen Kleid an Vaters Arm durch die Kirche ging, sah sie wunderschön aus. Ihr rötlichgelbes Haar schimmerte im Kerzenlicht wie das viele Gold an den Altarsäulen. Birgit fiel das Märchen von der Schneekönigin ein. Sie wird meinen Vater doch nicht weit fortführen, bitte nicht! dachte sie, und betete innig für den Vater. Aber für die neue Mutter konnte sie nicht beten, irgendwie ging das nicht; es war, als hätte sie einen Glassplitter im Herzen. Seitdem nannte Birgit ihre Stiefmutter in Gedanken nur Schneekönigin. Das konnte sie aber niemandem sagen, am wenigsten ihrem Vater.
»Du brauchst mich nicht Mutti zu rufen. Sag einfach Ilona zu mir«, schlug die Schneekönigin vor.
»Ja – Ilona«, brachte es Birgit zögernd hervor. Aber meistens versuchte sie dem Namen auszuweichen. Nicht einmal das Du kam ihr über die Lippen. Ilona bemerkte es wohl und bemühte sich, besonders freundlich zu sein; sie hatte Birgit wirklich gern. Aber Birgit konnte nicht anders.

»Wollen wir wirklich zu Ostern nach Hause fahren?« fragte Ilona. Sie sagte ›nach Hause‹, obwohl sie schon ein halbes Jahr hier wohnte. Birgit wußte nicht viel von Finnland, nur daß es dort viel Schnee gab. Ilona kam von Finnland. »Eine Ausländerin«, hatte die Kaufmannsfrau gemeint, »die bekommt bald Heimweh nach ihrer Heimat.« Ob die Schneekönigin wohl auch Heimweh bekommen würde nach ihrem Eispalast, dachte Birgit.

Als Vater fragte, ob Birgit sich auf den Skiurlaub freue, wußte sie nichts zu antworten. Im Garten blühten Krokusse, sie konnte sich den Schnee nicht richtig vorstellen. Aber Ilona freute sich, das konnte jeder sehen. Sie sprach und lachte viel mehr als sonst und nahm Birgit mit in die Stadt, um für Mummu Geschenke zu kaufen. Mummu – das war Ilonas Mutter, Birgits neue Großmutter. Eine Nichte, die Kaija hieß, sollte auch dort auf Birgit warten, zehn Jahre alt wie sie.
»Ich habe schon Reisefieber! Du auch?« fragte Ilona. Birgit hatte kein Reisefieber, auch dann nicht, als sie in das Flugzeug stiegen und die Reise begann. Es kam ihr alles so unwirklich vor, wie im Märchen. Sie schloß die Augen und dachte an den Eispalast der Schneekönigin. –

In Wirklichkeit wurde alles ganz anders. Ilonas Bruder holte sie mit seinem Auto vom Flughafen ab, und Kaija war dabei.
»Morjens«, sagte Onkel Pekka, obwohl es Abend war. Er sprach ein so komisches Deutsch, daß Birgit lachen mußte. Was Kaija sagte, davon verstand Birgit kein Wort, aber das machte nichts. Sie zeigte auf ihre Mütze und machte den Anorak auf, damit Birgit ihren neuen Pullover sähe. Das verstand man auch ohne Sprache.
Vor der Windschutzscheibe tanzten die Schneeflocken, die Scheibenwischer fegten dicken Schneematsch herunter. Ringsum war alles undurchsichtig grau-weiß.
»Du fährst doch nicht über den See?« fragte Vater.
»Doch, doch!« gab Onkel Pekka zurück. »Das Eis ist noch fest, jede Nacht unter zehn Grad Frost gewesen.«

Dann kamen sie bei der Hütte an. Birgit stand erst wie betäubt da. Es

hatte aufgehört zu schneien. Im Abendlicht schimmerte der Schnee nicht weiß, sondern blau. Es roch kalt und frisch. Birgit hatte nicht gewußt, daß Schnee so stark riechen kann.
Mummu wartete an der Tür und zog sie herein. Warm war es drinnen und dämmrig, im offenen Kamin flakkerte Feuer. Nur eine große Stube, weiter nichts. Die Wände aus runden Balken dufteten nach Harz.
Wie kann man in einem so kleinen Haus wohnen, dachte Birgit. Erst allmählich begriff sie, daß dies nur eine Sommerhütte war, wo Vater und Ilona übernachten sollten. Birgit wurde zum Bauernhof mitgenommen und schlief in Kaijas Kammer.

Es gab da so viel Neues zu sehen und zu entdecken, daß Birgit es kaum fassen konnte. Die Kälber und kleinen Lämmer im Stall, Hühner und Hunde. Der Hof, so groß wie ein Sportplatz, wurde mit dem Schneepflug freigehalten. Riesige Schneewände hatte man damit zwischen den weit auseinander stehenden Gebäuden hochgetürmt. Birgit konnte sich nicht sattsehen an dem Schnee.
Skilaufen mußte sie erst lernen. Kaija machte es ihr vor. Als Birgit das erstemal ohne hinzustürzen von der Anhöhe bis hinunter auf den See sauste, hätte sie gern Ilona dabei gehabt. Schau, ich kann es schon, wollte sie ihr sagen.

Aber Vater und Ilona sah man nur bei den Mahlzeiten, und dann fuhren sie mit Onkel Pekka auch noch in die Stadt. Birgit war ja gut aufgehoben bei Mummu und Kaija. Kaijas Mutter sprach einige Worte Deutsch. Trotzdem wurde Birgit nicht recht froh. Immerfort mußte sie an Ilona denken, die so gut gelaunt und lebhaft geworden war, ganz anders als in Deutschland.
Hier war sie keine Schneekönigin, es gab hier ja auch keinen Eispalast für sie, sondern eine kleine, warme, gemütliche Holzhütte. Hier war Ilona zu Hause und vergaß, daß sie eine Tochter hatte, die Birgit hieß. Und gerade jetzt wollte Birgit ihr zeigen, daß sie sie gern hatte.
Karfreitag war besonders lang. Mummu und Kaijas Mutter fuhren in die Kirche, die acht Kilometer entfernt sein sollte. Kaija plauderte in ihrer Sprache und kramte ihre Bilderbücher hervor. Aber Vater und Ilona kamen nicht. Sie hatten Freunde getroffen und waren eingeladen worden. Auch Samstag verging. Es wurden keine Ostereier gefärbt, das kannten sie hier nicht. Mummu steckte nur bunte Federbüschel an die kahlen Zweige und stellte sie in die Vase.
Birgit saß am Fenster und wartete. Umsonst.

Erst am Ostersonntag kamen sie zurück. Birgit sah sie auf Skiern langsam vom See den Hang hinaufsteigen. Sie stürzte hinaus und stampfte in Hausschuhen durch den Schnee.
»Mutti, Muttilein!« rief sie und flog in Ilonas Arme.
»Endlich habe ich eine Tochter bekommen«, sagte Ilona und drückte sie fest an sich.
»Jetzt ist erst richtig Ostern«, meinte Vater.

Biblischer Bezug: Markus 10, 13-16
Biblische Erläuterung: Jesus stellt sich auf die Seite der Kinder.
Kreativer Zugang: 102, 103, 107, 120, 121, 122, 145, 159, 160, 165, **171,** 179, 188
Inhalt: Wo Kinder leiden, da leidet Gott. Jesus hilft Kindern. Er ermutigt sie. Er gibt ihnen recht. Er segnet sie.

Kinder

Annehmen

Arm und Reich

Miteinander

Einsetzen (sich)

Gott gibt Kindern recht

Erzählung von Fritz Baltruweit

Ja, Jesus ist schuld, wirklich! Seinetwegen ist das so, daß auch ihr Kinder was zu sagen habt! – Als einmal Erwachsene wieder was unheimlich Wichtiges mit Jesus zu besprechen hatten und Kinder dazukamen, versuchten die Jünger, sie wegzuschicken: »He, ihr Kleinen, wir müssen grad noch was besprechen – geht mal spielen – woandershin. Das ist noch nichts für euch.«

Was meint ihr, wie Jesus denen die Meinung gesagt hat. Von wegen, Kinder wegschicken und so. »An denen sollt ihr Erwachsenen euch orientieren! Kinder können die Welt Gottes erleben – ihr Erwachsenen könnt das nur, wenn ihr die Welt mit den Augen der Kinder seht!« – Da hat er ihnen aber gehörig die Meinung gesagt – und alle Kinder durften zu ihm hin – und er hat sie gesegnet. – Segen kennt ihr auch, oder? Wenn der Pastor einem Kind, das getauft wird, seine Hand auflegt – und dann geht durch die Hand Gottes Wärme und Liebe in das Kind bis zum Herzen – und das Herz wird dann ganz warm.
Seit dieser Geschichte in der Bibel war klar: Gott gibt Kindern recht! Und das ist eine tolle Sache! Das heißt doch: Ihr seid Gott ganz wichtig! Und: Ihr habt auch den Erwachsenen viel zu sagen! Ihr habt eine Begabung, etwas von Gott weiterzusagen und lebendig werden zu lassen, was Erwachsene nicht können. Gott gibt Kindern recht! Das heißt auch:

Gott steht auf der Seite von euch Kindern, vor allem dort, wo euch Unrecht geschieht. Jeden Tag sterben 40 000 Kinder, weil sie nichts zu essen haben – und an Krankheiten. Millionen Kinder haben kein Zuhause. Sie leben auf der Straße, schlafen auf Bürgersteigen und in dunklen Ecken. Weil ihre Familien arm sind, müssen viele Kinder von klein auf den ganzen Tag lang hart arbeiten, Teppiche knüpfen, Zeitungen verkaufen, Schuhe putzen. Kinder werden in den eigenen Familien geschlagen, mißhandelt und mißbraucht – auch hier bei uns in Deutschland. In anderen Ländern ist Krieg. Da sind Kinder schon mit zwölf Jahren Soldaten. Tausende sind auf der Flucht. ...

Gott sagt: »Ich bin bei denen, die mich brauchen – ich bin bei euch Kindern, wenn es euch gut geht – und ich höre euer Schreien, wenn es euch schlecht geht!« Ja, wo ihr Kinder leidet, da leidet Gott. In ihm habt ihr einen ganz wichtigen Verbündeten. Gott gibt euch Kindern recht, wenn euch keiner recht gibt. Und das ist doch eine tolle Botschaft. Gottes Segen ist für euch da – ja, und daran ist Jesus schuld – wirklich!

36 Selbstvertrauen

Zutrauen

Angst

Ent-täuschung

Sport

Versagen

Wettkampf

Danken

Biblischer Bezug: Matthäus 14, 22-33
Biblische Erläuterung: Petrus hat zu wenig Vertrauen.

Kreativer Zugang: 104, 105, 124, 136, 161, 178

Inhalt: Die gute Läuferin Nicky ist krank, und Sandra möchte beim Sportfest für sie einspringen. Sandra trainiert, hat aber Angst vor dem Versagen. Am Tag des Wettkampfes ist Nicky gesund - und läuft selbst. Sandra ist zugleich enttäuscht und erleichtert.

Der Wettkampf

Erzählung von Isolde Heyne

Zwei Wochen vor dem Sportfest wurde Nicky krank. »Eine Katastrophe! Wer soll jetzt für uns in der Staffel laufen? Sie ist unsere beste Sprinterin!«
»Ich – ich könnte für Nicky einspringen. Ich schaffe es. Ganz bestimmt.« Sandras Gesicht überzog sich mit feiner Röte. Sie war aufgeregt und ahnte, was die anderen dachten: Die ist kein Ersatz für Nicky, unsere beste Läuferin. Um so mehr freute sie sich über die Zustimmung der anderen. »Du mußt aber jeden Tag trainieren. Eine Pleite können wir uns nicht leisten.«
»Ich werde trainieren.«

Wie auf Wolken ging sie an diesem Tag nach Hause. Sie trauen mir das zu, dachte sie. Obwohl ich bei weitem nicht an die Zeiten der anderen in der Staffel herankomme. Ich werde es schaffen. Ganz bestimmt. Und ich werde trainieren, was das Zeug hält. Bei diesem Vorsatz blieb es jedoch an diesem Tag, und an den nächsten zwei Tagen war es nicht anders. Es ist nicht meine Schuld, verteidigte sich Sandra, als sich ihr schlechtes Gewissen meldete. Ich fühle mich an manchen Tagen so schlecht. Aber das kann ich ihnen nicht sagen. Sie trauen mir sowieso nichts zu.
Sie hatte oft das Gefühl, daß die anderen in der Klasse sie einfach übersahen. So, als wäre sie nicht vorhanden. Aber nun wollte sie es ihnen beweisen, daß sie mit ihr zu rechnen hatten.
Mit verbissenem Ehrgeiz lief sie die nächsten Tage. Immer und immer wieder, bis sie kaum noch Luft bekam.
Ihr Bruder Micha bot Hilfe an. »Wir nehmen die Stoppuhr von Papa. Da weißt du dann genau, ob du dich verbesserst oder nicht.« Micha war jünger als Sandra. Aber er erwies sich als guter Trainingspartner. Sandras Trainingsergebnisse waren sehr unterschiedlich. Das bedrückte sie. »Ich müßte den anderen sagen, daß ich unsicher bin, ob ich es schaffe«, dachte sie. Aber sie traute sich nicht. So kurz vor dem Schulsportfest konnte niemand mehr für sie einspringen. Dann beruhigte sie sich auch wieder, weil sie, wenn sie mit den anderen für das Sportfest trainierte, doch ganz gut abschnitt. Trotzdem blieb die Angst vor dem Versagen in ihr.

Am Tag des Schulsportfestes war ihr ganz übel. Sie wäre am liebsten gar nicht aufgestanden. Doch dann sagte sie sich immer wieder vor: Ich schaffe es – ich schaffe es – ich schaffe es!
Als sie auf dem Sportplatz ankam, schien es ihr, als bekäme sie schon jetzt keine Luft. Das Herz schlug ihr bis zum Hals, und sie trat nervös von einem Fuß auf den anderen. Sie war als zweite Läuferin eingesetzt.

Ihre Angst vor dem Versagen wurde von Minute zu Minute größer. Ich schaffe es – nicht!
Warum habe ich mich bloß gemeldet! Ich wußte doch von vornherein, daß ich nicht die Nerven dazu habe. Was nützen mir die Trainingszeiten, wenn ich jetzt Beine habe, die wie Blei sind.
Vor Sandras Augen verschwamm alles. Sie rannte zur Toilette, weil ihr übel wurde. Als sie zurückkam, sah sie Nicky bei den anderen stehen.
»Hallo, Sandra. Ich bin wieder gesund. Bist du sauer, wenn ich in der Staffel laufe?«

Sandra schaute die anderen an. Sie sah, wie sehr sie wünschten, Nicky würde laufen. Trauen sie mir nicht zu, daß ich gut bin? dachte sie einen Augenblick lang. Enttäuschung wich der Angst, die sie vor ein paar Minuten noch gehabt hatte. Nein, sie trauen mir das nicht zu. Aber ich kann mich wehren. Ich kann ihnen beweisen, wie gut ich bin.
Kann ich das wirklich?

Niemand sah ihr den inneren Kampf an, als sie endlich sagte: »Warum soll ich sauer sein? Du bist wieder gesund ...«
»Aber du hast dich die ganze Zeit vorbereitet. Du kannst nein sagen.« Noch einmal bot sich Sandra die Möglichkeit, den anderen zu beweisen, was sie leisten konnte. Aber sie sagte: »Du bist wieder gesund.« Dann ging sie von den anderen fort, damit keiner ihre Enttäuschung sehen konnte. Sie setzte sich auf eine Bank, von der aus sie den Staffellauf gut beobachten konnte. Ob Nikky genauso aufgeregt ist, wie ich vorhin? Bitter dachte sie: Die anderen haben mich gar nicht gefragt. Sie haben einfach erwartet, daß ich zurücktrete. Ob sie meine Angst gespürt haben?

Selbstvertrauen 36

Micha setzte sich neben seine Schwester. »Find ich gemein. Dich einfach nicht laufen zu lassen, weil die wieder da ist.«
»Vielleicht hätte ich's gar nicht geschafft, Micha. Meine Beine waren wie Blei, und Luft hatte ich gleich gar nicht ...«
Sandra unterbrach, weil die ersten Läuferinnen für den Staffellauf gestartet waren. Vergessen war die Bitterkeit, die sie noch vor Minuten befallen hatte. Sie lief in Gedanken mit Nicky, die beim letzten Stabwechsel dran war: Schneller, schneller! Um Bruchteile von Sekunden ging es. Nicky und die drei anderen hatten es geschafft. Ohne mich, dachte Sandra jetzt wieder. Mit mir hätten sie nicht gewonnen.
Nicky kam zu ihr. »Danke, Sandra. Ich hätte nicht gedacht, daß du mich laufen läßt.«
»Du bist besser als ich«, gab Sandra zu. »Und darauf kam es an.« »Und was kannst du besser als ich?« Sandra sagte ernst: »Findet es doch heraus.«

Selbstvertrauen 37

Biblischer Bezug: 1.Korinther 12, 1-11
Biblische Erläuterung: Gott gibt den Menschen verschiedene Fähigkeiten.

Kreativer Zugang: 102, 103, 107, 178, 184

Inhalt: Pascal ist ein kleiner, manchmal recht schmutziger, dafür aber sehr patenter Erstkläßler, dem das Lesen und Schreiben schwerfällt. Es dauert lange, bis ihn seine Lehrerin in ihr Herz schließt und seine Fähigkeiten erkennt.

Fähigkeiten

Schule

Anerkennung

Annehmen

Werte

Pacci Patent

Erzählung von Rolf Krenzer

Eigentlich heißt er Pascal Fuhrländer, aber alle nennen ihn nur Pacci Patent. Nur Frau Luxor nennt ihn so, wie er wirklich heißt: Pascal. Aber sie muß es sicher auch so tun. Schließlich ist sie Lehrerin und führt das erste Schuljahr. Pacci hat große Schwierigkeiten mit dem Schreiben und Rechnen, das er nun in der Schule lernen soll. Noch schwerer fällt es ihm, so lange an seinem Tisch stillzusitzen, bis der Unterricht endlich vorbei ist. Gut, daß es wenigstens die Pausen gibt. Dann rast Pacci mit den anderen über den Schulhof, bis er ganz außer Puste ist. Aber dann ist auch die Pause leider schon wieder vorbei. Zuerst hat Frau Luxor oft mit Pacci geschimpft, weil seine Hefte so verschmiert und voller Eselsohren waren und er auch manchmal einfach vergessen hat, seine Hausaufgaben zu erledigen.
»Ich hatte so viel Wichtiges zu tun!« entschuldigte er sich.
»Die Hausaufgaben sind am allerwichtigsten!« antwortete Frau Luxor streng und merkte zum Glück nicht, daß Pacci seinen Kopf schüttelte.

So kam es leider immer wieder vor, daß Pacci ganz unglücklich an seinem Tisch saß und unter sich blickte, während Frau Luxor vor ihm stand, schimpfte und ihm Vorwürfe machte, daß er wieder nichts getan hatte.
»Pascal, so lernst du nie lesen und schreiben!« sagte sie mit rotem Kopf. »Und rechnen erst recht nicht!«
»Was kann denn nur für dich so wichtig gewesen sein«, fragte sie neulich, »daß du wieder keine einzige Rechenaufgabe erledigt und nicht ein einziges Wort geschrieben hast?«

Ich habe doch Licht in den Hühnerstall gelegt!« antwortete Pascal leise. Zunächst blieb es ganz still in der Klasse, aber dann prusteten die anderen Kinder los. Und Frau Luxor ärgerte sich ein bißchen. Sie meinte nämlich, Pacci wollte sie auf den Arm nehmen. »Für so etwas bist du noch viel zu klein!« brummte sie, als sie mit festen Schritten zur Tafel ging.
»Ich kann es aber!« rief Pascal hinter ihr her.
»Dann melde dich beim Patentamt an!«
Was wußte damals Frau Luxor schon von Pacci Patent? Pacci machte sich nichts daraus und grinste nur. Einmal war Paccis Schreibheft so schmierig und schwarz, daß Frau Luxor entsetzt die Hände über dem Kopf zusammenschlug.
»Hast du mit dem Heft in einer Pfütze gelegen?« fragte sie und freute sich ein bißchen, als die anderen Kinder über ihren Witz lachten.
»Ich habe zuerst den Rasenmäher wieder ganz gemacht und dann noch Onkel Philipps Motorrad repariert!» antwortete Pacci schüchtern und betrachtete verschämt seine Hände und Fingernägel, die immer noch recht schmierig wirkten und schwarze Ränder hatten.

Selbstvertauen

»Du bist wirklich ein patenter Junge!« sagte Frau Luxor und glaubte ihm kein Wort. Dann holte sie ihn zur Tafel und diktierte ihm zwei Wörter, die er richtig anschreiben sollte. Pacci gab sich viel Mühe. Langsam und bedächtig schrieb er mit großen Buchstaben »Main Frischdig« an die Tafel.
»So viele Fehler in zwei Wörtern hat noch keiner geschafft«, meinte Frau Luxor und schrieb ganz dick ›Mein Frühstück‹, so wie es richtig geschrieben wird, über das, was Pacci verbrochen hatte. »Laß es dir auf dem Patentamt als Patent anmelden!« keifte sie und drückte Pacci den Schwamm in die Hand.

Pacci Patent!« riefen die anderen Kinder und lachten. Nur Sven und Simon nicht. Sie waren nämlich Paccis beste Freunde.
Später ärgerte sich Frau Luxor über sich selbst, weil sie sich wieder einmal über den kleinen Pascal lustig gemacht hatte. Er war der schwächste Schüler im Schreiben, und sie hatte ihm das schwerste Wort aus dem Lesetext diktiert. »Er hätte ja auch einmal etwas üben können!« tröstete sie sich dann. Aber am nächsten Tag ärgerte sich Frau Luxor noch mehr.

Sie hatte ihren Autoschlüssel im Auto stecken lassen und die Tür verriegelt und zugeschlagen. Jetzt steckte der Schlüssel drin, und sie kam nicht mehr hinein. Ein paar Lehrer versuchten, ihr zu helfen. Einer wollte sogar das Schloß aufbrechen, doch sie schafften es alle nicht.
Da kam zufällig Pacci vorbei, guckte ein bißchen zu, ging ein bißchen fort und kam dann mit einem dünnen Draht zurück. Bevor Frau Luxor ihn festhalten konnte, hatte er den Draht bereits in den Fensterrahmen geklemmt. Mit etwas Geschick brachte er es fertig, das Fenster so weit hinunterzudrücken, daß er seine Hand durchstecken und von innen die Tür öffnen konnte.
»Wie hast du das nur geschafft?« fragte ihn Frau Luxor und konnte es nicht fassen. »Mein Patent!« meinte Pacci schlicht und ging neben ihr her zur Klasse.

Von diesem Tage an war Frau Luxor ganz anders zu Pacci als vorher. Der kleine strubbelige Junge mit den immer schmutzigen Händen konnte zwar nicht so gut lesen und rechnen wie die anderen in seiner Klasse. Dafür konnte er aber Sachen, die weder sie noch ihre Schülerinnen und Schüler konnten.
War ein großes Bild aufzuhängen, zauberte Pacci einen Hammer herbei und holte den richtigen Nagel aus seiner Hosentasche. Und als der neue Schreib- und Spielcomputer in der Klasse aufgestellt wurde und prompt am nächsten Tag nicht funktionierte, da hatte Pacci ihn bereits repariert, bevor der Hausmeister den Kundendienst geholt hatte.

Frau Luxor begann, diesen kleinen, manchmal recht schmutzigen, dafür aber so patenten Jungen in ihrer Klasse immer lieber zu haben. Sie staunte nur noch darüber, was er alles fertigbrachte, und glaubte ihm schließlich auch seine Entschuldigungen, wenn er wieder einmal seine Hausaufgaben vergessen hatte.
»Vielleicht ist das, was er kann, viel wichtiger für ihn als das, was er hier unbedingt lernen soll!« dachte sie und drückte oft beide Augen zu. »Vielleicht nicht nur für ihn, sondern auch für uns alle!«

Zum Glück gibt es in den ersten beiden Schuljahren noch keine Noten. Frau Luxor hätte nicht gewußt, welche Noten sie ihm für Schreiben, Lesen und Rechnen hätte geben sollen.
»Ich lerne es bestimmt auch noch!« meinte Pacci und sah sie dabei so hoffnungsvoll und treuherzig an, daß Frau Luxor ihm auch das glaubte. Dann machte er sich daran, den Wasserkran über dem Handwaschbecken, der mit seinem ständigen Tropfen seit Tagen den Unterricht störte, auseinanderzuschrauben. Als er ihn dann wieder zusammengeschraubt hatte, tropfte der Kran nicht mehr.

Vor den Osterferien nahm sich Frau Luxor Pacci noch einmal allein vor. »Pacci!« sagte sie. Ja, wirklich: »Pacci!«
»Pacci, was können wir nur tun, damit du nicht immer der allerletzte in der Klasse bist?! Wenn du doch ein bißchen mehr Zeit für das hättest, was du in der Schule lernen mußt!«
»Ich habe jetzt mehr Zeit!« antwortete Pacci.
»Versprichst du mir, daß du dir jetzt wirklich Mühe gibst?« fragte Frau Luxor und sah ihn bittend an.
»Mein Opa ist doch gestorben!« Pacci räusperte sich.
»Er kann mir nicht mehr zeigen, wie alles funktioniert!«
»Es steht aber auch in den Büchern drin!« sagte Frau Luxor.
»Ich weiß!« Pacci nickte.
»Und wenn du schneller lesen kannst ...« begann Frau Luxor, als Pacci sie bereits unterbrach.
»Ich versprech es dir!« sagte er und reichte ihr die Hand.
»Ihnen!« verbesserte sie.
»Nein, nur dir!« sagte Pacci und drückte ihr die Hand, so fest er nur konnte.
»Aber du mußt mir auch etwas versprechen!« sagte er dann.
Sie nickte.
»Fahr heute noch in die Werkstatt!« sagte Pacci.
»Mit deinem Auspuff stimmt etwas nicht!«
Er zuckte mit den Schultern und sah sie verschämt an.
»Du kannst nicht so lange warten«, sagte er dann verlegen, »bis ich lesen kann, wie man Auspuffe repariert.«

Biblischer Bezug: Matthäus 25, 40
Biblische Erläuterung: Jesus sagt: »Was ihr für einen meiner geringsten Brüder getan habt, das habt ihr für mich getan.«
Kreativer Zugang: 109, 112, 113, 114, 115, 116, 117, 125, 131, 132, 133, 134, 135, 153, 154, 155, 156, 159, 160, 161, 165, 171, 178, **179,** 187, 191, 193
Inhalt: Kai ist erschrocken über die nächtliche Zerstörung eines türkischen Ladens. Er hört eine alte Frau von der Kristallnacht reden. Er will wissen, was das war.

Ausländer/-in

Fremde

Fremdsein

Helfen

Rassismus

Recht

Gewalt

Nächstenliebe

Alle Menschen sind gleich

Erzählung von Elisabeth Zöller

Ich kann heute meine Brötchen nicht bei Özan einkaufen. Bei Özan ist was passiert.
Ich war am Morgen losgezogen, war sogar ein bißchen brummig, weil ich Brötchen holen sollte. »Warum kann Kai die nicht holen?« hatte ich gemault.
Als ich mit meinem Geld um die Ecke kam, sah es erst ganz komisch aus. Überall lagen Glassplitter auf dem Boden. Da war ich erschrocken, denn ich sah in Özans Laden eine kaputte Schaufensterscheibe. Erst dachte ich, es hätte einer aus Versehen einen Stein in die Scheibe geworfen. Aber dann sah ich, daß alle Scheiben kaputt waren. Da bin ich erst mal stehengeblieben. Ich war schockiert. Das konnte kein Zufall sein. Ich habe mit dem Brötchengeld in der Hosentasche geklimpert. Ich hatte kapiert. Da bin ich ganz schnell zu Özan gegangen und hab ihm geholfen.

Er ist doch mein Freund. Morgens kauf ich immer unsere Brötchen bei ihm. Er steht jeden Morgen um 7.30 Uhr im Lebensmittelladen seines Vaters und verkauft frische Brötchen.
In der Schule sitzt er hinter mir. Und nachmittags spielen wir oft Fußball zusammen. Özan ist der beste Fußballspieler unserer Klasse, und ich bin froh, daß er mit mir trainiert. Ich bin nämlich nicht gut.
Ich hab mal gehört, wie eine Nachbarin zu Mama gesagt hat, Özan sei kein Umgang für mich. Aber Mama hat gesagt: »Alle Menschen sind gleich!« und ist weggegangen. »Na, na«, hat die Nachbarin gesagt. Sie war irgendwie beleidigt. »Sie werden sehen«, hat sie hinterhergerufen, »es gibt bald wieder andere Zeiten bei uns.«
Ein bißchen wütend klang das. Daran denk ich jetzt. Das fällt mir plötzlich ein. Und ich helfe Özan, die Scherben aufzusammeln. Ich glaube, er weint. Wenn auch mehr innen, er hat auf jeden Fall ganz verschwollene Augen.
Dann hab ich mich aufgerichtet und hab es gelesen, was sie hingeschrieben haben oben an die Tür.
»Ausländer raus«, und an der andern steht »Pack«. Einfach das Wort »Pack«. Ich weiß nicht genau, was das bedeutet, aber ich glaube, es ist ein gemeines Wort. Ein sehr gemeines Wort, genauso gemein wie »Ausländer raus«.

Ich hab auf einmal den großen Brötchenkorb gesehen. Er stand in der Ecke und war noch ganz voll. Aber die Brötchen mußten doch verkauft werden! Da hab ich mich hingestellt und Özans Brötchen verkauft. Er hat mir freundlich zugelächelt. Da haben seine Augen schon wieder anders ausgesehen. Und er sammelte weiter Scherben auf.
Ich stehe und verkaufe. Das macht Spaß, und ich werde Özan auch weiter helfen!
Da hör ich Frau Müllers Stimme. Sie kommt aus der Getreidegasse hierher.
»Es war laut heute nacht«, sagt sie.
»Sie sind auf Motorrädern gekommen und haben einen furchtbaren Krach gemacht. Sie haben mit Stöcken und Steinen auf die Scheiben geschlagen und einer hat die Farbe aufgepinselt.
›Weiter‹, hat dann einer gerufen. ›Zum nächsten.‹
Und sie sind auf ihren Motorrädern weitergebraust.«

»Geht das denn schon wieder los?« sagt die alte Frau Kümper.
»Das darf nicht noch einmal kommen. Ich weiß das noch wie heute, wie das in der Kristallnacht gewesen ist. Damals waren es die Juden, heute sind es die Ausländer, und morgen sind wir vielleicht dran. Die brauchen doch nur einen Sündenbock, auf den sie alles schieben. Da müssen wir doch was tun!«
Ich höre ihre Stimme ganz laut. Ich habe jetzt fast alle Brötchen verkauft.

Ich will Mama zu Hause fragen, was die Kristallnacht ist. Ich weiß es nämlich nicht. Aber es muß etwas sehr Schlimmes gewesen sein. Und das erzählen die Erwachsenen oft nicht, weil sie meinen, wir könnten das Schlimme nicht vertragen. Dabei wird es doch viel, viel schlimmer, wenn wir nichts wissen! Ich gebe Özan das Brötchengeld. Ich sag ihm, daß ich ihm nach der Schule wieder helfen will. Auch wenn unsere Nachbarin sagt, er wäre kein Umgang für mich. Vielleicht können wir sogar ein bißchen Fußball spielen. Und Mama sagt ja auch: »Alle Menschen sind gleich.«
Aber erst muß ich jetzt fragen, was in der Kristallnacht war, damit ich das weiß und damit ich was dagegen tun kann. Damit es nicht wieder andere Zeiten gibt bei uns.

38 Solidarität

Da merk ich, daß ich mein Geld noch in der Tasche hab. Ich hab keine Brötchen für uns gekauft. Ich hab meine eigenen Brötchen vergessen. Ich klimper mit dem Geld in der Tasche. Ich werde es Mama erklären, und sie muß mir dann alles erklären.

Damit es nicht wieder andere Zeiten gibt bei uns oder eine Kristallnacht. Darum muß Mama mir alles erklären. Und damit das Schlimme nicht noch schlimmer wird für uns Kinder, weil uns keiner das Schlimme erklärt.

39 Teilen

Ferien

Geschenke

Freundschaft

Anders(sein)

Biblischer Bezug: Matthäus 25, 40

Biblische Erläuterung: Jesus sagt: »Was ihr für einen meiner geringsten Brüder getan habt, das habt ihr für mich getan.«

Kreativer Zugang: 102, 106, 108, 109, 110, 111, 112, 115, 116, 121, 122, 123, 134, 135, 136, 137, 138, 139, 145, 146, 147, 154, 159, 160, 162, 163, 169, 170, 171, 179, 184, 186, **187, 188,** 191, 208, 213

Inhalt: Klaus macht mit seinen Eltern in einem südlichen Land Badeferien. Der Fischerjunge Sami schenkt ihm eine Kokosnuß. Daraufhin überlegt die ganze Familie, wie sie diesem Jungen helfen kann.

Die Kokosnuß

Erzählung von Laura Wiener

Gib mir die Schaufel!« »Und was kriege ich? Erst bring mir was Kaltes zu trinken!« Klaus guckte seine kleine Schwester erbost an, die unter den Palmen spielte. Seine schneeweiße Sandburg war fast fertig. Es fehlte nur noch der Graben zum Meer. »Na gut, ich kaufe Getränke. Wer will was?« »ICH, ICH, ICH« riefen Mutter, Vater und Sarah gleichzeitig. Klaus holte tief Luft und rannte so schnell er konnte durch den glühenden Sand. Endlich erreichte er den kühlen Erdweg. Ringsherum standen kleine Holzhäuser. Da bemerkte er, daß ihn ein sonnengebrannter Junge anlachte, der hinter einem Tisch voller Fische und Kokosnüsse stand. »Hello! Heiß, was? Du rennst wie ein Hase.« »Hello! Gibt's hier einen Kiosk?«
»Ja, dort! Bist du Tourist?« »Ja, aus Deutschland. Ich bin der Klaus. Und wie heißt du?« »Sami. Ich bin Fischer: Guck dir diesen Fang an!«

Sami grinste: »Heute ist ein Glückstag! Wir haben Delphine gesehen und sind ihnen gefolgt. Wo Delphine sind, gibt's oft Schwärme von Fischen. Hoffentlich kann ich alles verkaufen.« »Delphine, toll! Und du mußt nicht in die Schule gehen?« fragte Klaus begeistert.
»Leider nicht!« Sami blickte ihn traurig an. »Ich wünschte, ich könnte, aber es kostet Schulgebühren, und ich habe keine Schuluniform.« »Warum kaufst du keine und bezahlst die Gebühren?«
»Dafür braucht man Geld.« Sami begann zu erzählen. »Mein Vater war Fischer, bis der Wirbelsturm kam. Sein Schiff, unser Haus, alles wurde weggeblasen. Zum Glück haben Onkel und Tante uns sehr geholfen. In ihren zwei Zimmern wohnen wir jetzt. Zehn Kinder und vier Erwachsene! Mein Onkel nimmt meinen Vater und mich auf seinem Boot zum Fischen mit.«

Klaus guckte Sami hilflos an. Er wußte nichts zu sagen. Sami stieß ihn an die Schulter. »Ist alles nicht so schlimm. Hier, nimm das, ein Geschenk! Es ist gut gegen Durst.«
Sami gab Klaus eine Kokosnuß. »Und was kostet die?« fragte Klaus.
»In meinem Land zahlt man nicht für Geschenke«. Sami lächelte, und seine Augen leuchteten. »Goodbye.«
»Danke, Goodbye.« Klaus rannte zu seiner Familie zurück.
»Wo warst du so lange? « piepste Sarah.
Klaus erzählte von Sami, mit dem er sogar Englisch gesprochen hatte, und zeigte stolz die Kokosnuß.
»Und du hast dafür nichts bezahlt?« fragte die Mutter empört. »Ich habe dir doch Geld gegeben!«
»Aber sie ist ein Geschenk«, stammelte Klaus. »Sami war doch so glücklich, als er mir die Kokosnuß gegeben hat. Aber du hast recht. Er hat wenig Geld und muß hart arbeiten.«
»Vielleicht könnten wir Sami helfen«, schlug sein Vater vor. »Aber wie?« überlegte Klaus. »Ich werde meinen Freunden und Lehrern in Berlin alles erzählen.«

Ihr könntet vielleicht ein Theaterstück aufführen und so Geld für seine Schuluniform und die Schulgebühren sammeln«, sagte die Mutter.
»Oder sogar für ein neues Fischerboot!« rief Klaus begeistert.
»Guter Plan«, sagte der Vater. »Mein Bauch und ich wollen auch etwas vorschlagen. Ich habe nämlich so einen Hunger, daß ich einen Wal verschlingen könnte. Sardinen wären auch nicht schlecht. Hier nimm das Geld und kauf Fische von Sami. Wir werden am Strand grillen.« Klaus strahlte übers ganze Gesicht.
»Bis gleich.«
»Warte«, rief Sarah, »ich komme mit.«
»Gut, laß uns gehen.« »Und übrigens«, sagte der Vater, »wir haben immer noch Durst, und ich weiß nicht, wie wir an die Kokosmilch herankommen. Frag Sami, oder besser noch, lade ihn ein.«

Biblischer Bezug: Offenbarung 21, 4

Biblische Erläuterung: »Gott wird abwischen alle Tränen. Es wird keinen Tod mehr geben und keine Traurigkeit, keine Klage und keine Quälerei mehr. Was einmal war, ist für immer vorbei.«

Kreativer Zugang: 101, 102, 109, 110, 115, 123, 136, 137, 138, 139, 154, 156, 157, 158, 169, 170, 171, 186, **189, 190, 191, 192, 193,** 208, 211, 213

Inhalt: In der letzten Religionsstunde hatte die Lehrerin gesagt: »Im Himmel gibt es keine Tränen und keine Schmerzen.« Nach dem Unfalltod ihrer Freundin Anne, die mit Kinderlähmung im Rollstuhl saß, versucht Corinne sich zu trösten. Anne war so voller Lebensfreude gewesen.

Freundschaft

Lebensfreude

Sterben

Trauer

Tränen

Hoffnung

Erinnerung

Ewigkeitssonntag

Vielleicht kann Anne jetzt laufen

Erzählung von Christa Schlüter

Vorsichtig drückte Corinne die Klinke hinunter und schlüpfte durch die hintere Eingangstür ins Haus. Wie gewöhnlich war die Tür unverschlossen, ebenerdig führte sie vom Garten in Schneiders Wohnung. Zwei Jahre lang hatte sie fast täglich den Rollstuhl der Freundin hier hineingeschoben, jetzt stand dieser verbeult und verwaist neben der Kellertreppe. Corinne streifte ihn mit scheuem Seitenblick. Sie hätten ihn mit Anne begraben sollen, schoß es ihr durch den Kopf. Dann lief sie den langen Korridor entlang; der Kokosläufer dämpfte ihre Schritte.

Annes Mutter, die im Wohnzimmer am Fenster saß, hatte nicht gehört, daß jemand ins Haus gekommen war. Sie bemerkte auch nicht, daß Corinne ins Zimmer trat. Erst als das Kind direkt neben ihr stand, fuhr sie ein wenig erschrocken auf, reichte ihr die Hand und seufzte: »Ach, Corinne!« Große Traurigkeit lag in Frau Schneiders Stimme.
Zaghaft streichelte Corinne ihre Hand und sagte leise: »Nicht so traurig sein. Vielleicht kann Anne jetzt laufen.«
Verständnislos schaute Frau Schneider ihren Besuch an. »Was hast du gesagt?« fragt sie, als hätte sie sich verhört, und Corinne wiederholte eifrig: »Vielleicht kann Anne jetzt laufen. Dr. Gutemann glaubt es, das hat er gesagt. Sie können sich darauf verlassen.« Erklärend fügte sie hinzu: »Ich habe ihn am Grab getroffen. Wir haben beide Anne einen Strauß gebracht.«

Dr. Gutemann war der Hausarzt von Familie Schneider, und auch Corinne gehörte zu seinen Patienten. Bei allen Kinderkrankheiten hatte er sie betreut. Sie mochte ihn gut leiden, obwohl er schon ein älterer Herr war. Aber er sprach mit Kindern wie mit Erwachsenen. Das gefiel ihr. Auch auf dem Friedhof hatten sie sich unterhalten. Vorher hatte er ihr sein Taschentuch geliehen, um die Tränen und die Nase abzuwischen. Sonst könnte man nicht vernünftig sprechen. Corinne versuchte jetzt, Frau Schneider zu erzählen, was er gesagt hatte. »Frau Schneider«, begann sie, »das ist nämlich ganz toll. Er hatte mal einen Patienten, der war vorher tot gewesen. Vielleicht nicht ganz«, verbesserte sie sich, »aber beinah. Der Doktor hat ihn wiederbelebt, und danach – Sie werden es nicht glauben – war der Mann gar nicht froh. Er hat sich sogar beschwert: ›Hätten Sie mich da gelassen, wo ich war. Dort war es so schön‹.«

– Corinne unterbrach sich und blickte Frau Schneider an; sie wollte sehen, welchen Eindruck ihre Erzählung auf sie machte. »Ehrenwort«, bekräftigte sie jetzt, »das hat er gesagt. Er hat immer von Drüben gesprochen. Aber man könnte nicht beschreiben, wie es dort sei: alles voller Licht und irgendwie so leicht.« Corinne machte wieder eine Pause. Sie wunderte sich, daß Frau Schneider weiterhin schwieg. Sie wollte sie doch gerne trösten. Corinne wußte nicht, was sie noch sagen sollte. Verlegen strich sie Frau Schneiders Kleid, dann ging sie hinaus. Seit dem Unfall von Anne beschäftigte sich Corinne in Gedanken oft mit dem Tod. Manchmal tat ihr der Kopf weh vom Nachdenken. Was sollte sie glauben? Fräulein Diehl, die Religionslehrerin, sprach vom großen Schlaf, aber Herr Heinrich, der Fotograf, vor dessen Laden Anne am Freitag in das Auto gefahren war, erklärte: »Tot ist tot, da beißt die Maus keinen Faden ab.« Aber er behauptete auch: »Das arme Kind hatte sowieso keine Freude am Leben.« Und das stimmte nicht, Corinne wußte es besser. Anne war fast immer guter Dinge gewesen. Manchmal hatte sich Corinne darüber gewundert, doch Anne erklärte immer: »Einen Trauerkloß kann niemand leiden.« – Alle in der Schule mochten Anne gern. Ihre Eltern hatten darauf bestanden, daß sie in eine »normale« Klasse kam.

Hundert Kleinigkeiten erinnerten Corinne täglich an Anne. Jetzt gerade, als sie nach dem Besuch bei Frau Schneider durch das Loch im Gartenzaun zum eigenen Elternhaus hinüberschlüpfte, fiel ihr die erste Begegnung mit der Freundin ein. In den Sommerferien, kurz nach dem Einzug von Schneiders war es. Eines Morgens entdeckte Corinne vom eigenen Balkon aus ein gleichaltriges Mädchen im Nachbargarten. Sie konnte nicht aufhören, hinüberzugucken, so ungewöhnlich war der Anblick. Das Mädchen spielte im Rollstuhl Ball.

Ganz allein für sich warf es den Ball gegen die Hauswand und fing ihn wieder auf, wenn er von dort zurückprallte. Manchmal verfehlte es ihn, doch dann angelte es ihn geschickt mit einem Stock, an dem ein Netz befestigt war. Plötzlich rollte der Ball unters Gebüsch, und das Mädchen schaute ihm bedauernd nach. –

»Warte, ich hole ihn«, rief Corinne, und damit begann ihre Freundschaft. »Ich heiße Corinne.« – »Und ich heiße Anne.« So stellten sie sich einander vor, nachdem Corinne durch das Zaunloch gekrochen war. Sie brachte Anne den Ball, und dann schwatzten sie eine Weile. »Wie lange mußt du schon im Rollstuhl sitzen?« fragte Corinne, und Anne schilderte die große Klinik, in der sie viele Monate gelegen hatte. Kinderlähmung hatte ihre Beine so dünn und kraftlos gemacht, daß die Ärzte erklärten: sie müßte ihr Leben lang im Rollstuhl fahren. Corinne nickte, aber dann mußte sie erzählen. Anne wollte wissen, wer vor ihnen hier im Haus gewohnt hätte. Das war ein älteres Ehepaar mit einem grauen Pudel, der gestrickte rosa Höschen trug. Anne lachte laut.

Und nun lag Anne auf dem Friedhof. Bis zum heutigen Tag war dieser Gedanke Corinne unerträglich. Aber was Dr. Gutemann vorhin gesagt hatte, klang nicht nach kaltem, dunklem Grab, wenn auch geheimnisvoll und rätselhaft. Hell und leicht – wie sollte sie sich das vorstellen? Sie hatte den Doktor gefragt, ob Anne wohl jetzt laufen könnte, und er hatte geantwortet: »Ich glaube es.« – Corinne stellte sich die Freundin auf einer Blumenwiese vor, wo sie Ball spielte ohne Rollstuhl. Plötzlich fiel ihr die Schneeballschlacht ein, im letzten Winter, Klasse B gegen A. Anne saß im Rollstuhl, ein bißchen abseits, aber sie schrie mit: »A-Kläßler, Tintenfäßler« Dann war ihr, Corinne, eine Idee gekommen. Wozu gab es Putzeimer? Bis zum Rand mit Schnee gefüllt, stellte sie ihn Anne auf den Schoß, rollte den Stuhl mitten unter die Kinder, und nun warf Anne auch mit Schneebällen um sich, sie zielte gut. Corinne sah ihr lachendes Gesicht vor sich.

Einmal hatte Corinne die Freundin weinen sehen und war darüber sehr erschrocken. Sie erinnerte sich.
»Willst du wirklich mitgehen?« hatte Frau Schneider Anne gefragt, als Corinne sie zum Sportfest abholte. »Natürlich«, lautete die Antwort. »Zuschauer sind wichtig, sie müssen anfeuern.« Und sie hatte stolz hinzugefügt und Corinne dabei angesehen: »Nicht wahr, ich kann laut schreien.« Danach waren sie zum Sportplatz gefahren. Einen Spitzenplatz hatten sie Anne reserviert, vor der Tribüne, gleich an der Ziellinie. »Ich halte die Daumen«, winkte sie Corinne zu, genauso aufgeregt wie Corinne selbst, die die letzte Läuferin in der Staffel A gegen B war.
Es war ein Tag wie im Bilderbuch: wolkenloser blauer Himmel, rings um den Sportplatz wehten Fahnen. Auf den Rängen saßen und standen Eltern und Schüler, schwenkten Fähnchen und klatschten Beifall, als Corinne als Siegerin durchs Ziel lief. Geschafft, geschafft – begeistert riß sie Arme hoch. Überglücklich rannte sie zu Annes Rollstuhl und sah, daß Tränen über das Gesicht der Freundin rannen. Bestürzt fragte sie: »Was hast du?« – Anne versuchte zu lächeln. »Gratuliere«, sagte sie, während sie mit dem Handrücken über die nassen Backen wischte. Dann legte sie ihren Arm um die Schulter von Corinne und log: »Freudentränen über den Sieg.«

In der letzten Religionsstunde hatte Fräulein Diehl gesagt: »Im Himmel gibt es keine Tränen und keine Schmerzen.«
»Ich glaube, daß Anne jetzt laufen kann«, sagte Corinne laut zu sich selbst, als sie mit ihren Gedanken an diesem Punkt anlangte. Weil sie trotzdem wieder mit den Tränen kämpfen mußte, fügte sie hinzu: »Es ist ja nur der Abschied, der weh tut.«

Biblischer Bezug: Matthäus 7, 1-5
Biblische Erläuterung: Ihr werdet mit demselben Maß gemessen werden, das ihr bei anderen anlegt.

Kreativer Zugang: 109, 117, 151, 154, 171, 172, 173, 174, 175, 176, 177, 180, **194, 195, 196, 197, 198, 199, 200, 201, 202, 203, 204,** 210

Inhalt: Ole ärgert sich über den Nachbarn Kall, der Unterschriften gegen eine geplante Müllkippe sammelt, sonst aber nichts zum Schutz der Umwelt tut.

Glaubwürdigkeit

Verantwortung

Ehrlichkeit

Unglaubwürdig

Erzählung von Fried Noxius

Na, paßt du auch gut auf in der Schule?« Herr Kall fragte es und lächelte dünn. Ob er wohl immer aufgepaßt hatte früher? Ole ärgerte sich. Er nickte stumm und verkniffen. Mußte dieser Herr Kall andauernd belehren?
Der bestieg unterdessen sein großes Auto, betätigte ausgiebig den Anlasser, trat ein paarmal kräftig aufs Gaspedal und ließ den Motor einige Zeit im Leerlauf drehen. Es stank. »Einen Kat hat er auch nicht«, stellte Ole fest. »Bei diesem Schlitten!«

Am Abend gab es eine Überraschung. Herr Kall kam. »Darf ich reinkommen?« fragte er, wartete Oles Antwort jedoch nicht ab. »Na, alles klar?« fragte er forsch und wedelte mit einem grünen Zettel, dabei setzte er eine wichtige Miene auf. Das konnte er gut. »Ich komme in Sachen Umwelt«, verkündete er. »Einer muß ja aktiv werden. Sie unterschreiben doch auch? Wir machen Front gegen die neue Müllkippe«, erklärte er Oles Mutter, die mit Kathrin hereinkam, Oles Schwester.

Front! Wie das klang! So markig! »Die ausgebaggerte Kiesgrube muß erhalten bleiben. Für die Tiere dort«, ließ Herr Kall verlauten. »Und wo soll der neue Müll hin?« fragte Ole scheinheilig. »Weiß ich nicht. Ist auch nicht mein Bier. Das ist Sache der Behörde«, erwiderte Herr Kall patzig. Aha, so war das. Die Behörde machte das. Dazu war sie da. Eine Art Zauberin, die alles konnte. Die Eltern sahen sich an. »Schade wäre es um die Kiesgrube schon«, meinten sie und unterschrieben. »Wieder zwei«, strahlte Herr Kall und reckte sich. »Umwelt muß sein, Natur. Vorhin war ich noch mit Hasso im Wald. Nicht auf einem langweiligen Weg, sondern querbeet. Durch Dick und Dünn. Links Grün, rechts Grün. Das muß so bleiben. Also dann!« Er ging. »Altes Ekel!« Ole knirschte mit den Zähnen.

Beim Abendessen kaute Ole noch daran. »Wohin soll denn der Müll dann?« wollte er wissen, hartnäckig. »Zu den Nachbarn natürlich«, stichelte Mutter. Aha, das war es wohl: wir nicht, aber die anderen. »Die wollen aber auch nicht«, spann Kathrin den Faden weiter. »So ist es«, bestätigte Vater. »Früher habt ihr den Müll oben an den See gebracht. Auch der Herr Kall«, zürnte Ole. »Du scheinst unseren Nachbarn nicht zu mögen«, sagte Vater. »Warum?« »Der ist scheinheilig!« entrüstete sich Ole. »Sein stinkiges Auto läßt er früh im Leerlauf röhren. Und einen Kat hat er auch nicht. Quer durch den Wald rennt er, mit Hund, und gibt sogar damit an. Scheucht das Wild auf, zertrampelt Pflanzen!« schob er hinterdrein. »Hat sich was mit Umwelt. Wetten, daß der noch viel mehr verbockt?«

Du hast ganz schön gemeckert«, sagte Kathrin später zu Ole. »Hab ich, ja«, gab der zu. »Und ich werde dem Umweltfreund auf die Finger sehen!«
Zu guter Letzt war allerlei zusammengekommen »in Sachen Umwelt«: Kalles warfen Flaschen in ihre Mülltonne, obwohl es eine besondere für Glas gab, alle Plastikbeutel auch. Spraydosen sammelten sich, die FCKW enthalten hatten, jenes Treibgas, das sich so gemein unsichtbar in die Lüfte erhob und oben die Schicht zerstörte, die gegen die ultravioletten Strahlen der Sonne schützte, sogar eine Taschenlampenbatterie, dazu Büchsen mit Farbresten. So eine Gemeinheit! »Die Kalles sind scheinheilig«, faßte es Ole zusammen. »Denen kann man nichts glauben. Von der Natur haben sie sowieso keine Ahnung«, rechnete er vor. »Nistkästen in ihrem Garten? Fehlanzeige. Die Hecke spritzen sie mit Gift. Hier, alles notiert. Auf einem grünen Zettel. Den klebe ich Kalles an die Haustür.« »Lieber nicht«, riet aber Kathrin. »Leg' ihn den Eltern heute abend auf den Tisch.«

Vater schaute abwechselnd Ole und Kathrin an und holte dann tief Atem. Schweigend schob er Mutter den Zettel zu. »Fangen wir erst einmal bei uns selber an«, sagte er schließlich. »Bei dem vielen Spülmittel etwa, das bei uns für den Aufwasch ins Wasser kommt, bei dem Waschpulver zum Beispiel. Haben wir

41 Umwelt

in einer Gartenecke einen Komposthaufen? Aber nein doch. Der sieht nicht gut aus, meinen wir. Wie heißt es doch in der Bibel? Man sieht den Splitter im Auge des Nächsten, nicht aber den Balken im eigenen.« »Einen Balken? Einen Balken haben wir nicht, höchstens einen Splitter«, widersprach Ole. »Dem Herrn Kall glaube ich jedenfalls kein Wort mehr, kein einziges!« »Der meint es wahrscheinlich trotzdem gut«, entschärfte Mutter. Die Eltern waren sich aber klar darüber, daß Herr Kall nun unglaubwürdig geworden war. Zwischen seinen Worten und seinen Taten klafften Lücken.

42 Umwelt

Schöpfung

Verantwortung

Biblischer Bezug: 1.Mose 1, 1 - 2.4a

Biblische Erläuterung: Gott war es, er hat alles erschaffen!

Kreativer Zugang: 109, 117, 150, 151, 154, 171, 172, 173, 174, 175, 176, 177, 180, **194, 195, 196, 197, 198, 199, 200, 201, 202, 203, 204,** 210

Inhalt: Märchen der Indios.
Ein Indianerstamm wird von dem heißen Wind Zonta vernichtet, weil er mit der Mutter Natur böse umgeht.

Wovor der heiße Wind warnt

Märchen der Indios

Mitten in der Welt befindet sich der Jagdgrund Gran Chaco. Ein Indianerstamm hatte dort einst ein Lager aufgeschlagen. Der Platz war gut gewählt, denn ringsum gab es Tiere, Fische und Obst, so daß niemand im Lager Hunger leiden mußte.
Die Indianer hätten also zufrieden und glücklich leben können, und doch war es nicht so. Der Stamm hatte einen bösen und strengen Häuptling, der eifersüchtig alle Jagd- und Fischgründe bewachen ließ. Und wehe dem, der kam, eine Grundel zu fischen oder einen Hirsch zu jagen. Die Indianer waren mutige Kämpfer, doch bald, wie ihr Häuptling, voller Haß und Grausamkeit. Während des großen Fischzuges der Nachbarstämme schirmten sie die Flüsse ab, in der Reisernte überfielen sie ihre Nachbarn und stahlen ihnen die Ernte. Selbst der Hungrigen des Waldes erbarmten sie sich nicht. Verächtlich riefen sie ihnen zu: »Nehmt euch die Wurzeln des Umbu-Baumes, die ihr überall findet!«
Das Allerschlimmste aber war – auf ihren eigenen Jagdzügen erbeuteten diese Indianer vor allem die jungen Tiere, weil deren Fleisch am besten schmeckte.
Sicher fragt ihr euch, wie das geschehen konnte, sicher fragt ihr euch, was für ein Mensch der Häuptling war ...
Also hört gut zu!
Der Häuptling dieses Stammes hieß Huampi, das heißt »Der Vortrefflichste«, aber er war der Schlimmste der Schlimmen. Ohne Erbarmen ließ er, wo er hinkam, alles Lebendige vernichten. Auf seinen Befehl ritten seine Krieger in die Berge, raubten, mordeten und brannten alles nieder.

Nun lebte im Indianerlager auch ein alter Indianer, machtlos wie der Rauch über der Feuerstätte. Einen Namen hatte er nicht; man rief ihn einfach Alter. Nur wenige wußten noch, daß er einst den Jagdgrund Gran Chaco entdeckte und es durch seine Klugheit bewirkt hatte, daß der Stamm groß und mächtig geworden war. Der alte Indianer beobachtete mit großer Sorge das Treiben des bösen Häuptlings. Als er sah, daß dieser den Stamm unweigerlich ins Verderben führen würde, begab er sich zu ihm.
Lange stand der Alte vor dem Zelt des Häuptlings. Und dann – noch ehe der Schrei des Kojoten die Dämmerung herbeigerufen hatte, ertönte die Stimme des Häuptlings: »Hier bin ich!«
»Du bist im Zelt, und ich warte«, antwortete der Alte, wie es der Brauch war.
»Warum bist du gekommen?«
»Nur so«, antwortete der Alte, und er wußte, daß er nun in das Zelt eintreten durfte.

Der Häuptling maß ihn streng: »Was willst du, Alter?« Der Alte sagte leise: »Ich bewundere deine Jaguarweste, Huampi. Aber ist sie nicht aus dem Fell eines jungen Jaguars gefertigt?«
»Auf jeden Fall ist sie weicher als deine Lumpen, mit denen du meine Weste doch nicht etwa messen willst!« fiel der Häuptling dem Alten verächtlich ins Wort.
»Du tötest wehrlose Junge, Häuptling Huampi, das wird dir die Mutter Natur nicht verzeihen. Und die Hungrigen jagst du aus dem großen Jagdgrund.« Der Alte sprach weise und mutig. Der Häuptling aber schrie: »Wer hat dir erlaubt, von solchen Dingen zu reden? Geh mir aus den Augen, sonst endest du wie die Hunde am Pfahl, und du weißt wohl, was das zu bedeuten hat!«
Und der Alte wußte es, fütterte er doch die hungrigen Hunde, die keiner sonst im Indianerdorf beachtete.
»Ich gehe«, sagte der Alte zum Häuptling, und er verließ das Zelt mit gesenktem Kopf.

Die Worte des Alten waren auf unfruchtbaren Boden gefallen, ja, sie reizten den Häuptling gerade zum Widerspruch.
Noch am gleichen Abend lief er in den Jagdgrund Gran Chaco, riß wütend die Vogelnester von den Bäumen und erschlug die Tiere, die sich nicht schnell genug in Sicherheit bringen konnten.
Bald erreichte er die westlichen Berge, hinter denen sich die Sonne schlafen legt. Dort ließ er sich auf einem spitzen Felsen nieder.
Und dort sagte er flüsternd zu sich selbst: »Das ganze Gebiet unter dem Felsen gehört mir, denn ich bin der Stärkste von allen, und auch an meine Klugheit reicht keiner heran. Darum darf sich mir niemand widersetzen. Und wenn es mir gefällt, setze ich den ganzen Jagdgrund in Brand, und alle werden in den Flammen den Tod finden.«

Da erklang plötzlich eine Stimme, tief wie Donnerschlag – und bei jedem Wort tobten und schwankten die Felsen, wie das Laub im Wind.
»O Huampi, ich habe gehört, was du gesagt hast, und kenne alle deine Gedanken. Ich sehe, wohin du deinen Stamm führst. Doch ich warne dich! Vollbringst du noch eine einzige Missetat, dann wirst du im gleichen Augenblick für alle deine Taten büßen!«
»Wer bist du«, zitterte der Häuptling, der sich kaum mehr auf dem schwankenden Felsen halten konnte, und er vergrub sein Gesicht in seinen Händen, die vor Angst zitterten.
»Ich bin Pachamama, die Mutter der Natur«, donnerte die Stimme. Danach war kein Laut mehr zu hören.
Mit glühendem Gesicht schwankte Huampi ins Tal zurück und eilte dem Indianerlager entgegen. Große Angst trieb ihn zu immer größerer Eile und ließ ihn wieder und wieder zurückschauen. Ein Feigling war aus ihm geworden!

Doch als er die ersten Zelte erblickte und das wilde Geschrei im Lager vernahm, fand er seine Prahlsucht und seine höhnische Rede wieder.
»Wenn Pachamama auch mächtig ist, hier kann sie mir nichts anhaben«, rief er höhnisch. Und als Beweis seiner Behauptung trat er grob und böse einen Hund, der ihm freudig entgegengelaufen war.
Das Aufheulen des Hundes war noch nicht verklungen, da kam von den Bergen ein Wind, der brannte allen ins Gesicht, der wurde immer unerträglicher, der spie nach allen Seiten Feuer, und die Menschen suchten vergeblich Rettung. Es gab aber kein Entrinnen – von dem großmäuligen Häuptling blieb nur ein Häufchen Asche zurück, das der Wind erfaßte und fortwehte.
Einige Indianer stürzten sich in das Wasser des Flusses, sie glaubten, sich auf diese Weise retten zu können. Doch kaum hatten die Wellen sie erfaßt, stürzten sich wilde Tiere auf sie.
Der Alte aber war in die Krone eines Baumes geklettert. Und ihn tötete der glühendheiße Wind nicht!
Als es endlich still wurde, ließ der Alte sich wieder auf die Erde hinab, und er hätte für den Rest seines Lebens allein von dem Reichtum leben können, den seine bösen Stammesbrüder hinterlassen hatten.
Doch bald schon zogen Indianer aus anderen Gebieten in den Großen Jagdgrund ein, schlugen ihre Zelte auf und zündeten ihre Feuer an. Der Alte wurde ihr weiser und kluger Ratgeber, der die Schätze mit allen Indianern teilte – die wie Brüder miteinander lebten.
Pachamama aber, die nie mehr strafen mußte, warnt noch immer jeden, der im Gran Chaco lebt, sie schickt noch immer den heulenden und heißen Wind, den man Zonta nennt.

43 Umwelt

Schöpfung

Verantwortung

Biblischer Bezug: 1.Mose 1, 28-31
Biblische Erläuterung: Gott vertraut die Tiere der Fürsorge des Menschen an.
Kreativer Zugang: 109, 117, 150, 151, 154, 171, 172, 173, 174, 175, 176, 177, 180, **194, 195, 196, 197, 198, 199, 200, 201, 202, 203, 204,** 210
Inhalt: Eine deutsche Frau erfährt in Indien, wie die Bishnoi Tiere und Bäume schützen.

Kein Märchen

Erzählung von Hans Hoffmann

Was wir im folgenden berichten wollen, klingt wie ein Märchen. Aber es ist kein Märchen. Davon konnten sich die Haffners aus Gelsenkirchen überzeugen.
Frau Haffner geht mit Töchterchen Linda durch den Zoo von Hissar. Dies ist eine Stadt in Indien. Hissar liegt etwa 100 km nordwestlich der indischen Hauptstadt Neu-Delhi.
Vor einem Gehege stehen zwei Schulklassen. Jedes Kind versucht, sich nach vorne zu drängen. Die Haffners können nicht erkennen, was es im Gehege zu sehen gibt. Aber es muß etwas Besonderes sein, sonst würden sich hier nicht so viele Kinder zusammendrängen.
»Das beste ist, wir warten, bis die Kinder weitergegangen sind«, sagt Frau Haffner zu Linda, und sie schaut sich nach einer Sitzgelegenheit um. Auf einer Bank an einem kleinen Teich sitzt eine blonde Frau mit ihrem kleinen Sohn. Frau Haffner und Linda setzen sich zu ihnen. Es stellt sich schnell heraus, daß die blonde Frau aus München kommt. Ihr Mann arbeitet in einer Klinik in Hissar. Vorübergehend, sagt sie, bis in München an einer Kinderklinik für ihn ein Platz frei wird. »Das muß ja ein ganz besonderes Tier sein«, sagt Frau Haffner und zeigt auf das Gehege, das so viele Menschen anzuziehen scheint.
»Gar nicht«, sagt Frau Pflücke, so heißt die Frau aus München. »Es ist ein ganz gewöhnliches Reh.« » Und warum wollen es alle sehen?« will Frau Haffner wissen.
»Das Reh hat eine ganz besondere Geschichte«, erklärt Frau Pflücke. »Seine Mutter wurde bei der Jagd erschossen. Eine Frau mit Namen Rami Devi findet das Rehkitz und nimmt es mit nach Hause. Sie läßt es zusammen mit ihrem Baby an der Brust trinken, und so wird es groß und stark. Jetzt ist es da drüben in dem Gehege.«

Ein solcher Fall von Tierliebe ist selten«, meint Frau Haffner. »Bei den Bishnoi nicht«, sagt Frau Pflücke. »Jede Bishnoi-Frau hätte das getan und würde es immer wieder tun. Für die Bishnoi sind nämlich alle Lebewesen wie Schwestern und Brüder, und so gehen sie besonders mit den Tieren freundlich um. Sie töten kein Tier, und wenn Jäger kommen, dann tun die Bishnoi alles, um die Tiere vor dem Tod zu retten.«
Frau Haffner ist bleich geworden.
Sie fragt Frau Plücke: »Soll das heißen, daß die Bishnoi auf Jäger schießen?» Sie zupft nervös an ihrem Taschentuch.
»Nein«, erwidert Frau Pflücke. »Das würden die Bishnoi nie tun. Eher sterben sie selber, und so sind schon einige von ihnen umgekommen, als sie Tiere vor den Jägern schützen wollten.«

Frau Haffner atmet erleichtert auf. Sie sagt: »Mein Mann ist nämlich hier in der Nähe mit Geschäftsfreunden auf der Jagd.« Plötzlich wird sie wieder nachdenklich und sagt: »Wenn ich mir vorstelle, ein Bishnoi käme dabei um, wenn er ein Tier schützen will, das mein Mann totschießen möchte! Das darf nicht geschehen!« Sie ist aufgestanden, Sie sagt: »Ich muß sofort zu meinem Mann!«
»Aber wir haben sicher noch Zeit, um uns das Reh anzusehen«, sagt Linda. »Papa schaut sich bestimmt zuerst die Bäume an.« »Was für Bäume?« fragt Frau Pflükke. Jetzt steht auch sie auf. »Mein Mann ist Holzhändler«, sagt Frau Haffner. »Und er ist hier, um Holz einzukaufen, wissen Sie, besonderes Holz, und er wollte sich bei der Jagd schon mal nach schönen Bäumen umschauen.«
»Kommen Sie!« sagt Frau Pflücke.
»Wir müssen ihn sofort zurückholen! Sonst geschieht am Ende noch ein Unglück.«
»Wieso?« fragt Frau Haffner. Sie ist dem Weinen nahe.
»Kommen Sie!« drängt Frau Pflücke. »Im Auto erkläre ich Ihnen alles.«

Bald schon sind sie auf dem Weg nach Norden. Sie fahren durch wüstenähnliches Gebiet. In der Ferne sieht man grau-grüne Berge. Frau Pflücke sagt: »Sie müssen nämlich wissen, die Bishnoi schützen die Bäume mit der gleichen Liebe und Opferbereitschaft wie die Tiere.«
Und dann erzählt sie, was sich 1630 in der Nähe des Dorfes Khejadli zugetragen hat: Der Maharadscha von Jodhpur braucht Bäume zum Bau eines Palastes. Soldaten sollen die Bäume fällen. Doch die Bishnoi aus

dem Dorf Khejadli und aus anderen Dörfern stellen sich schützend vor die Bäume. Die Soldaten bringen 294 Männer und 69 Frauen um.
Frau Pflücke fügt hinzu; »Noch heute sind die Bishnoi bereit, für einen Baum zu sterben.«
»O Gott«, sagt Frau Haffner. »Fahren Sie, so schnell Sie können! Ich will nicht, daß ein Unglück geschieht!«

In der Wüste sieht man hier und dort grüne Oasen. »Das sind Bishnoi-Dörfer«, sagt Frau Pflücke. »Die Bishnoi verstehen was von der Viehzucht. Ihre Kühe geben viel Milch, und so geht es den Bishnoi gut.«
»Und das, ohne Tiere zu schlachten und ohne Bäume zu fällen!« sagt Frau Haffner.
»Und ohne Rauchen und Alkoholgenuß«, fügt Frau Pflücke hinzu, »und natürlich auch ohne Rauschgift.«
»Und wie gehen sie miteinander um, die Bishnoi?« fragt Frau Haffner.
»Genauso freundschaftlich wie mit Tieren und Bäumen«, antwortet Frau Pflücke. »Frauen, Kinder und alte Leute werden mit besonderer Hochachtung behandelt.«
»Aber es benimmt sich doch sicher schon einmal der eine oder andere daneben«, sagt Frau Haffner. »Natürlich«, erwidert Frau Pflücke. »Mal raucht einer heimlich eine Zigarre, oder jemand ißt im Dunkeln ein Stück Fleisch.«
»Und was machen sie mit den Übeltätern?« fragt Frau Haffner. »Die müssen zur Strafe den Vögeln eine bestimmte Menge Futter hinstreuen.«
»Weitere Strafen gibt es nicht?« fragt Frau Haffner.
»Nein«, antwortet Frau Pflücke und hält das Auto an. Sie sind in einem Bishnoi-Dorf.
»Sie feiern gerade ein Fest«, sagt Frau Pflücke.
»Sehen Sie, dahinten ist ein Tempel, und davor ist eine Futterstelle für Vögel. Weil heute gefeiert wird, bekommen die Vögel besonders viel zu fressen.« »Und jeder Tempel hat eine Futterstelle für Vögel?« fragt Linda. Frau Pflücke nickt und fährt weiter. Die Jagdgesellschaft ist noch nicht aufgebrochen. »Gott sei Dank!« sagt Frau Haffner mit einem tiefen Seufzer der Erleichterung.

Umwelt 44

Biblischer Bezug: 1.Mose 1, 11-13
Biblische Erläuterung: Die Erde soll grün werden!
Kreativer Zugang: 150, 154, 171, 172, 173, 174, 175, 176, 177, 180, **194, 195, 196, 197, 198, 199, 200, 201, 202, 203, 204,** 210
Inhalt: Kinder haben ein Bäumchen gepflanzt, das durch die Achtlosigkeit vieler Menschen nicht wachsen kann.

Bäume

Schöpfung

Verantwortung

Das Bäumchen am Wege

Verfasser unbekannt

Am Rande eines Weges hatten Kinder ein Bäumchen gepflanzt. Es war noch klein; aber es hatte schon seine Wurzeln ins Erdreich geschlagen und wurde größer.

Eines Tages ging ein Mädchen vorüber. Es riß ein Blättchen ab und warf es weg. Wozu habe ich wohl dieses Blatt abgerissen? überlegte es. Aber bald war es mit seinen Gedanken schon wieder bei anderen Dingen.
Nicht lange danach kam ein Junge den Weg entlang, brach einen kleinen Zweig ab und dachte: Was macht das schon aus, solch ein Zweiglein? Es sind ja noch mehrere daran.
Es dauerte eine Weile, da lief eine Ziege auf dem Weg daher. Sie knabberte an den Zweigen herum, fraß ein Stück Rinde und trabte weiter.
Nun fuhr ein Radfahrer den Weg entlang. Er wollte ein wenig ausruhen und lehnte sein Rad an das Bäumchen. Dabei schürfte er etwas Rinde ab.

Ein wenig später spazierte ein großer Junge vorbei, der ein neues Taschenmesser bekommen hatte. Ob sein Messer wohl scharf genug war? Gerade an diesem Bäumchen wollte er es probieren. Mit einem Schnitt trennte er die Krone ab und war zufrieden, daß sein Messer so schön scharf war.

Das Bäumchen aber verdorrte.

Eines Tages kamen die Kinder, die das Bäumchen gepflanzt hatten, vorüber. »Seht nur, wie schade«, sagten sie. »Ob hier keine Bäume wachsen können?

45 Vergeben

Familie

Schuld

Unrecht

Strafvollzug

Wieder-
sehen

Tiere

Schämen

Biblischer Bezug: Lukas 15, 11-32
Biblische Erläuterung: Dem Sohn, der zurückfindet, wird vergeben.

Kreativer Zugang: 125, 126, 152, 153, 183, 184, 202, 213

Inhalt: Mutter, Tochter und Sohn erwarten den Vater aus der Strafvollzugsanstalt. Der gemeinsame Hund trägt zur Entspannung des verkrampften Wiedersehens bei. Ein neues Miteinander zeichnet sich ab.

Entlassung

Erzählung von Hans Peter Richter

Nein«, sagte die Mutter, »nein, das ziehst du nicht an! Hol' dir deinen Sonntagsanzug. Ich habe ihn aufgebügelt. Den ziehst du heute an und das gute blaue Hemd, das neue, das du zu Weihnachten bekommen hast.« Ohne eine Antwort abzuwarten, wandte sie sich dann dem Herd zu. Dort stellte sie die Pfanne bereit und legte die Bratwürste in Reichweite. Aus ihrer Einkaufstasche holte sie noch vier Bierflaschen. Sie öffnete das Küchenfenster und reihte die Flaschen draußen auf die kühle Fensterbank.

Der Junge machte ein mürrisches Gesicht. Erst zögerte er noch, dann ging er aber doch in das Schlafzimmer, um sich umzukleiden.
Seine Schwester stand vor dem Spiegel und betrachtete sich wohlgefällig. Bevor sie das Schlafzimmer verließ, kämmte sie noch einmal ihr langes Haar. Als sie die Küche betrat, fragte sie die Mutter: »Was ist mit dem Hund? Bleibt er hier?«
Die Mutter schüttelte den Kopf. »Der kommt mit. Nimm ihn schon an die Leine«, befahl sie. »Wir müssen gehen, sonst verpassen wir die Straßenbahn. – Bist du fertig?« rief sie zum Schlafzimmer hinüber. Von dort kam nur ein Brummen zurück.

»Es ist Zeit!« mahnte sie. Mit einem Blick überprüfte sie noch einmal ihre Vorbereitungen in der Küche. Dann strich sie sorgsam über ihre Bluse und rückte die Naht ihres Rockes einen halben Finger breit zur Mitte hin. Inzwischen hatte das Mädchen den Hund aus seinem Körbchen in der Ecke gelockt und die Leine an seinem Halsband festgehakt.
Der Dackel wedelte freudig mit dem Schwanz und zerrte zur Wohnungstür hin. Ungeduldig wartete er auf den Ausgang.
Die Mutter und das Mädchen schauten zur Schlafzimmertür hin. Sie schwiegen und lauschten auf die Geräusche, die von dort kamen.
Endlich öffnete sich die Tür. Der Junge trug den guten Anzug und hatte sogar das frische Hemd angezogen. Sein Gesicht verriet Ablehnung und Unwillen.
Die Mutter kümmerte sich nicht darum. Sie musterte den Sohn; sie zupfte seinen Kragen zurecht und wischte mit der Hand eine Fluse von der Jacke. »Los!« sagte sie dann. »Wir müssen uns beeilen!«

Zu viert verließen sie die Wohnung. Im Treppenhaus dauerte es einen Augenblick, bis sie sich an die Dunkelheit gewöhnt hatten, dann stiegen sie abwärts, drei Stockwerke. Vor der Haustür kniffen sie die Augen zusammen, weil das Tageslicht sie blendete.
Die Mutter hob den Kopf; sie lauschte angestrengt. »Laufen wir!« forderte sie die Kinder plötzlich auf und setzte sich selbst sofort in Bewegung.
Da hörten auch die Kinder das Kreischen. Sie liefen hinter der Mutter her, überholten sie. Der Dackel an der Leine stürmte kläffend voran.
Am Ende der Straße bog jetzt eine Straßenbahn um die Ecke. Sie näherte sich rasch. Gleichzeitig mit der Mutter erreichte der Triebwagen die Haltestelle.
Atemlos stiegen alle ein. Während die Mutter beim Schaffner bezahlte, drängten die Kinder mit dem Hund durch den Wagen, sie versuchten dabei den Dackel vor den Augen des Schaffners zu verbergen.
Die Mutter zahlte für einen Erwachsenen und zwei Kinder.
»Und der Hund?« fragte der Schaffner.
In den Augen der Mutter blitzte es ganz kurz verärgert auf. »Ach ja«, sagte sie dann, »entschuldigen Sie bitte. Beinahe hätte ich es vergessen.« Sie suchte nach Münzen und entrichtete auch für den Hund das Fahrgeld. Dann schob sie sich durch zu den Kindern, die vorne im Wagen saßen. Die Kinder hatten ihr einen Platz freigehalten.
»Wir hätten den Hund zu Hause lassen sollen«, flüsterte das Mädchen der Mutter zu und blickte dabei böse zum Schaffner zurück.
Die Mutter atmete tief durch die Nase ein. »Das Tier muß mit«, sagte sie dann leise, aber fest.

Die Straßenbahn durchquerte die ganze Stadt. Zuerst füllte sie sich mit Fahrgästen, dann leerte sie sich wieder. Bald saßen nur noch wenige im Wagen verteilt. Die Häuser zu beiden Seiten der Schienen rückten weiter auseinander, schließlich standen nur noch vereinzelte zwischen großen Feldern.

Die Mutter erhob sich; sie wollte zur Tür gehen. Aber der Junge hielt sie fest: »Hier noch nicht. Die nächste erst!«
»Doch! Hier!« sagte die Mutter leise und eindringlich, indem sie sich zu den Kindern beugte. Dann drückte sie den Halteknopf.

Die Straßenbahn bremste und hielt bei der Haltestelle an. Die Mutter stieg aus. Ein wenig überstürzt folgten ihr die Kinder mit dem Hund.
»Warum denn hier schon?« maulte der Junge, nachdem die Straßenbahn abgefahren war.
»Es braucht nicht jeder zu wissen, wohin wir wollen«, erklärte die Mutter streng. Dann bog sie von der Straße ab. Sie schlug einen ausgetretenen Pfad ein, der zu einem mächtigen Gebäude in der Ferne führte.

Hohe Mauern säumten einen ganzen Straßenzug. Selbst mit einer langen Leiter hätte man sie kaum übersteigen können. Glasscherben und ein Gewirr von Stacheldraht bewehrten die Mauerkrone. Nur in der Mitte war die Eintönigkeit der langen Mauer durchbrochen; nur an dieser einen Stelle gewährte ein Torturm Zugang zu dem drohenden Geviert.
Vor diesem Torturm stellten sie sich auf, der Größe nach: die Mutter, die Tochter, der Sohn, der Hund.
»Gleich ist es soweit«, sagte die Mutter. Unruhig nestelte sie an ihrem untersten Blusenknopf.
Das Mädchen starrte auf das Tor und biß sich dabei auf die Unterlippe. Nur der Junge schaute sich unbeteiligt um.
Der Hund blickte erwartungsvoll zu den drei Menschen auf. Weil sie ihn nicht beachteten, begann er am Boden zu schnüffeln und zog langsam in Richtung zum großen Tor.
Das Mädchen riß ihn zurück. »Sitz«, befahl sie, ohne den Blick vom Tor zu lösen.
Es war ein stählernes dunkelgraues Tor. Mit dicken Nieten waren die Teile zusammengehalten. In diesem ganzen Dunkel von Mauer, Turm und Tor gab es nur einen Farbfleck. Neben dem Tor hatte man ein weißes Schild mit einem bunten Wappen festgeschraubt. Unter dem Wappen stand mit schwarzer Schrift ein einziges Wort »Strafvollzugsanstalt«.
Neben diesem Schild war in das große Tor eine kleine Tür eingelassen. Eine doppelte Reihe von Nieten deutete ihre Umrisse an. In der Mitte war die Stahlplatte der kleinen Tür von einem winzigen Guckloch durchbrochen.
Die Mutter wischte sich mit dem Handrücken über die Stirn.
Die Tochter atmete unregelmäßig und schnell. Der Sohn scharrte mit dem rechten Fuß.
Nur der Hund schnupperte zum großen Tor hin.

Da öffnete sich die kleine Tür im großen Tor.
Zuerst gähnte nur ein schwarzes Loch.
Dann trat ein Mann mit Dienstjakke und Dienstmütze heraus. Er schaute nach rechts und links entlang der Mauer. Der Frau mit den Kindern und dem Hund gönnte er kaum Aufmerksamkeit. Er ging wieder zurück in das Gefängnis. Doch die kleine Tür blieb offen.
Schließlich erschien ein kleiner Mann. Er war bleich, fast weiß im Gesicht. Sein Anzug schlotterte ihm um den Leib. In der Hand trug er einen billigen braunen Pappkoffer. Drei, fünf Schritte machte er zu den Wartenden hin. Dann blieb er stehen. Unhörbar schloß sich hinter ihm die kleine Tür.
Der Mann im zerknitterten Anzug mit dem Koffer stand allein. Niemand war bei ihm. Er sah zu der Frau und den Kindern hinüber.
Wie erstarrt verharrte die Frau mit den Kindern, alle schienen atemlos zu sein.

Nur der Hund nützte den Augenblick. Mit seinen kurzen Beinen zockelte er los. Die Leine schleppte er hinter sich her. Vor dem Mann mit dem Pappkoffer hielt er kurz an, schaute zu ihm auf – dann lief er vorbei bis zum großen Tor.
Entsetzen und Enttäuschung spiegelten sich im Gesicht des Mannes. Ganz langsam drehte er sich um und blickte dem Dackel nach.
Der Hund lief zum rechten Torpfosten, schnupperte und hob das rechte Hinterbein. Dann wechselte er die Seite, hob das linke Hinterbein und tat das gleiche.
Da begann der bleiche Mann zu lachen.

Auf dieses Lachen schien der Dakkel gewartet zu haben. Er bellte los; er rannte auf den Mann zu; er verfing sich in seiner Leine; er überschlug sich und dann sprang er den Mann an; er sprang ihm bis zur Brust unter Freudengebell, immer wieder.
Da fiel die Starre von allen ab. Zuerst von den Kindern, dann von der Frau. Sie stürzten auf den Mann zu; sie lachten, Tränen liefen ihnen über das Gesicht. Zu dritt breiteten sie die Arme aus und umfaßten ihn: »Vater!«

Vertrauen

Pflicht-erfüllung

Vergeben

Bekennen

Mut

Schuld

Gewissen

Verant-wortung

Reue

Ferien

Biblischer Bezug: Lukas 18, 9-14

Biblische Erläuterung: Die Bitte des Zöllners um Erbarmen: »Herr, sei mir Sünder gnädig.«

Kreativer Zugang: 110, 111, 136, 139, 148, 208

Inhalt: Miriam hat zugesagt, in den Ferien die Blumen von Frau Berg zu gießen. Freude am Spiel läßt sie ihr Versprechen vergessen. Sie findet den Mut, Frau Berg ihre Schuld einzugestehen.

Rote Geranien

Erzählung von Susanne v. Schroeter

Blumengießen ist doch keine Kunst«, rief Miriam, »das kann ich!« »Aber es sind viele Blumen«, gab Frau Berg zu bedenken.
Sie standen auf Frau Bergs Balkon. Es waren wirklich viele Blumen, acht Balkonkästen voll rosa und dunkelroter Geranien. Frau Berg hatte die schönsten Balkonblumen im ganzen Haus, und jetzt suchte sie jemanden, der die Blumen gießen würde, vierzehn Tage lang, während sie in Urlaub war.
»Ich mache das schon«, sagte Miriam. »Ich hab ja dann Ferien!«

Sie half Frau Berg gern, Milch holen oder einen Brief zum Kasten tragen. Frau Berg war schon ziemlich alt. Sie konnte nicht mehr schnell gehen. Manche im Haus sagten: »Frau Berg ist ein bißchen komisch.« Aber Miriam hatte Frau Berg gern. Sie konnte gut erzählen, und sie hatte immer Zeit für Miriam. Manchmal gab es Kakao und Kuchen. Einmal war Miriam der Kakao umgefallen auf die Spitzendecke. Frau Berg hatte nicht geschimpft. Und als ihr Miriam in der Küche half und ein Teller auf den Küchenboden fiel, da sagte Frau Berg: »Scherben bringen Glück.«
Die Mutter schimpfte immer, wenn so was passierte.
Bei Frau Berg war es schön. Sie zeigte Miriam, wo die Gießkanne stand und gab ihr einen Wohnungsschlüssel. »Ich verlaß mich auf dich«, sagte sie, als sie wegfuhr.

Miriam goß die Blumen sehr sorgfältig am ersten Tag und auch am zweiten.
Als sie am dritten Tag aufwachte, schien die Sonne schon ins Zimmer. In der Birke vor dem Balkon zwitscherte ein Vogel. Unten im Hof ertönte ein seltsames »Plop, Plop«. Mit einem Satz war Miriam am Fenster. Unten im Garagenhof spielten Martin und noch ein paar andere mit einem kaputten Ball. »Plop« machte der Ball jedesmal, wenn er an die Garagenwand klatschte.
Ferien, schoß es Miriam durch den Kopf. »Ferien!« schrie sie. Die drei unten im Hof sahen auf und winkten, als sie Miriam sahen. »Ich komme!« rief sie.
Sie nahm sich nicht einmal Zeit zu frühstücken. Mit einem Butterbrot in der Hand rannte sie los.
Sie spielten den ganzen Vormittag, Fußball, Fangen, Räuber und Gendarm. Ein paar aus dem Nachbarhaus kamen noch dazu. Mittags durften sie Picknick machen auf der Wiese hinter den Garagen. Martins Mutter spendierte Würstchen, und einer aus dem Nachbarhaus brachte Eis am Stiel für alle. Nachmittags bauten sie ein Indianerzelt auf. Es war herrlich. Bis neun Uhr durften sie draußen bleiben. Es war ja abends so lange hell.
Am nächsten Tag gingen sie ins Schwimmbad, der ganze Trupp. Sie planschten im Wasser herum, bespritzten sich gegenseitig unter der Dusche, schubsten einander ins Wasser und kreischten um die Wette. Manchmal spritzten sie auch andere Leute naß, die nur so faul herumlagen und sich sonnten, um schön braun zu werden. Dann rannten sie weg, so schnell sie konnten.

Nach ein paar Tagen waren sie alle braun wie die Neger. Nur Martin, der sah aus wie eine Rothaut, weil er einen Sonnenbrand hatte. Aber er machte sich nichts daraus. Er beschmierte sich dick mit Salbe und gab noch an damit.
Sie spielten und spielten. Sie hörten gar nicht mehr auf zu spielen. Die Sonne brannte vom wolkenlosen blauen Himmel, tagelang. Die Gehwege waren so heiß, daß man sich die Füße verbrannte, wenn man darüber lief.
»Mal sehen, ob ich auch Sonnenbrand an den Füßen kriege«, sagte Martin. Es regnete nicht ein einziges Mal.
Einmal, als sie vom Schwimmbad nach Hause gingen, blieben sie bei der Gärtnerei stehen, wegen des Wassersprengers. Der Sprenger drehte sich im Kreis und berieselte die Blumenbeete. Wie ein riesiger Schirm aus Wasser sah er aus. Manchmal schoß ein Wasserstrahl über den Zaun. Sie schrien vor Vergnügen, wenn das Wasser sie traf.
»Ohne den Sprenger würden alle Pflanzen verdorren, bei der Hitze«, sagte einer.

Da fielen Miriam die Blumen ein, Frau Bergs Geranien. Sie drehte sich um und rannte los. Die andern schrien hinter ihr her, aber Miriam schaute sich nicht um. Sie rannte und rannte. Ganz außer Atem kam sie zu Hause an.

Sie schaute die Hauswand hinauf. Rote Geranien waren nirgends zusehen. Braun und verdorrt hingen die Pflanzen in Frau Bergs Blumenkästen. Miriam setzte sich auf die Mülltonne und starrte die vertrockneten Geranien an. Die andern kamen um die Ecke. Sie merkten gleich, was los war.
»Das sieht ja böse aus«, sagte einer.
»Der gehst du besser aus dem Weg, wenn sie heimkommt«, riet ihr ein anderer. »Die reißt dir den Kopf ab, wenn sie das Heu sieht.«
Mehr als Heu war es wirklich nicht mehr.
Nachher nahm Miriam den Schlüssel und schlich die Treppe hinauf. Kühl und still war es in Frau Bergs Wohnung. Aber als sie die Balkontür öffnete, schlug ihr die Wärme von draußen entgegen.
Die Erde in den Blumenkästen war hart und zerbröckelt, als Miriam sie anfaßte.
Die Gießkanne stand neben dem Fenster. Miriam fing an, die Blumen zu gießen. Vielleicht würden sie sich erholen.

Sie erholten sich nicht mehr. Am nächsten Morgen hingen sie noch genauso braun und trocken in den Kästen. Alles Gießen half nichts mehr.
Die Mutter schimpfte sehr, als sie es hörte. »Ich muß mich schämen vor Frau Berg«, meinte sie ärgerlich.
Auch der Vater war wütend. »Auf dich ist kein Verlaß«, sagte er. Am nächsten Tag durfte Miriam zur Strafe nicht ins Schwimmbad.
Aber die Blumen wurden davon auch nicht grün. Und nur noch zwei Tage bis zu Frau Bergs Rückkehr.
Miriam leerte ihr Sparschwein. 4.80 DM waren darin. Und 35 Geranien waren in Frau Bergs Blumenkästen gewesen. Die roten Geranien kosteten in der Gärtnerei mehr als zehnmal soviel, wie sie hatte. Sie konnte den Schaden nicht ersetzen.

Von Martin hörte sie, daß Frau Berg wieder da war. Miriam blieb in ihrem Zimmer, den ganzen Nachmittag. Sie versuchte sich Frau Bergs Gesicht vorzustellen, wenn sie die toten Blumen sah. War sie wütend oder traurig?
Dann fielen Miriam der Kakao auf der Spitzendecke und der zerbrochene Teller ein.
Sie nahm das Sparschwein wieder heraus und rannte zur Gärtnerei. Die großen Pflanzen kamen nicht in Frage, sie waren zu teuer. Endlich fand sie, was sie suchte, für 4,75 DM. Die Blüten waren dunkelrot und ein paar Knospen schimmerten hellrosa. Der Gärtner machte noch eine weiße Manschette um den Topf.
Im Treppenhaus traf sie Martin und die andern. Sie kamen gerade vom Schwimmen. Denen fielen fast die Augen aus dem Kopf, als sie merkten, wo Miriam hinwollte.
»Bist du lebensmüde?« erkundigte sich einer. »Die schmeißt dich die Treppe runter.« Die anderen lachten.
»Mann, ist die mutig!« hörte sie einen hinter sich sagen.

Frau Berg schmiß Miriam nicht die Treppe hinunter.
Miriam wickelte die Blume ganz langsam aus dem Papier, damit sie Frau Berg nicht anschauen mußte.
»Miriam«, sagte Frau Berg erstaunt.
Da merkte Miriam, wie ihr die Tränen kamen. Sie konnte sie nicht mal abwischen, weil sie keine Hand frei hatte. Die Tränen kullerten ihr die Nase hinunter, tropften in den Kragen und aufs Blumenpapier.
Dann fing auch noch die Nase an zu laufen, und Miriam hatte kein Taschentuch. Frau Berg nahm den Blumentopf, schob Miriam ins Wohnzimmer und gab ihr ein Taschentuch. Blütenweiß war es, mit Spitze dran, und es roch gut. Miriam schneuzte sich laut und umständlich. Durch den Tränenschleier sah sie die offene Balkontür. Die Blumenkästen waren leer. Die verdorrten Pflanzen lagen in einem Karton.
»Ich stelle deine Blume auf den Balkontisch«, sagte Frau Berg. »Dann kann ich mich richtig dran freuen.«
Sie legte sogar eine rosa Decke auf den Tisch. Es sah schön aus, die roten Blüten auf der rosa Decke. Dann holte Frau Berg noch Limonade und zwei Gläser. Den Karton mit den verdorrten Pflanzen schob sie mit dem Fuß in die Ecke, wo man ihn nicht sah.
Sie tranken Limo. Frau Berg erzählte vom Urlaub und zeigte Miriam Prospekte mit bunten Bildern. Und dann begann Miriam zögernd zu erzählen, vom schönen Wetter, vom Schwimmen und wie das mit den Blumen hatte passieren können.

47 Versprechen

Zusage

Ent-
täuschung

Erwartung

Erfüllung

Glauben

Biblischer Bezug: 1.Mose 15, 1-6(18, 1-15)
Biblische Erläuterung: Gott verspricht Abraham einen Sohn. Abraham vertraut darauf.

Kreativer Zugang: **124,** 139, 205

Inhalt: Isaaks Geburt macht es deutlich: Gott hält sein Versprechen. Bei Menschen ist das oft anders.

Gott hält sein Versprechen

Erzählung von Dietrich Steinwede

Ich verspreche es dir.«
Das kann einer leicht sagen.
Ob er es hält – wer weiß.
Dabei denken wir doch alle:
Versprochen ist versprochen.
Was man verspricht, muß man auch halten.
Wir verlassen uns auf ein Versprechen. Wir richten uns danach.
Und das ist gut so.
Schließlich muß man sich doch noch auf jemanden verlassen können.

Stefan hat mir das Buch versprochen. Es ist so abenteuerlich, so aufregend. Abenteuer habe ich für mein Leben gern.
Stefan hat gesagt:
»Ich muß es nur noch zu Ende lesen, dann bekommst du das Buch.«
Aber Stefan hat das Buch Martina gegeben, nicht mir.
Warum hält er sein Versprechen nicht?
Anja hat gesagt, daß sie mich bestimmt zu ihrem Geburtstag einlädt.
Aber sie hat es nicht getan.
Warum hält sie ihr Versprechen nicht?
Manfred hat gesagt, daß ich immer sein bester Freund bleiben werde, das verspricht er mir.
Jetzt läuft er der Heike hinterher.
Das tut mir sehr weh.
Warum hält er sein Versprechen nicht?

Immer wieder erfahren wir das:
Einer gibt ein Versprechen.
Aber er hält es nicht.
Ja, es ist manchmal schwer, sein Versprechen zu halten.
Bei mir ist das ja auch so:
Ich verspreche etwas.
Ich denke, daß ich es halten kann.
Dann aber kommt etwas dazwischen, etwas, das Schwierigkeiten macht, oder etwas, das mir Angst macht.
Und schon: Ich kann mein Versprechen nicht halten.
Der andere aber sagt;
Du mußt dein Versprechen halten! –
Was soll ich denn da tun?

Auch Gott gibt den Menschen ein Versprechen. Manchmal ist das eine ganz unglaubliche Sache.

Hält Gott sein Versprechen?

Wie war das damals, als die drei zu Abraham kamen, diese drei Menschen, diese drei Engel?
Es war bei den Eichen von Mamre.
Sie aßen mit Abraham, diese drei.
»Wo ist denn deine Frau, Abraham«, haben sie gefragt. »Wo ist Sara?«
»Sie ist im Zelt«, hat Abraham gesagt.

Abraham war sehr alt.
Sara war sehr alt.
Die beiden wünschten sich einen Sohn.
Aber sie waren schon viel zu alt.

Die drei aber sagten diese Worte.
Gott sagte diese Worte:
»Abraham, nächstes Jahr um diese Zeit, dann hat Sara einen Sohn.«
Abraham konnte es nicht glauben.
Sara konnte es nicht glauben.
Sara hat sogar gelacht:
»Was soll das: Solch ein Versprechen?«

Aber nach einem Jahr, da war es wirklich so:
Sara hatte einen Sohn: Isaak, das heißt »Er lacht.«

Es war kaum zu glauben.
Aber es war so:
Gott hat sein Versprechen gehalten.

Biblischer Bezug: 1.Samuel 3, 1-18
Biblische Erläuterung: Erst mit Elis Hilfe erkennt Samuel die fremde Stimme als die Stimme Gottes.

Kreativer Zugang: 108, 111, 112, 116, 134, 135, 165, **205**

Inhalt: Innocentia erlebt beim Einkaufen, wie es zu Mißverständnissen kommt, wenn man die Sprache nicht spricht und verstehen kann. Als sie versehentlich mit einem fremden Mädchen telefoniert, fühlt sie, daß sie verstanden wird.

Sprache

Vorurteile

Mißverständnis

Pfingsten

Anders(sein)

Miteinander

Eine fremde Sprache

Erzählung von Friderun Krautwurm

Meistens kaufen die Frauen, die schon länger hier sind, für Innocentia mit ein. Aber heute hat Frau Palmero Bezerra die Bratwurst vergessen. Die soll es abends als Hauptgericht geben.
»Ach, Innocentia, lauf eben zum Schlachter«, sagt sie. »Er wohnt gleich um die Ecke. Du weißt schon.« »Si, si«, nickt das Mädchen. »Was muß ich sagen?« – »Fünf Brat-würste«, sagt Frau Palmero. »Brat-wüürste« murmelt Innocentia vor sich hin, als sie die Straße entlangläuft. »Braat-wüür ...« Da kommt ihr ein Hund entgegen, der kläfft. Innocentia erschrickt. »Sei friedlich, Harras«, brummt jemand von hinten. Der Hund verschwindet. Das Mädchen atmet auf.

Aber wie heißt doch das Wort jetzt, das fremde? »Bratür-ste? Büt-tar-ste? Tür-bra-ste?« Sie weiß es nicht mehr. Sie hat es vergessen. Vielleicht kann sie auf das, was sie haben will, zeigen? O ja, das muß gehen. Die vielen Fleisch- und Wurstsorten liegen doch schön aufgereiht gleich vorn hinter der Glasscheibe.
Innocentia ist nicht schüchtern. Sie geht in den Laden. Wo liegt denn die Bratwurst? Ach, leider links unten. Und Innocentia steht rechts vor den Aufschnittplatten. Wie hieß doch das Wort? »Tür-braste? Tarbriste?« Das blonde Fräulein zuckt schon die Zange und guckt sie erwartungsvoll an. Innocentia schweigt.
»Na, was soll's denn sein?« fragt die Blonde. »Die nächsten wollen auch mal drankommen.«
»Cinco Salchichos asados« (fünf Bratwürste), rutscht es dem Mädchen heraus.
»Tut mir leid«, sagt das Fräulein. »Ich spreche nicht türkisch. Oder was das da sonst für 'ne Sprache ist.« Alle Leute im Laden schaun jetzt auf Innocentia.
Die zeigt mit dem Finger ungefähr in die Richtung zum Fleischstand. »De izquierda a bajo« (da links unten), sagt sie.
»Meinst du Schweinebraten?« Die Fleischzange zeigt auf das, was bei Innocentia zu Hause carne de cerdo heißt. Sie schüttelt den Kopf.
»Die Leute sollten erst mal Deutsch lernen, ehe sie herkommen«, sagt die Schlachtersfrau brummig. »Hält den ganzen Betrieb auf. Bedien' erst die andern, Marianne.« Dabei guckt sie die Fremde unfreundlich an.
Innocentia sieht blaue Augen auf sich gerichtet. Die Frau meint, ich soll ihr das zeigen, denkt sie. »Si, si«, nickt sie eifrig. »Yo bengo« (ich komme). Sie witscht an drei Frauen vorbei bis zum Fleischstand und zeigt auf die Bratwurst: »Eso!«
Die Frau versteht nicht. Sie greift nach der Leber. »No, no«, ruft die Kleine. Sie streckt ihre Hand übers Glasbord hinüber. Sie tippt mit dem Finger ganz zart auf die Bratwurst. »Fünf«, sagt sie. »Fünf«.
Da reden sie plötzlich alle auf einmal: »Habt ihr das gesehen? Faßt das Fleisch mit der Hand an. Kein bißchen Benehmen kennen die Leute.«
Innocentia versteht nicht. Was haben die Frauen auf einmal? Warum gucken sie böse? Woher soll sie's wissen? Ach, wäre sie wieder zu Hause in Spanien! Es ist scheußlich, wenn einen kein Mensch versteht.

Als Innocentia mit ihrem Päckchen zu Senora Palmero zurückkommt, sind ihre Augen ganz rot. »Hat dich einer geärgert?« fragt die Senora freundlich. »Sei nicht traurig. Ich weiß was Gutes für dich: Eine Frau aus Dallstedt ist hier gewesen und hat dir Grüße gebracht. In die Fabrik dort sind neue Leute gekommen. Dabei ist auch eine Dolores aus Alia. Die kann dir was von zu Hause erzählen.«
»Oh, wo ist sie?« ruft Innocentia begeistert. Sie würde am liebsten die vierzig Kilometer weit laufen, jetzt gleich auf der Stelle. Nur geht das nicht. Wie sollte sie den Weg wohl finden? Doch da ist ja ein Zettel. Was steht darauf? Eine Nummer: 388/2945.
»Geh zum Telefon. Dann kannst du sie selber sprechen«, sagt Senora Palmero. »Oh, ja!« ruft Innocentia. Sie freut sich. Was Vater und Mutter wohl machen?
Sie läuft über die Straße zum gelben Häuschen. Sie wirft Geld ein und wählt dann die ersten Zahlen: 388 – gleich

wird sie das Neueste aus Alia hören – 23 – oh, und dann wird sie sagen, wie böse die Leute hier sind. Ihre Hände zittern. Gleich kann sie Dolores alles erzählen. Nur die letzte Zahl noch, 45.

Anja sitzt traurig zu Hause im Zimmer. Sonst hat sie immer mit Kerstin gespielt. Aber jetzt ist Maybritt in die Klasse gekommen. Toll sieht die aus, mit so schicken Hosen! Und plötzlich spricht Kerstin nur noch mit der.

Der Wind weht durchs offene Fenster. Vom Drestedter Teich hinterm Maisfeld am Grasweg tönt Lachen und Schreien. Dort baden die andern. Anja stellt das Radio lauter. »Oh bella Maria«, singt eine Männerstimme. »Bella Maria, si, si.« Aber Anja denkt nur an Kerstin. Die schwimmt jetzt mit Maybritt im kühlen Wasser. Ach, Kerstin!

Das Telefon klingelt im Wohnzimmer drüben. Anja läuft eifrig hinüber. Sie weiß, das ist nicht die Freundin. Sie hat sie den Grasweg entlangschlendern sehen, Kerstin und Maybritt. Sie haben gelacht. Dies ist sicher eine von Mutters Bekannten. Und doch hofft sie, es könnte für sie sein. Wie dumm man doch ist!

»Hier Drömer!« sagt Anja. »Ooh – Drö-märt?« fragt eine enttäuschte Stimme. »Ich denken – yo hablo – yo hablo – (ich spreche) Dolores Sanchez Rubio.« Die Fremde dort weint fast.

Warum legt Anja nicht auf? Warum sagt sie nicht einfach nur kurz: »Falsch verbunden!« Sie bringt es nicht fertig. Sie weiß selbst nicht warum. »Du fremd hier?« fragt sie. »Me comprendo tu ami?« (verstehst du mich?) tönt's aus dem Hörer.

Anja versteht nichts. Was mag das wohl für eine Sprache sein? Dolores, das hört sich so spanisch an. »Comprende« heißt auf französich »verstehen«. Das hat Anja in der Schule gelernt. Vielleicht fragt die Fremde: »Verstehst du mich?« – »Me comprende tu ami?« fragt die Stimme noch einmal.

Ich muß etwas sagen, denkt Anja. Sonst legt die gleich auf. »Oh, oh«, sagt sie erst mal zur Probe und dann einfach weiter: »Si, si«, wie der Sänger im Radio vorhin. »Si, si«, sagt sie noch einmal.

Die andere fragt erfreut: »Tu entiendes Espagnol?« (Verstehst du Spanisch?) Nun redet's im Telefon ununterbrochen.

So würde Anja mit Kerstin sprechen, wenn sie jetzt käme. Sie spürt es: Die Fremde freut sich, daß einer ihr zuhört. »Si« (Ja), sagt Anja. »Si, si.«

»Esto no est bonito, cuando no se comprende« (das ist nicht schön, wenn man es nicht versteht), sagt die Fremde. »Si«, sagt Anja.

So reden die beiden noch lange. Klingt die Stimme fröhlich, lacht Anja: »Si, si, oh, si, si«. Wird sie traurig, so sagt sie ganz langsam »Ooh, sii.«

Wieviel man doch mit einem einzigen Wort ausdrücken kann! Die Stimme der anderen zittert jetzt nicht mehr.

»Gracias«, sagt sie »388/2945?«

»No. no. Hier 388/2-3-45«, antwortet Anja.

Am anderen Ende der Leitung wird's still. Etwas knistert ganz leise.: »Ah, 388/2345. Gracias, tu eres muy formal.« (Danke, du bist sehr nett.)

Wetten, das heißt: Vielen Dank, du bist nett, oder sowas? »Gra-ci-as, tu-e-res-moi-for-mal«, wiederholt Anja. Siehst du, es stimmt! Die Stimme im Telefon lacht und sagt: »Tu eres muu-y formal!«

»Mu-i?«

»Si, muy! Muy formal! Gracias.«

»Gracias.«

Es klickt. Das Gespräch ist zu Ende. Anja sitzt allein im Zimmer. Aber sie sieht wieder fröhlicher aus. Merkwürdig, wie man sich manchmal verstehen kann, ohne die Sprache des andern zu kennen.

Stiefeltern

Aufeinanderzugehen

Eifersucht

Mißtrauen

Biblischer Bezug: Markus 9, 14-29
Biblische Erläuterung: Ein Vater sagt zu Jesus: »Hilf mir vertrauen!«
Kreativer Zugang: 109, 110, 123, 126, 148, 149, 150, 152, **206, 207, 208,** 215
Inhalt: Lisa gewöhnt sich nur langsam daran, daß der Vater nach dem Tod der Mutter eine neue Frau hat. Ihre Geschwister fassen schnell Zutrauen, was Lisa traurig und zornig macht.

Die neue Mutter

Erzählung von Susanne v. Schroeter

Lisa wußte genau, warum die Kleinen sich gut benehmen sollten.
»Lisa«, hatte der Vater gesagt, »du bist meine Große. Du paßt doch auf, daß die beiden Kleinen sich gut benehmen, wenn Fräulein Werner uns besucht?« Lisa wußte genau, warum dieser Besuch so wichtig war. Sie wußte es seit dem Tag, als sie den Vater in der Stadt gesehen hatte.

Sie hatte an der Bushaltestelle gestanden mit Gaby aus ihrer Klasse. Da war der Vater im Auto vorbeigefahren. Neben ihm im Auto hatte eine Dame gesessen. Lisa hatte erst ihren Augen nicht getraut, da hörte sie Gabys Stimme: »Meine Mutter meint, dein Vater will wieder heiraten.« Heiraten? Daran hatte Lisa nie gedacht seit Mutters Tod.
Das konnte doch nicht sein, wo Vater und Mutter sich immer so gut verstanden hatten.
Und jetzt sagte der Vater, daß am Sonntag eine Dame zum Kaffee kommen wolle, und sie, Lisa, solle dafür sorgen, daß die Kleinen sich gut benehmen. »Damit sie einen guten Eindruck machen«, hatte er gesagt. Also stimmte es. Vater wollte wieder heiraten.

Im stillen begann sie die fremde Dame zu hassen. Sicher war sie geschminkt und hatte tolle Kleider an wie die Ansagerinnen im Fernsehen, von denen Vater manchmal sagte: »Die sind ja chic!« Aber die Dame sah gar nicht aus, als käme sie vom Fernsehen. Ihre Frisur war schlicht. Sie trug einen Faltenrock und eine Perlenkette zum hellblauen Pullover. Eigentlich sah sie ganz nett aus. Da sah Lisa, wie der Vater die Dame anlächelte, als sie Bärbel begrüßte und dann Peter. So ähnlich hatte er Mutter manchmal angelächelt.
Lisa spürte, wie der Haß in ihr hochkroch. Bis in die Augen. Es tat richtig weh in den Augen. Fräulein Werner zuckte zusammen vor Lisas Blick. Lisa ballte die Hände zu Fäusten und versteckte sie hinter ihrem Rükken. Beim Kaffeetrinken sprach sie kein Wort.
Ein paar Wochen später heiratete der Vater Fräulein Werner.

Sie wohnte jetzt bei ihnen. Lisa brauchte das Frühstück nicht mehr zu machen. Mittags brauchte sie das Essen nicht mehr zu wärmen, und abends hatte der Vater wieder oft Zeit, um mit den Kindern zu spielen.

Aber Lisa konnte sich nicht freuen, wenn sie beim Mittagessen am Eßtisch die Fremde auf dem Platz der Mutter sitzen sah.
»Mutter hat die Suppe aber anders gemacht!« sagte Lisa dann, oder »Mutter legte nie eine rote Decke auf zum Mittagessen!«
Manchmal sagte sie auch Dinge, die nicht ganz stimmten. »Bei Mutter konnten wir die Aufgaben machen, wann wir wollten.«
Fast ärgerte sich Lisa, daß die »Neue« immer freundlich blieb, nur manchmal stand sie auf und ging in die Küche. Einmal sahen ihre Augen aus, als hätte sie geweint.

Als Lisa eines Tages aus der Schule kam, stand ein neuer Sessel im Wohnzimmer, und im Flur hingen andere Bilder.
»Mutter gefielen die Bilder aber gut!« stieß sie vorwurfsvoll hervor.
»Vielleicht gewöhnst du dich an die Bilder«, sagte die »Neue«.
»Vater wird sich nicht daran gewöhnen«, sagte Lisa drohend. Sie freute sich schon darauf, daß er schimpfen würde. Aber der Vater schimpfte nicht. Ihm gefielen die neuen Bilder. Und den neuen Sessel fand er sehr bequem. Überhaupt fand Vater alles gut, was die »Neue« machte: ihre Suppe, ihre Tischdecke und daß sie abends Märchen erzählte. Da haßte Lisa die »Neue« noch mehr. Wenn schon der Vater zu der »Neuen« hielt, dann sollten wenigstens die Geschwister nicht zu ihr halten.
»Ohne sie war es viel schöner!« sagte Lisa zu Peter und Bärbel.
»Nein«, sagte Bärbel, »jetzt ist es schöner«.
Aber Bärbel hatte ja auch die Mutter kaum gekannt. Die richtige Mutter. Sie war ja noch so klein, als sie starb. Als die »Neue« die Kinder nachmittags einlud,

mit ihr Eis essen zu gehen, schrie Bärbel begeistert: »Hurra!«
Peter wäre auch gern mitgegangen, das sah Lisa wohl. Aber als sie ihn in die Seite boxte, sagte er: »Danke, nein. Ich habe keine Lust.«
Da hatte die »Neue« wieder diesen seltsamen Ausdruck in den Augen. Ein bißchen, als ob sie weinen wollte.

Zu Lisas Geburtstag schenkte die »Neue« ihr einen hellblauen Pullover. »Hellblau hab' ich noch nie gemocht«, sagte Lisa spitz.
»Aber Lisa«, rief Bärbel. »Hellblau ist doch deine Lieblingsfarbe. Und der Pullover hat dir doch so gut gefallen. Er lag doch im Schaufenster vom Kaufhaus. Ich hab' ihn Mutti extra gezeigt!« Sie sagte tatsächlich Mutti.
»Dumme Gans!« zischte Lisa wütend und rannte aus dem Zimmer.
»Du«, warnte Peter sie im Flur, »das wird sie dem Vater sagen.«
Aber die »Neue« erzählte dem Vater nichts davon.

Am nächsten Tag kam Peter ziemlich kleinlaut aus der Schule. Er hatte eine Fensterscheibe eingeworfen. Wo doch Fußballspielen auf dem Schulhof ausdrücklich verboten war. Vater oder Mutter sollten zum Lehrer kommen.
»Na«, sagte Lisa, »da seh' ich schwarz für dein neues Fahrrad, wenn Vater das erfährt.«
Am nächsten Morgen ging die »Neue« in die Schule und redete mit dem Lehrer. Sie brachte tatsächlich die Sache in Ordnung. Sogar den Vater stimmte sie milde.
»Ein Glück, daß Mutti mir so gut geholfen hat«, sagte Peter abends, »sonst wär' ich das Fahrrad losgeworden.«
»Mutti«, sagte Peter. Auch er jetzt!
»Du verdienst kein Fahrrad!« sagte Lisa heiser. »Du verdienst überhaupt nichts!«
Sie rannte aus dem Zimmer. In der Küche hörte sie Bärbel mit der »Neuen« reden und lachen.
Langsam ging Lisa ins Wohnzimmer. Auf der Fensterbank standen die Blumentöpfe, die die »Neue« mitgebracht hatte. Von zu Hause hatte sie sie mitgebracht. Lauter Blumentöpfe mit kleinen Ablegern. Jeden Tag goß die »Neue« ihre Ableger, betrachtete sie und freute sich über jedes Blättchen, das über Nacht gewachsen war. Sie kannte tatsächlich jedes Blättchen.

Lisa sah die Pflanzen an. Vorsichtig zog sie eine Pflanze aus der Erde. Es ging ganz leicht. Eine nach der anderen zog sie die Pflänzchen aus den Blumentöpfen. Bei manchen rissen die Wurzeln ab, bei anderen die Blättchen. Dann ging Lisa in ihr Zimmer. Sie versuchte zu lesen. Es ging nicht. Sie starrte auf die Seiten, ohne zu verstehen, was sie las. Sie hörte die »Neue« nicht mehr reden in der Küche. Was sie wohl machte?
Lisa ging ins Wohnzimmer. Die »Neue« stand am Fenster vor den Blumentöpfen. Sie drehte sich um, als Lisa hereinkam. Da sah Lisa, daß sie weinte. Sie sagte nichts. Sie schaute Lisa nur an, und Lisa sah, wie die Tränen über ihr Gesicht liefen.
»Vielleicht können wir neue pflanzen«, hörte Lisa sich sagen.
»Vielleicht wachsen sie wieder.«
»Vielleicht«, sagte die »Neue«.
»Ich könnte dir helfen«, sagte Lisa, »wir könnten es gemeinsam versuchen.«
»Ja«, sagte die »Neue«, »wir könnten es gemeinsam versuchen.«
»Vielleicht wachsen sie wieder«, sagte Lisa noch einmal hilflos.
»Bestimmt wachsen sie wieder!« sagte die »Neue«.

Biblischer Bezug: Lukas 4, 14-30

Biblische Erläuterung: Jesus erfährt in seiner Heimatstadt Nazareth, daß die Menschen ihm mit Vorurteilen begegnen.

Kreativer Zugang: 104, 105, 108, 111, 112, 116, 134, 135, 139, 161, 162, 163, 184

Inhalt: Evi hat große Angst vor Peter, der so anders ist als alle anderen. Als sie ihn näher kennenlernt, erfährt sie, daß ihre Angst unbegründet ist.

Angst

Geschlechterrolle

Schule

Anders(sein)

Kennenlernen

Wer fürchtet sich vor Supermann?

Erzählung von Renate Schupp

Das war vielleicht einer, der Peter! Was der alles anstellte! Manchmal, wenn der Lehrer aus der Klasse ging, kletterte er aufs Pult. Breitete die Arme aus und sprang mit einem gewaltigen Satz auf die erste Bank.
»Achtung! Platz gemacht! Jetzt kommt Supermann!« schrie er. »Supermann ist der Größte – schnell, stark, unbesiegbar!« Von Bank zu Bank lief er die ganze Reihe entlang bis nach hinten. Die anderen Kinder versuchten ihre Sachen in Sicherheit zu bringen und zogen die Köpfe ein.

Wenn ihm gerade danach zumute war, schwang er sich hinüber zum Vorhang und schaukelte daran. Bis einmal die Vorhangstange mit großem Getöse von der Decke herabfiel und ihn fast erschlug. Daraufhin wurde sein Vater in die Schule bestellt, und Peter verhielt sich ein paar Tage einigermaßen ruhig. Aber lange dauerte das nicht an.

Eines Tages stand er nach der Pause mitten in der Klasse und ließ ein Seil über seinem Kopf kreisen, ganz schnell, immer rundum, so daß niemand hereinkonnte.
»Habt ihr Angst?« lachte er. »Ha, ihr habt alle Angst vor Supermann!« Das Seil zischte durch die Luft und fegte mit seinem freien Ende alles zu Boden, was auf den Tischen lag. Das war eine Geschichte!
Die halbe Schule lief zusammen, sogar die Großen aus den anderen Klassen, und keiner wagte sich heran, nicht einmal der Lehrer, den jemand eilends herbeigerufen hatte. Es war nur ein Glück, daß Peter plötzlich keine Lust mehr hatte und von selbst aufhörte.
Solche merkwürdigen Einfälle hatte er, der Peter Supermann! Den anderen Kindern war er jedenfalls nicht recht geheuer. Und manche fürchteten sich geradezu vor ihm.

Zum Beispiel Evi, die sowieso ein bißchen schüchtern und ängstlich war.
»Ach, Mutter, der Peter«, klagte sie, »wenn der nur nicht wäre!«
»Was hat er dir denn getan?«
»Ach, nichts! Aber er ist so böse. Ich hab Angst vor ihm.«
Das Schlimme war, daß Evi auf dem Schulweg an Peters Haus vorbeimußte. Sie machte die abenteuerlichsten Umwege, um ihm nur ja nicht zu begegnen. Nach der Schule paßte sie auf, daß sie vor ihm aus der Klasse kam, und dann rannte sie los, daß der Ranzen auf ihrem Rükken wie toll auf- und niederhüpfte.
»Was rennst du nur immer so?« fragte die Mutter.
»Ach, weißt du, der Peter!«
»Ist er dir nachgelaufen?«
»Das nicht, aber vielleicht ...«
Die Mutter schüttelte den Kopf. »Sei doch nicht solch ein Angsthäschen! Vielleicht will er dir gar nichts tun?« »Doch, doch! Der tut jedem etwas! Du kennst ihn nur nicht.«
»Nein! Aber ich bin ordentlich neugierig auf ihn.«
Und einmal, als die Mutter mit Evi vom Einkaufen kam, da hockte der Peter tatsächlich gerade auf dem Gartenzaun vor seinem Haus und ließ die Beine baumeln.
»Pst«, flüsterte Evi aufgeregt und faßte die Mutter an der Hand. »Dort drüben sitzt er, der Peter.«
Die Mutter sah hinüber und war erstaunt. Sie hatte sich Peter Supermann etwas gewaltiger vorgestellt!
»Aber er ist ja ganz klein! Er ist ja kleiner als du!«
Evi guckte vorsichtig hinter Mutters Rücken hervor. Na ja, ein Riese war er nicht gerade. Aber trotzdem – .
»Jetzt schaut er herüber. Warum sagst du ihm nicht ganz normal Guten Tag?« fragte die Mutter. Evi sah krampfhaft vor sich nieder.
»Oder rede doch einmal mit ihm, einfach so.«
»Was?« rief Evi entsetzt. »Das würd' ich mich nie trauen!«
»Aber vielleicht würde er sich freuen?«
»Pah! Der schubst mich höchstens. Den kenn' ich doch!«

Als die ersten warmen Tage kamen, fuhr Evi manchmal ihre Puppe in dem neuen Puppenwagen spazieren, den sie zu Weihnachten bekommen hatte. Ängstlich achtete sie darauf, daß sie immer in sicherer Entfernung von Peters Haus blieb. Am liebsten ging sie in der anderen Richtung bis zum Friedhof und setzte sich dort auf eine Bank. Sie dachte wohl, Peter Supermann säße immer nur auf seinem Gartenzaun und baumelte mit den Beinen. Wo doch jeder weiß, daß Supermann überall ist. Zum Beispiel in den alten Bäumen auf dem Friedhof oder auf der Mauer, obwohl es natürlich verboten war, hier herumzuklettern. Jedenfalls kam er eines

Tages auf der Mauer heranbalanciert, als Evi sich gerade mit ihrer Puppe auf eine Bank gesetzt hatte.
»Hallo«, rief er, sprang herab und landete ziemlich genau vor Evis Füßen. Daß ihr nicht auf der Stelle das Herz stehenblieb, war das reinste Wunder.
»Was machst du denn da?« fragte er. »Oh, zeig mal!« Und schon griff er nach der Puppe, die ein klägliches »Mama« von sich gab. »Die kann ja ›Mama‹ sagen«, rief er erfreut und schüttelte sie ein wenig, damit er es noch einmal hören konnte.
Evi saß ganz starr. Nun hatte er ihre liebste Puppe in seinen großen Händen, und niemand war da, der sie retten konnte.
Peter drehte die Puppe um und um. »Die ist aber schön«, sagte er endlich. »Wie heißt sie denn?«
»Ka-, Karolin«, stotterte Evi.
»Meine heißt Heidi«, sagte Peter.
Evi riß die Augen auf. Sie hatte sich wohl verhört!
»Deine? Hast du denn eine Puppe?«
»Zwei«, sagte Peter. »Die andere heißt Doris. Aber die Heidi mag ich lieber. Sie hat schwarze Haare.«

Evi starrte ihn ungläubig an. Die Vorstellung, daß Supermann zu Hause mit Puppen spielte, erschütterte sie. Peter gab ihr Karolin zurück und wandte sein Interesse nun dem Wagen zu. »Ist der neu?« wollte er wissen und begutachtete ihn von allen Seiten. »Toll! Läßt du mich mal schieben?« Er wartete die Antwort gar nicht erst ab, sondern setzte sich gleich in Bewegung.
»Aber nur bis zu unserem Haus«, rief Evi und sprang auf. »Ich muß heim.« Das war geschwindelt, aber Peter merkte es nicht. Stolz schob er den Wagen vor sich her, lenkte ihn kunstvoll um jedes kleine Steinchen auf dem Weg und störte sich gar nicht daran, daß andere Kinder ihnen begegneten und sich anstießen.
Vor Evis Haus gab er den Wagen an Evi zurück und rannte weg.
»War das nicht Peter?« fragte die Mutter, die am Fenster Ausschau nach Evi gehalten hatte.
»Ja«, sagte Evi und verstand die Welt nicht mehr. »Stell dir vor: er spielt mit Puppen!«
Die Mutter lächelte. »Na und? Jungen spielen auch gern mal mit Puppen.«
»Aber so einer wie der Peter!«
»Warum nicht? Glaubst du, es macht Spaß, immer nur den wilden Mann zu spielen? Und zu Hause hat er ja keinen, der ihm dabei zuschaut. Vielleicht ist er viel allein. Da braucht er etwas zum – Liebhaben.«
»Aber daß er mir das so erzählt«, wunderte sich Evi noch immer. »Er hatte gar keine Angst, daß ich ihn vielleicht auslache.«
»Ja«, sagte die Mutter nachdenklich, »das ist eben so einer, der keine Angst hat – ein richtiger Supermann!«

51 Wohnen

Streiten
Familie
Stille
Lärm
Haus

Biblischer Bezug: Psalm 84, 2-5
Biblische Erläuterung: Sehnsucht nach dem Haus Gottes.
Kreativer Zugang: 125, 126, 141, 142, 143, 152, 153, 182, 183, 184, **209, 210, 211,** 213, 215
Inhalt: Der Lärm in dem neuen hellhörigen Wohnhaus geht allen auf die Nerven und führt in der Familie zu vielen Auseinandersetzungen. Aber Eltern und Kinder finden sich schließlich doch im Guten zusammen.

Zu dünne Wände

Erzählung von Friderun Krautwurm

»Dies Haus ist ein Schimpfhaus«, sagt Markus. »Ewig wird man hier angemeckert.«
Der Vater hatte schon beim Einzug gesagt: »Die Wände sind viel zu dünn und nicht schalldicht. Daß die Baupolizei sowas zugelassen hat!«
Man hört jeden Laut überall! Wenn Vater frühmorgens im Bad den Rasierapparat anstellt, wird Timmi gleich wach: »Du, da is'n Flieger!« Und gleich fängt er selbst an zu brummen: »Brrrrmm, brrrmmm, brrrmmm ...« – bis Markus' dichter Haarschopf aus den Kissen hochfährt und der Bruder einstimmt: »Brrmm, brrmmm ...« – »Pssst«, zischelt Tina im Zimmer der Schwestern. Karina schreit: »Ruuu-he!« – und Markus brummt wieder.
Aus ist es mit dem friedlichen Morgenstündchen, das die Eltern immer so glücklich gemacht hatte, früher, als sie noch in der Mietwohnung saßen. Damit ist es vorbei hier im Reihenhaus. Irgendeiner ist immer zu hören. Und wird es spät abends doch endlich still, und die Eltern schlafen – was träumen sie dann? Gewiß von den Niagarafällen! Denn nun läßt Frau Strübing im Nachbarhaus munter plätschernd ihr Badewasser ein.

»Kann die Alte ihr Bad nicht auf eine vernünftige Zeit verlegen?« knurrt der Vater. Aber Mutter erlaubt nicht, daß er an die Wand klopft. Muß man etwa nicht froh sein, daß Frau Strübing sich noch nie beschwert hat wegen des Lärms, den die Kinder machen?
»Müßt ihr immer so laut sein?« fragt Mutter. »Ja«, sagt Karina. Sie hat es gerade in der Zeitung gelesen: Kinder müssen sich frei entfalten. Das ist wichtig für ihre Entwicklung. »Und Erwachsene?« fragt Mutter; aber Karina hat die Haustür schon hinter sich zugeknallt.
Der Mensch gewöhnt sich an alles. Heißt es. Aber Vater sagt, wenn Mehnert's Hund (der wohnt zwei Häuser weiter) noch einmal sonntags mittags um zwei Uhr so laut heult, dann schlägt er ihn tot. Mit dem Vorschlaghammer. Das ist der ganz dicke. Tim hat gleich geguckt.

Und dann kommt der Tag, an dem Mutter »au« sagt. Dienstag nachmittag ist es. Da tut ihr ein Zahn weh. Der zweite von links vorn. Es wird immer schlimmer. Sie ruft beim Zahnarzt an. Dem paßt's erst um viertel nach sieben. Na schön.
»Du, Walter«, sagt Mutter, als Vater nach Haus kommt. »Ich muß heut ...« – »Ach, laß uns erst essen.« – »Du, Walter«, sagt Mutter beim Abendbrot. »Ich muß dir noch sagen ...« – »Sag's später«, brummt Vater und wischt sich den Mund ab. »Entschuldigt mich bitte. Ich muß noch mal weg heute. Besprechung wegen des großen Auftrags. Da muß ich frisch sein. Ich leg mich jetzt hin. Von sieben bis acht Uhr brauche ich Ruhe. Laßt's euch gesagt sein!«
»Also, bitte, seid leise«, sagt Mutter. Die Kinder nikken. »Tim, ab in die Wanne. Dich schrubb' ich noch eben.« Das Wasser läuft still durch die Brause ein.
»Oh, mein Strumpf hat ein Loch. So kann ich nicht gehen, und es ist schon fast sieben! Wasch dich selber zu Ende. Aber leise, Timmi. Versprichst du mir das?«
»Ja, Mami.«
Sie läuft übern Flur, neue Strümpfe zu holen.

Markus, wo bleibst du?« ruft Karina aus der Küche. »Markus, du bist heut mit Abtrocknen dran!« Keine Antwort. Nur aus dem Badezimmer hört man Tim blubbern und plantschen. Er übt gerade Schwimmen. Das nennt er nun waschen. Oh, Timmi!
»Maar-kus!« Karina ruft lauter. Sie klappert auf Holzsandalen durchs Haus. »Na, warte, dich krieg ich! Vorm Fernseher sitzt er. Maa-mi, Markus will mir nicht helfen.«
»Ich bin heut nicht dran, ich war doch erst gestern.«
»Ach, das sagst du immer.«
»Nun seid doch mal ruhig!« Jetzt redet Tina auch noch dazwischen.
»Blubb, blubb, blubb«. Die Geräusche aus dem Badezimmer verändern sich. Tim ist ausgerutscht und mit dem Kopf unter Wasser geraten. »Blubblubbluah ...«
»Maa-mii! Markus kommt nich!«
»Bubblubbluah!«
»Pssst, Kinder, pssst.«
Da geht die Tür zum Schlafzimmer auf. »Ursula!« ruft der Vater mit einer Stimme, die man im ganzen Haus hört. Sonst sagt er »Ulla« oder auch »Usch«. Meistens »Usch«.
»Ursula?« Das hört sich ganz fremd an. Ist das der Vater, der da mit Mutter schimpft? Kann das sein, daß Eltern so miteinander reden? »Ursula«, sagt er. »Verschaff mir jetzt Ruhe vor diesen Banditen, oder es passiert was.«
»So«, sagt die Mutter, »du brauchst deine Ruhe. Und wer denkt an mich? Ich hab' solche Schmerzen, und du merkst das nicht mal.« Nun schimpft Mutter mit Vater. Sie spricht immer lauter. Rrums, schlägt eine Tür zu. Das war der Vater. Dann klappt auch die Haustür. Da liegen die heilen Strümpfe noch immer. Nun ist Mutter doch mit dem Loch losgegangen. Sowas tut sie sonst nie.

Auf einmal ist's still. Ein Ästchen vom Ahornbaum schlägt gegen's Fenster. Auf der Straße fahren zwei Laster vorbei.
Dann kommt ein jämmerlicher Laut aus dem Badezimmer. »Mami«, schluchzt Timmi. »Mami soll kommen«. Leise Schritte huschen die Treppe hinauf. »Tim«, flüstern drei Stimmen. »Pssst, Timmi, sei still.« Sie kuscheln sich alle ganz dicht zusammen, auf der Matte im Bad.
»Ich weiß das genau«, schluchzt Karina. »Wenn Eltern schreien und Türen knallen, dann lassen sie sich bald scheiden, sagt Petra. Und die muß es wissen. Wo ihre Eltern doch geschieden sind.« Karina schnieft hörbar.

»Oh, es ist schrecklich, sagt Petra, wenn immer Krach ist zu Hause«
»Das mit dem Krach im Haus sagt Pappi auch«, murmelt Markus.
»Aber der meint das anders.«
»Hmm.«
»Tja, so kann man's auch sehn.«
»Mami soll kommen.« Tim weint noch immer.
»An allem ist bloß das blöde Haus schuld«, meint Karina. »Bloß, wer kann das ändern?«
»Der Staat«, erklärt Markus.
»So'n Quatsch!« brummt Karina.
»Der Staat? Wer is das denn?« fragt Timmi erstaunt.
»Och, das is das, wo die Großen drauf schimpfen, wenn irgendwas falsch is, und sie können's nicht ändern.«
»Aber wie soll der unsre Wände dicker machen?« Keiner sagt was.
»Pappi soll wieder lieb sein!« Tim heult jetzt schon lauter. »Mami.«
»Hör auf, Tim«, sagt Tina. »Ich weiß, was wir machen. Sei nur erst mal ruhig.« Sie flüstern miteinander. »Gemacht«, sagt Karina. Und dann hört man nichts mehr. Wirklich, rein gar nichts. Ab und zu huscht mal einer über den Flur. Dann fällt etwas runter, und Wasser plätschert. Aber keiner redet. Das war noch nie da.

Sonderbar, diese Stille! Bei manchen Menschen ist es immer so leise. Ob das wirklich schön ist? Fast ist der Vater erleichtert, als die Geräusche wieder zahlreicher werden: ein Gluckern, ein Prusten, ein leises Kichern. Was machen die bloß? Er muß doch mal nachsehen.

51 Wohnen

Die Kinder spielen das »Kein-Wort-sprech-Spiel«. Tim putzt seine Zähne, und Tina steht vor ihm. Sie zeigt mit den Händen: Jetzt rauf und jetzt runter, dann rechts und dann links. Markus macht alles nach. Karina führt Tim das Abtrocknen vor. Tim folgt mit den Augen jeder Bewegung und rubbelt dann auch: erst den Rücken, dann den Po.
»Du, der Pappi!« Vier Augenpaare gucken ängstlich.
»Hurra, er lacht ja! Oh, Pappiiii!« Sie fallen über ihn her. Zahnpasta, Seifenschaum, feuchtwarme Gesichter, alles spürt Vater auf Hemd und Jackett.
»Du, war'n wir nicht leise?«
»Sehr leise.«
»Magst du nun doch bei uns sein?«
»Wir geben uns jetzt auch große Mühe.«
»Ein Glück.«

Klappt da nicht die Tür? Das ist Mutter. Vater zeigt mit den Augen: Kein Sterbenswörtchen! Sie halten alle den Atem an.
»Kinder, wo seid ihr?« Kein Laut. Sie läuft durch die Zimmer. Kein Mensch zu sehen. Im Schlafzimmer auch nichts. »Wo seid ihr denn alle?« Mutters Stimme klingt ängstlich.
»Hier!« ruft's aus dem Bad, und dann schließt sich das Knäuel von Armen und Beinen und Kindergesichtern um beide, um Vater und Mutter herum.
»Bist du doch zurück in das Schimpfhaus gekommen?«
»Ich kenn' doch kein besseres«, sagt sie. »Was soll' ich da machen?«

52 Zeit

Familie

Arbeiten

Abhängigkeit

Höflichkeit

Zwänge

Biblischer Bezug: Lukas 11, 5-13
Biblische Erläuterung: Jesus sagt die Hilfe Gottes an.
Kreativer Zugang: 106, 124, 125, 126, 152, 153, **212, 213, 214**
Inhalt: Kai versteht seine Eltern nicht mehr. Sie hören ihm nicht zu und wirken, als ob sie von allerlei Zwängen ferngesteuert würden.

Ferngesteuert

Erzählung von Monika Pelz

Stell dir vor, Mama, Patrick hat den neuen Mini-Rover!« rief Kai. Mutter betrachtete ihn. »Hast du dich denn in einem Misthaufen gewälzt? Sofort ziehst du deine Sachen aus und wäschst dich!«
Als Vater kam, erzählte Kai es ihm: »Stell dir vor, Patrick hat den neuen Mini-Rover!«
Vater drückte auf die Fernbedienung. »Glaubst du, ich verdiene Geld, damit du es für Spielzeug rausschmeißt?« »Nein«, sagte Kai.
»Schmid ist befördert worden, da bin ich ganz sicher!« sagte Vater beim Abendessen.
Mutter pappte Auflauf auf ihre Teller. »Ich finde, es wird Zeit, daß du dich auf die Hinterbeine stellst, Lars! Und du ißt jetzt, Kai, sonst wird es kalt!«
»Ich mag keinen Auflauf!«
»Weißt du, wie viele Kinder auf der Welt froh wären, wenn sie Auflauf auf dem Teller hätten?«
Kai dachte nach. »Keine Ahnung«, sagte er schließlich.
Vater regte sich auf. »Mehr als ich in letzter Zeit geschuftet habe -.« »Wir müssen Schmids zum Essen einladen«, stellte Mutter fest.
Abends sprach Kai in sein Aufnahmegerät und berichtete, was er so alles erlebt und gedacht hatte tagsüber: »Ich weiß, was mit ihnen los ist: Sie sind ferngesteuert – Wie Patricks Auto! Irgendwelche Wesen flüstern ihnen was ein und erteilen ihnen Befehle – Wesen von einem anderen Planeten!«

In den nächsten Tagen befahlen die Außerirdischen seiner Mutter, Vaters Bürokollegen und dessen Frau zum Essen einzuladen. Mutter gehorchte unter Stöhnen und Jammern. Auch erhielt sie den Befehl, Kai zum Reitkurs anzumelden. Obwohl Kai ihr genau erklärte, daß er das überhaupt nicht wollte. Aber die Außerirdischen hielten Mutters System besetzt, und er drang nicht zu ihr durch. Schließlich zwangen sie Mutter sogar, Vaters alte Lieblingsjacke auf den Müll zu tragen. Vater

regte sich unheimlich auf, als er es bemerkte. Sein Schimpfen schien sie überhaupt nicht zu erreichen. »Es mußte sein«, sagte sie nur. Die Einladung wurde eine Katastrophe, weil Vater mit Herrn Schmid zu streiten begann. »Ich weiß wirklich nicht, warum ich das getan habe«, stöhnte er am nächsten Tag voll Reue.
»Du bist ferngesteuert, Papa«, erklärte Kai, aber auch sein Vater schien ihn nicht zu hören.
»Du hast dich unmöglich benommen, Lars! Und ich habe mir solche Mühe mit dem Essen gegeben!«
Vater wandte sich zu Kai. »Wir gehen nachher ins Technische Museum!« »Fein«, sagte Kai, »aber da müssen wir uns beeilen. Sie schließen zu Mittag.«
Aus dem Museum wurde natürlich nichts. Die Außerirdischen gaben Vater den Befehl, drei Flaschen Bier zu trinken, und dann schlief er.
Als Kai den Fernsehapparat andrehte, sagte Mutter: »Und deine Aufgaben?«
»Heute ist doch Sonntag, Mama!« »Das brauchst du mir nicht zu sagen!« rief Mutter und brach in Tränen aus. »Schöner Sonntag!« »Was ist denn los?«
»Geh fernsehen! Geh nur!«

Kai sah die Sonntags-Lachparade, aber sein Herz wurde schwerer und schwerer. Längst war ihm klargeworden: Die Fernsteuerung machte seine Eltern unglücklich. Irgendwie mußte er die Verbindung zerstören, ehe es zu spät war. Sie lebten ein Leben, das nicht das ihre war. Sie schwebten immer weiter voneinander und von ihm fort.
Kai war müde und ging früh schlafen. Im Traum fand er heraus, wie es ging: Mit Hilfe der Video-Fernbedienung konnte er sich in die Gedanken der Eltern einschalten. Er war einfach stärker als die Außerirdischen; immer, wenn sie erneut eindringen wollten, warf er sie hinaus. Die Eltern vernahmen nur noch ihn.
»Ich möchte einen Mini-Rover«, befahl Kai.
»Das verstehe ich«, sagte Mutter, »aber schau, dein Vater verdient nicht soviel wie Patricks Vater. Wir können dir so etwas Teures nicht kaufen.«
»Und wie wär's, wenn ich dafür nicht reiten ginge?«
»Das ist ein guter Einfall«, sagte Vater. »Ich denke, wenn Reiten ihm keinen Spaß macht, sollten wir ihn wirklich nicht dazu zwingen!« »Na gut. Einverstanden. Morgen sehen wir uns einmal dieses Auto an.«
»Ja, ich weiß auch schon, welches ich will -«
In diesem Moment erwachte Kai und fühlte sich auf einmal ganz niedergedrückt. Lustlos stand er auf. Seine ferngesteuerten Eltern saßen schon beim Frühstück und brabbelten vor sich hin. »Seht ihn euch an: fünf vor acht, und er ist noch nicht fertig!«
»Na bitte – da! Das Entscheidungsspiel haben wir auch verloren!« Sie schienen zu niemand Bestimmtem zu sprechen. Aber Kai wußte, sie redeten mit ihren unsichtbaren Unterdrückern.
»Wißt ihr was? Ihr seid ferngesteuert!« verkündete er.

Die Eltern starrten ihn an, und Kai wußte, er hatte das richtige Wort gefunden. »Ich weiß, was mit euch los ist! Ihr wollt mir ja zuhören und mit mir sprechen, aber sie lassen euch nicht! Sie haben euch auf ihre Frequenz eingestellt und zwingen euch, nur auf sie zu hören und das zu tun, was sie wollen.«
»Das Kind spinnt!«
»Nein, er hat Fieber!« Die Mutter holte das Thermometer. Der Vater ging ins Büro. Er wollte zu Mittag wieder anrufen und hören, wie es Kai ging.
Kai wurde ins Bett gepackt. Er fühlte sich schwach und schwindlig. Die Außerirdischen kämpften mit ihm, und er mußte den Kampf aufnehmen. Ganz ohne Funkgerät mußte er versuchen, sich wieder in die Fernsteuerung seiner Mutter einzuschalten, so wie er es im Traum getan hatte. Kai konzentrierte sich.
»Ich will jetzt eine Cola«, befahl er, weil er Durst hatte. Eine halbe Minute später brachte Mutter die Cola herein.
»Du hast mich wirklich gehört!« stellte Kai glücklich fest.
Mutter zögerte eine Sekunde und sagte dann: »Ja, ich hab dich gehört!« »Bleib noch ein bißchen bei mir!«
»Na gut, aber nur ein bißchen! Versuch jetzt, zu schlafen!« Kai schloß die Augen. Es war gelungen. Er hatte sich in ihr System eingeschaltet.

Sehen

Unglauben

Arbeiten

Alleinsein

Alt und Jung

Glauben

Biblischer Bezug: Johannes 20, 19-29

Biblische Erläuterung: Thomas glaubt erst, als er Jesus sieht. Nicht sehen und trotzdem vertrauen ist schwer.

Kreativer Zugang: 100, 101, 104, 106, 108, 124, 125, 157, 166, 191, **212, 213, 214**

Inhalt: Kathrinchen ist oft allein, weil ihre Mutter den ganzen Tag arbeitet. Sie wünscht sich eine Oma. Als sie eine findet und von ihr erzählt, glaubt die Mutter es nicht.

Eine Oma für Kathrinchen

Erzählung von Renate Schupp

Kathrinchen und Mama wohnen zusammen in einem der neuen Wohnblöcke am Bahndamm. Sie hatten dort eine kleine Wohnung, die Mama hübsch eingerichtet hatte mit hellen, freundlichen Möbeln und bunten Gardinen an den Fenstern.
Kathrinchen konnte zufrieden sein. Sie hatte es schön in der neuen Wohnung. Wenn sie nur nicht so oft hätte allein bleiben müssen!
Mama arbeitete in der Stadt in einem Büro und war den ganzen Tag nicht zu Hause. Wenn Kathrinchen mittags aus der Schule kam, war die hübsche kleine Wohnung leer und langweilig, und es war niemand da, mit dem sie reden konnte.
»Wenn ich wenigstens irgendwo in der Nähe eine Oma hätte, wie die meisten anderen Kinder«, klagte sie.
»Ach ja, das würde mir auch gefallen«, sagte Mama.

Und sie malten sich zusammen aus, wie die Oma sein müßte, die sie sich wünschten. »Sie hätte weiße Haare und gute, freundliche Augen«, sagte Mama. »Und sie hätte immer irgendein Strickzeug in den Händen wie die Frauen im Park.« »Und ich könnte jederzeit zu ihr hingehen, wenn ich Lust hätte, nicht wahr?« rief Kathrinchen.
»Ja, gewiß! Sie würde nämlich in einem der kleinen Häuschen hinter dem Bahndamm wohnen. Und sie hätte immer ganz viel Zeit!«
»Sie würde mir Geschichten erzählen, nicht wahr, Mama!«
»Alles, was du hören willst«, erwiderte Mama. »Sie würde eine große Kanne Kakao kochen und eine Tüte Kekse aufmachen. Und ihr würdet in ihrer kleinen Küche beisammensitzen und miteinander reden. Und weißt du was? Ganz hinten im Küchenschrank hätte sie eine Dose voll der herrlichsten Süßigkeiten. Und jedesmal, wenn du weggingst, dürftest du dir ein Bonbon oder einen Kaugummi herausnehmen für den Heimweg.«
»Ach ja«, seufzte Kathrinchen. Und Mama sah sie mitleidig an und seufzte auch.

Eines Tages aber, als Mama von der Arbeit kam, hüpfte Kathrinchen auf einem Bein um den Küchentisch und sang: »Ich habe eine Oma! Ich habe eine Oma!«
»Was singst du da?« fragte Mutter verwundert.
»Ich habe eine Oma!« rief Kathrinchen. »Stell dir vor, sie saß im Park auf einer Bank und strickte.«
»Ach so!« sagte Mama. »Und du gingst zu ihr hin und sagtest: ›Guten Tag, hätten Sie nicht Lust, meine Oma zu werden? Ich suche nämlich eine.‹ Und sie hat gelächelt und erwidert: ›Aber gerne! Solch ein nettes Enkelkind wie dich wünsche ich mir schon lange‹.«
»Ja«, sagte Kathrinchen. »Ganz genauso war es.«
»Sieh mal an«, verwunderte sich Mama. »Das hätte ich nicht gedacht, daß es so leicht ist, eine Oma zu bekommen.«
»Ja, denk nur«, sagte Kathrinchen, »ganz leicht.«

Von nun an hörte sie nicht mehr auf, über ihre neue Oma zu reden. Jeden Abend berichtete sie Mama, was sie miteinander erlebt hatten. »Wir sitzen immer auf der Bank am Goldfischteich«, sagte sie. »Oma hat ihr Strickzeug dabei und strickt immerzu, und ich darf mich zu ihr setzen. Und sie erzählt mir alle Geschichten, die ich hören will. Stell dir vor, Mama, sie ist auf einem Bauernhof groß geworden! Sie hatte eine große Familie und viele Tiere, und sie waren immer alle beisammen. Sie mußte niemals allein sein.«

Mama sah Kathrinchen nachdenklich an und schwieg. Kathrinchen redete und erzählte und wußte immer noch etwas Neues. Und Mama hörte zu und sagte nichts. Aber einmal, als Kathrinchen gerade wieder einmal so richtig in Fahrt war, fragte Mama plötzlich:
»Ihr wart heute wohl wieder den ganzen Nachmittag zusammen, du und Oma?«
»Ja, den ganzen Nachmittag«, antwortete Kathrinchen.
»Komisch«, sagte Mama. »Heute nachmittag hatte ich für das Büro hier in der Nähe etwas zu erledigen. Da bin ich

extra durch den Park gegangen, um dich und Oma zu sehen. Aber ich konnte euch nirgends finden. Und auf der Bank am Goldfischteich saßen zwei alte Männer.«
»So?« sagte Kathrinchen unsicher, und auf ihrer Stirn erschien eine nachdenkliche Falte.
»Ach ja, jetzt weiß ich's!« rief sie dann. »Wir sind weggegangen und haben Goldfischfutter gekauft. Manchmal füttern wir nämlich die Goldfische. Und als wir zurückkamen, saßen diese zwei alten Männer auf unserer Bank. Da haben wir uns woanders hingesetzt.«
»Hm!« machte Mama. »Weißt du was, ich komme morgen noch einmal vorbei. Kannst du das wohl der Oma ausrichten, damit sie nicht gerade wieder Goldfischfutter kauft? Ich möchte sie nämlich schrecklich gern einmal sehen.«

Ja, wahrhaftig. Mama war richtig neugierig auf Kathrinchens Oma. Aber am anderen Nachmittag regnete es. Seit Wochen hatte ununterbrochen die Sonne geschienen, und ausgerechnet heute regnete es. Mama blieb in ihrem Büro sitzen und sah mißmutig aus dem Fenster. Keine Oma in der ganzen Stadt war wohl so verrückt, daß sie heute in den Park ging.
»Heute war es wohl nichts mit der Oma?« sagte Mama am Abend zu Kathrinchen.
»Doch!« erwiderte Kathrinchen. »Wir trafen uns am Goldfischteich, als gerade die ersten Tropfen fielen. Weißt du, was wir gemacht haben?«
Nein, das wußte Mama nicht. Aber Kathrinchen erzählte es ihr.
»Wir sind zu Oma nach Hause gegangen. Stell dir vor, sie wohnt in einem der kleinen Häuschen am Bahndamm.«
»Ach«, sagte Mama, und ihre Stimme klang ein wenig sonderbar. »Und dann hat die Oma wohl Kakao gekocht und eine Tüte Kekse aufgemacht?«
»Genau!« rief Kathrinchen. »Und wir saßen in der Küche und hatten es gemütlich.«
Mama nickte. »Ja natürlich! Und als du weggingst, holte sie eine Dose voll der herrlichsten Süßigkeiten aus dem Küchenschrank, und du durftest dir etwas herausnehmen für den Heimweg.«
»Ja«, sagte Kathrinchen träumerisch. »Ich hab mir ein Zitronenbonbon genommen.«

Mama schüttelte den Kopf. Sie trat ans Fenster und sah lange schweigend hinüber zu der kleinen Siedlung hinter dem Bahndamm. Gerade eben brach die Sonne noch einmal hervor, und die nassen Dächer dort drüben glänzten im Abendlicht. Alles sah friedlich und still aus. Mama seufzte. Immerhin, man hatte ja schon viele seltsame Dinge gehört. Warum sollte nicht ein kleines Mädchen genau die Oma finden, die es sich lange erträumt hatte? Ach ja, wenn man sie doch nur endlich einmal zu Gesicht bekommen könnte!

Ich habe eine Idee«, rief Mama plötzlich. »Jetzt, da du weißt, wo sie wohnt, könnten wir sie ja einmal besuchen. Sieh nur, die Sonne scheint wieder, und die Luft riecht so gut. Laß uns doch einen kleinen Abendspaziergang zu Oma machen.«
»Was, jetzt gleich?« fragte Kathrinchen. »Und wenn sie nicht zu Hause ist?«
»Warum sollte sie das? Omas sind am Abend immer zu Hause!«
Wahrhaftig. Mama war durch nichts abzuhalten, jetzt sofort Kathrinchens Oma in ihrem kleinen Häuschen zu besuchen. Sie rannte Kathrinchen fast davon. Dabei war es doch Kathrinchen, die Mama führen mußte.
»Du hast dir doch wohl gemerkt, wo es war?« fragte Mama vorsichtshalber. Kathrinchen nickte.

»Hier ist es!« rief sie und blieb vor einem Häuschen stehen, das ganz genauso aussah wie alle anderen Häuser hier in der Siedlung, nur daß ringsherum alle Fensterläden geschlossen waren, obwohl es doch noch heller Tag war.
»Sie wird doch nicht schon zu Bett gegangen sein?« fragte Mama. Auf dem Namensschildchen neben der Klingel stand in verblaßten Buchstaben »E. Hoffmann«. Mama zögerte einen Augenblick, aber dann drückte sie fest und lange auf die Klingel. Nichts rührte sich in dem kleinen Häuschen. Aber auf der anderen Seite ging ein Fenster auf und eine Frau rief: »Frau Hoffmann ist nicht da. Soll ich ihr etwas ausrichten?«
»Ach nein, nein«, sagte Mama erschrocken. »Das ist nicht nötig!« Sie faßte nach Kathrinchens Hand und zog sie schnell weiter.
»Siehst du«, flüsterte Kathrinchen. »Ich sagte ja, daß sie heute abend wahrscheinlich nicht zu Hause ist.«
Mama sah ärgerlich aus.
»Auf diese Weise bekomme ich deine neue Oma ja wohl niemals zu sehen«, beklagte sie sich. »Vielleicht wäre es besser, wenn wir sie einmal zu uns einladen. O ja, das wäre überhaupt das einzig Richtige! Hör, Kathrinchen, lade sie für den Sonntagnachmittag ein, wenn du sie wieder triffst. Wir kaufen Kekse und kochen Kakao und machen es uns gemütlich. Versprichst du, daß du sie auch wirklich einlädst?«
Ja, Kathrinchen versprach es.
»Am Sonntagnachmittag um halb vier«, schärfte Mama ihr ein. »Vergiß es nicht, hörst du?«
Nein, Kathrinchen vergaß es gewiß nicht.

Am Sonntagnachmittag deckten Mama und Kathrinchen den Tisch im Wohnzimmer. Mama nahm das gute Geschirr, und Kathrinchen durfte die Zuckerdose nachfüllen und die Servietten falten. Mitten auf den Tisch stellten sie eine Schüssel mit leckeren Keksen. Um halb vier ging Mama in die Küche, um den Kakao zu kochen. Nun war alles fertig, und sie saßen da und warteten.
Es wurde vier Uhr und halb fünf. Niemand kam. Um fünf stand Mama seufzend auf, ging in die Küche und wärmte den Kakao, und Kathrinchen und Mama tranken ihn allein.
»Aber sie hatte es ganz fest versprochen«, sagte Kathrinchen. »Warum nur ist sie nicht gekommen?«
»Vielleicht konnte sie gar nicht kommen«, sagte Mama sehr langsam und sah Kathrinchen fest in die Augen, »weil es sie nämlich gar nicht gibt? Weil du dir das alles nur ausgedacht hast?«

Oh, wie konnte Mama nur so etwas sagen! Als Kathrinchen es begriff, fing sie an zu weinen.
»Warum glaubst du mir nicht? Warum soll ich keine Oma haben?« schluchzte sie.
»Ich kann's nicht glauben«, sagte Mama leise. »Ich glaube es erst, wenn ich sie mit meinen eigenen Augen leibhaftig vor mir sehe.«
»Aber, Mama«, rief Kathrinchen unglücklich, »Ich lüge doch nicht! Ich schwör's dir! Und jetzt laufe ich hinüber in die Siedlung und schaue selber nach, was mit Oma los ist!«
Ja, das tat Kathrinchen. Sie rannte los, ohne sich umzusehen.

Und?« fragte Mama, als sie nach einer Weile wiederkam.
»Nichts! Es hat niemand aufgemacht!«
»Natürlich nicht«, sagte Mama ruhig. Zwei Tage später, als Kathrinchen gerade in der Badewanne saß und sich von Mama den Rücken abschrubben ließ, klingelte es.
»Wer kommt denn so spät noch?« fragte Mama verwundert und ging zur Tür. Draußen stand eine alte Frau mit weißen Haaren und guten freundlichen Augen.

Verzeihen Sie bitte, daß ich so spät noch störe«, sagte sie. »Mein Name ist Hoffmann. Ich bin Kathrinchens Oma, wenn Sie erlauben, daß ich mich so nenne. Ich wollte mich für den Sonntagnachmittag entschuldigen. Mir ging es gar nicht gut, wissen Sie. Ab und zu macht mein Herz nicht mehr mit, dann muß ich völlig ruhig liegen. Gottlob geht es mir jetzt wieder besser. Und da wollte ich sofort herkommen und mich bei Ihnen entschuldigen.«
Die ganze Zeit, während die alte Frau sprach, stand Mama da und riß die Augen auf und starrte. Schade, daß Kathrinchen sie nicht so sah. Aber Kathrinchen saß ja in der Badewanne und wußte von nichts, obwohl sie die Ohren spitzte und neugierig nach draußen lauschte.
»Wer ist es denn, Mama?« rief sie ungeduldig.
»Es ist Oma!« rief Mama von draußen herein. »Denk nur, Oma ist gekommen!«

Hinweise:

Die nachfolgenden kreativen Beiträge sollten beim Kopieren je nach Bedarf vergrößert werden, um gute Lesbarkeit der Schrift sicherzustellen.

Doppelseiten wurden aus bindetechnischen Gründen durch einen weißen Mittelstreifen getrennt. Bitte jeweils die erste Kopie als Kopiervorlage paßgenau in der Mitte zusammenkleben.

Viele Kopiervorlagen eignen sich gut zum Buntmalen.

100 Alleinsein

Krankheit

Einsamkeit

Verlassen-
sein

Lk 10, 25-37
Joh 5, 1-18

Geschichten:
1, 5, 10, 11,
12, 53

Micha ist krank.
Niemand besucht ihn. Er fühlt sich ganz verlassen.
Kennst du das auch?
Wann hast du dich ganz verlassen gefühlt?

In unterschiedlichen Situationen erleben Kinder Alleinsein.
Dieses Bild bietet einen Einstieg, über eigene Verlassensängste zu sprechen.

Trost

Verlassensein

Jes 66, 13
Ps 23

Geschichten:
1, 5, 10, 11, 40, 53

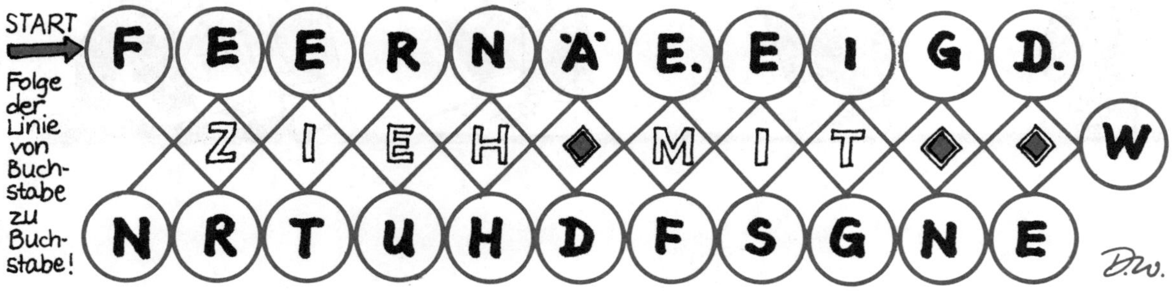

Das Gefühl des Alleinseins kann in eine Sackgasse führen. Die Lösungen der beiden Rätsel »Gott ist mit uns« und »Freunde sind Weggefährten« bieten Hilfen an.

102 Angeben

Annehmen
Ansehen
Beachtung
Freundschaft

Lk 14, 7-14

Geschichten:
2, 8, 10, 11, 14, 19, 20, 21, 26, 33, 35, 37, 39, 40

Jch habe die meisten Spielsachen

Jch habe das tollste Fahrrad von allen

Jch trage die teuersten Marken

Aber habe ich auch Freunde?

Alle neuen Sachen habe ich als erster

Jch bekomme mehr Taschengeld als alle anderen

Trotzdem will keiner mit mir spielen

»Wer angibt, hat mehr vom Leben« und meint, damit über andere hinauswachsen zu können. Dagegen steht die Erfahrung, wegen der Angeberei gemieden zu werden. Dieses Bild bietet Möglichkeiten, darüber nachzudenken, womit Kinder angeben und wie sie lernen können, einander zu akzeptieren. In die Sprechblasen können die vorgegebenenTexte oder eigene Aussagen geschrieben werden.

Annehmen

Ansehen

Beachtung

Bewunderung

Lk 14, 7-14

Geschichten:
2, 10, 26, 33, 35, 37

Kinder geben nicht nur mit dem an, was sie haben, sondern auch mit dem, was sie können. Solche Situationen lassen sich gut im Rollenspiel darstellen. Durch Rollentausch hat jedes Kind die Möglichkeit, sich aus der Sicht des anderen zu erfahren.

104 Angst

Alleinsein

Mt 26, 36-56

Joh 16, 33

Geschichten:
1, 3, **4,** 5, 7, 10, 11, 13, 19, 23, 27, 34, 36, 50, 53

105

Angst-
bewältigung

Mt 26, 36-56
Joh 16, 33

Geschichten:
1, 3, **4,** 7, 13, 19, 23, 27, 34, 36, 50

Bildbetrachtung: Das Bild bietet Anlaß, von eigenen Ängsten zu erzählen. Eine weiterführende Bildbetrachtung hilft entdecken, wie Ängste die Wahrnehmung verändern (Flattender Vorhang trotz geschlossenem Fenster). Das Kuscheln mit dem Teddy unter der Decke vermittelt die Gegenerfahrung von Geborgenheit.
Wer hat Angst...?: Ängste werden oft schwächer, wenn man von ihnen erzählen oder sie spielen kann. Nach dem Spiel sollten in einem Gespräch die Erfahrungen aufgearbeitet werden.

Zeit
Warten
Krankheit
Leiden
Geschenke
Langeweile

Mt 25, 31-46

Geschichten:
6, **8,** 12, 20,
25, 26, 39,
52, 53

107

Zuhören
Annehmen

Jak 1, 19-27

Geschichten:
2, **8,** 10, 26,
35, 37

Bastelschachtel: Einander etwas schenken ist eine Urform menschlicher Zuwendung. Kinder schenken gerne und lassen sich gerne beschenken. Das Geschenk für das kranke Kind kann auch von einer Gruppe vorbereitet werden.

Zuhören: Einen aufmerksamen Zuhörer zu finden, kann Hilfe bedeuten, die eigenen Sorgen aussprechen zu können.

108 Aufeinanderzugehen

Alleinsein

Anders(sein)

Mt 11, 1-6
Mk 10, 46-52

Geschichten:
1, **5, 6,** 7, 10,
11, 16, 26,
30, 39, 48,
49, 50, 53

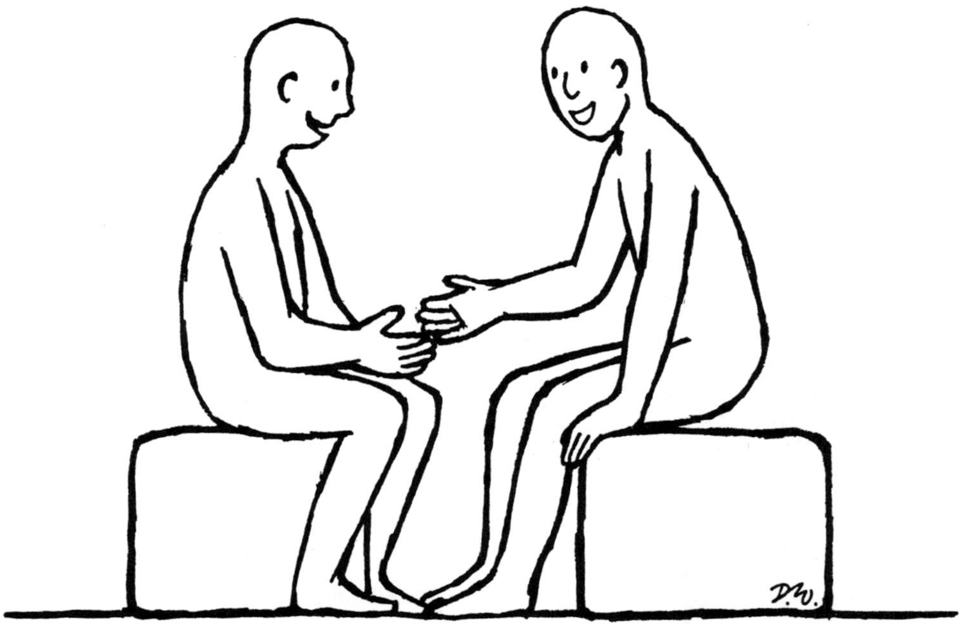

Niemand ist gern allein. Wieso sitzen die beiden so? Wie können sie sich einander zuwenden? Kontaktvorschläge in den freien Zwischenraum schreiben und in Rollenspiel oder Pantomime nachvollziehen.

Verantwortung

Glaubwürdigkeit

Ausländer/-in

Freundschaft

Lk 10, 25-37
Lk 18, 9-14

Geschichten:
2, **5, 6,** 7, 8, 9, 11, 14, 19, 20, 21, 27, 30, 31, 38, 39, 40, 41, 42, 43, 49

Vom Reden zum Handeln ist oft ein weiter Weg. Darüber läßt sich nachdenken.
Lösungssatz: Vom Reden zum Handeln - das gilt auch für uns. Lösungswort: Freundschaft.

Vertrauen

Freundschaft

Lk 7, 36-50
Lk 17, 11-19

Geschichten:
2, 3, 4, **5, 6,**
8, 11, 14, 19,
20, 21, 23,
27, 30, 34,
39, 40, 46,
49

Vertrauen baut Brücken zueinander (Lösungssatz) - das gilt besonders für den Umgang mit Fremden.

Außenseiter/-in 111

Vorurteile

Mut

Zivilcourage

Anders(sein)

2.Mose
20, 16
Mt 7, 1-5

Geschichten:
4, 7, **10,** 11,
16, 20, 21,
22, 23, 26,
27, 29, 31,
32, 39, 46,
48, 50

Betrachte die 3 Bilder!
Überlege:
Was passiert da?
Stell dir vor, du bist
das Kind, auf
das der Pfeil zeigt.
Wie verhältst du
dich?
Entscheide dich!

Es braucht Mut, Vorurteilen gegenüber Außenseitern zu widerstehen und sich der Außenseiter anzunehmen. »Stelle dich auf die Seite derer, die Unrecht erleiden, und kämpfe gegen jeden, der Unrecht tut« (Gerhart Hauptmann).

112 Ausländer/-in

Rassismus
Asylbewerber/in
Vorurteile
Fremde
Anders(sein)
Menschenwürde
Miteinander
Solidarität
5.Mose 10, 17-19
Geschichten:
6, **7, 8, 9,** 10, 11, 16, 19, 20, 22, 24, 26, 27, 29, 30, 31, 38, 39, 48, 50

*PLAKATE „gegen Ausländerfeindlichkeit"

Gestaltet gemeinsam Plakate gegen Ausländerfeindlichkeit für den Gemeindeschaukasten, das Schwarze Brett in der Schule, für den Gruppen- oder Klassenraum, für die Schul-Litfaßsäule, die Infowand u.v.m. Welche weiteren Aktivitäten fallen euch dazu noch ein?

„Die gelbe Hand"

ist eine Aktion des **IDA** (**I**nformations-, **D**okumentations- und **A**ktions-Zentrum gegen Ausländerfeindlichkeit für eine multikulturelle Zukunft e.V.). Dem IDA gehören 22 Jugend-Mitgliedsverbände an. Es vermittelt Adressen, Kontakte, Medienmaterial (Filme/Videos, Ausstellungen), ReferentInnen, KünstlerInnen für Aktionen, Seminare und andere Veranstaltungen gegen Ausländerfeindlichkeit.

INFO-MATERIAL gibt es bei

- IDA · Charlottenstraße 55, 40210 Düsseldorf 1, Tel. 0211-1649432

Mitgliedsverbände u.a.:

- „Mach meinen Kumpel nicht an" e.V. · Tersteegenstr. 77, 40474 Düsseldorf, Tel. 0211-45 06 12
- Arbeitsgemeinschaft der Evangelischen Jugend – aej, Porschestr. 3 · 70435 Stuttgart, Tel. 0711-820040

113

Solidarität
Miteinander
Toleranz
2.Mose 12, 49
5.Mose 10, 17-19
Geschichten:
7, 8, 9, 19, 27, 29, 30, 31, 38

Auch in unserer Zeit verlassen immer mehr Menschen aus den unterschiedlichsten Gründen ihre Heimat. Viele von ihnen kommen zu uns. Was brauchen solche Menschen?

Folge der Linie von Buchstabe zu Buchstabe, dann erfährst du es.

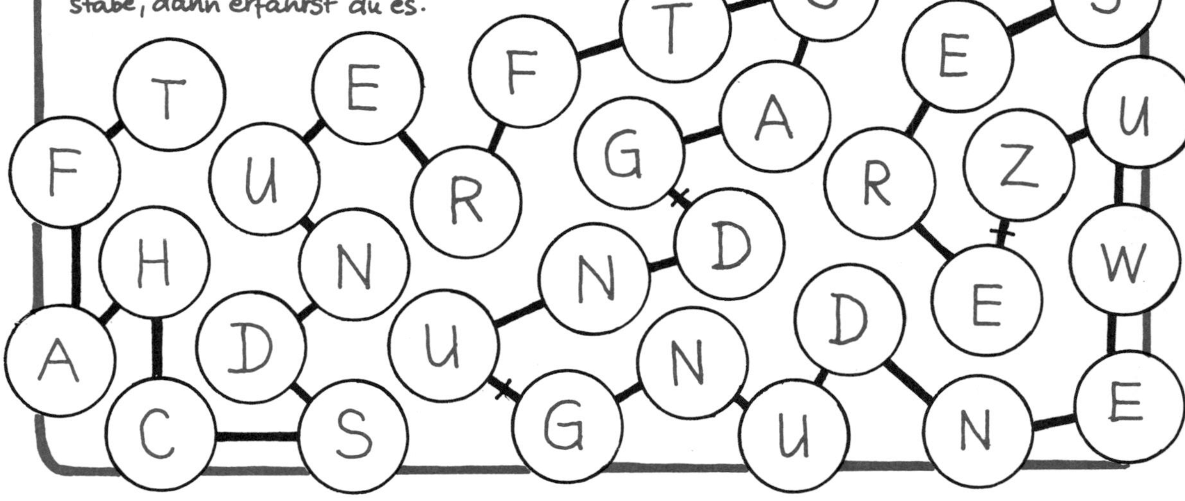

Lösung: Unsere Zuwendung und Gastfreundschaft

114

Gastfreundschaft
Fremde
Asylbewerber/-in
Toleranz
Zuwendung
Ps 39, 13
Eph 2, 19
Geschichten:
6, **7, 8, 9,** 19, 24, 26, 27, 30, 31, 38

Warum verlassen viele Menschen ihre Heimat? Im Gespräch werden Ursache und Einzelschicksale erörtert. Das kann zu Betroffenheit führen und Vorurteile abbauen.

STELL' DIR VOR....

du möchtest einem blinden Freund ein Geschenk machen. Welches von den hier gezeigten Dingen würdest du wählen und warum? Welches Geschenk findest du weniger geeignet?

Helfen

Freundschaft

Sensibilität

Mk 2, 1-12
Mk 10, 46-52

Geschichten: 2, 8, **11, 12,** 14, 19, 20, 21, 22, 25, 26, 28, 29, 38, 39, 40

116

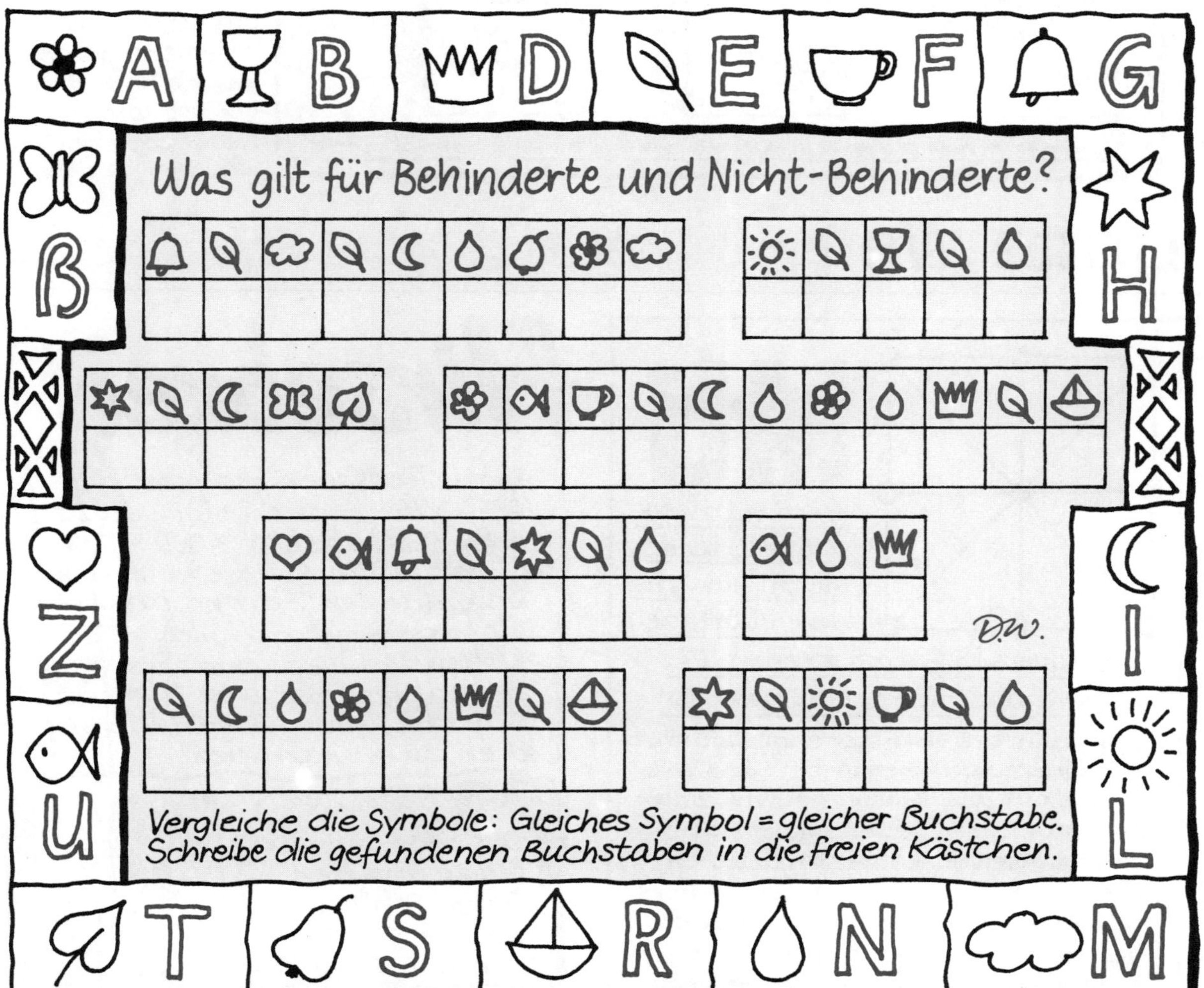

Helfen

Anders(sein)

Ausländer/-in

Miteinander

Aufeinanderzugehen

Mt 9, 18-26
Mt 25, 31-46

Geschichten: 5, 7, 8, 9, 10, **11, 12,** 16, 19, 21, 22, 25, 26, 27, 28, 29, 30, 31, 38, 39, 48, 50

Stell dir vor: Hier geht es darum, sich am Beispiel eines Blinden in die Situation von Menschen mit Behinderungen einzufühlen. Wie kann ich ihm meine Augen, meine Ohren, meine Hände usw. »leihen«?

Rätsel: Der Lösungssatz »Gemeinsam leben heißt aufeinanderzugehen und einander helfen« dient als Einstieg in ein Gespräch über die praktischen Möglichkeiten der Integration (Integrations-Kindergärten, Integrations-Klassen).

117 Beten

Miteinander
Anteilnehmen
Verantwortung
Helfen

Mt 6, 5-16
Lk 11, 5-13
Kol 1, 3-14

Geschichten:
3, 8, 11, **13,**
19, 22, 25,
26, 28, 29,
30, 38, 41,
42, 43

Wir basteln einen Gebets-kalender

Material: 7 leere Streichholzschachteln, Karton, farbiges Papier, Schere, Kleber, Stifte

Die Grundidee entspricht der eines Adventskalenders: Auf einem Stück Karton in ausreichender Größe tragen wir die 7 Wochentage ein. Auf den Abschnitt eines jeden Wochentages kleben wir eine Streichholzschachtel, die wir zuvor mit farbigem Papier umklebt haben. Auf die Oberseite schreiben wir den Namen des Tages und verschönern den Kalender mit weiteren Verzierungen.

Wir schneiden 7 kleine Zettel zurecht, die zusammengerollt in die Schächtelchen passen. Auf jeden der Zettel schreiben wir ein Gebet. Jedes Gebetszettelchen wird zusammengerollt und in eine Streichholzschachtel gelegt.

Jeden Tag holen wir einen Gebetszettel heraus und lesen das Gebet. Für einen Familienkalender eignen sich Abendgebete, für einen Klassen- oder Gruppenkalender allgemeine Gebete.

Nach einiger Zeit können neue Gebete geschrieben werden.

118 Dritte Welt

Kennenlernen
Spielen

Jes 38, 20
Sach 8, 4-5

Geschichten:
14, 15, 28

Mti

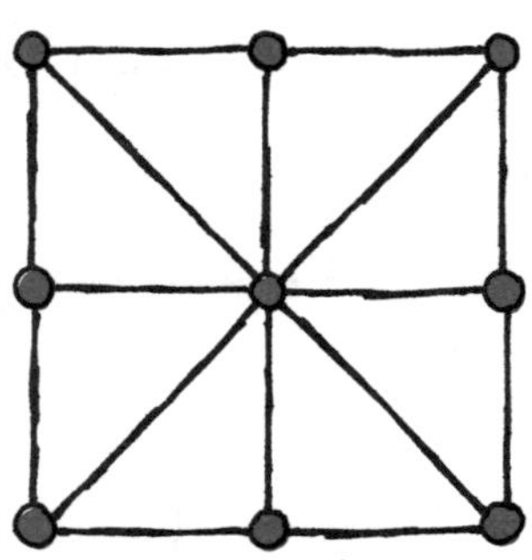

wird zu zweit gespielt und gleicht ein wenig dem Mühlespiel, wie wir es in Europa kennen. Es kommt aus Afrika und geht so:

Ihr malt die obenstehende Zeichnung mit einem Stöckchen in den Sand, mit Kreide auf das Pflaster oder mit einem Stift auf Papier. Jeder Spieler hat 3 gleiche Spielsteine, die sich deutlich von denen des Mitspielers unterscheiden. Der Spielplan hat 9 Kreuzpunkte, auf die nun abwechselnd alle Spielsteine gelegt werden. Nun bewegt ihr abwechselnd je einen eurer Spielsteine, bis alle eure Steine auf einer Linie liegen. Wem das zuerst gelingt, hat gewonnen.

Ihr dürft aber nicht über Steine oder Kreuzpunkte wegspringen und pro Zug dürft ihr nur einen Punkt weiterziehen.

119

Kennenlernen
Essen und Trinken

Mt 26, 17-30
Joh 6, 1-13

Geschichten:
14, 15, 28

Hirsebrei

für 4 Personen brauchst du: 250 g Hirse (aus Reformhaus oder Bio-Laden) – 1/2 l Milch – abgeriebene Schale einer unbehandelten Zitrone und/oder 1 Zimtstange und/oder 1 Pck. echten Vanillezucker – Honig – gemischtes Obst oder Kompott – Schlagsahne und Mandelblättchen zum Garnieren

Die Hirse mit der Milch und den Gewürzen aufkochen. 15-20 Minuten auf kleiner Stufe köcheln lassen, bis die Hirse 4-5 mal an Umfang zugenommen hat. Den leicht abgekühlten Brei nach Geschmack mit Honig süßen und in Portionen aufteilen. Auf jede Portion kleingeschnittene Früchte, einen Klecks Sahne und Mandeln geben.

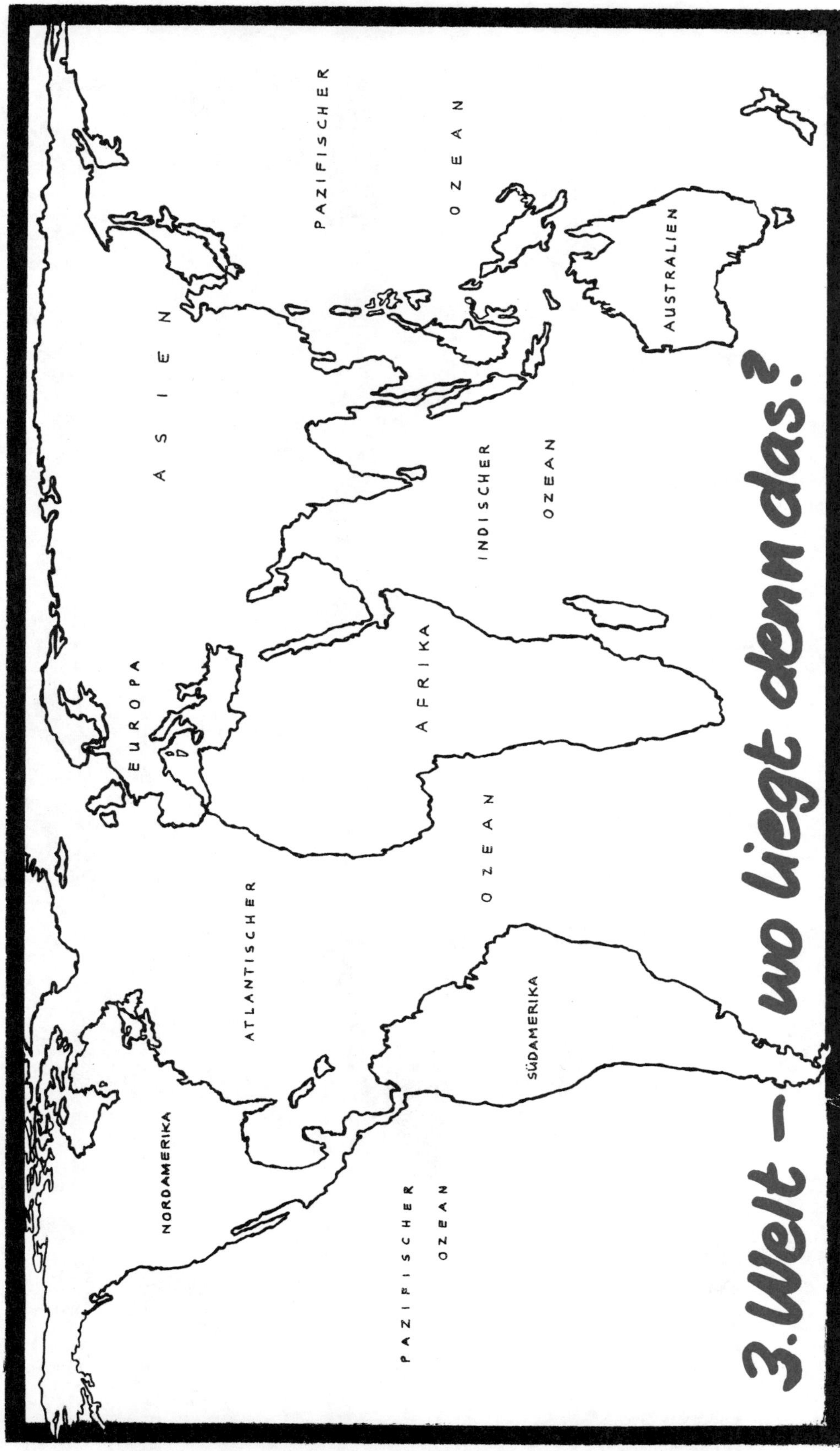

Jn der 1. Welt leben die Menschen, die satt sind. Jn der 3. Welt leben die, die Hunger haben. Jrgendwann hat das jemand so eingeteilt.

Nimm Buntstifte und male erst alle Ozeane blau, dann alle reichen Länder gelb, und alle armen Länder rot.

Rot oder gelb – welche Farbe gibt es am häufigsten?

Hunger

Gerechtigkeit

Arm und Reich

2.Mose 16, 1-35
Joh 6, 1-13

Geschichten: **14, 15,** 22, 24, 28, 35

Dritte Welt - wo liegt denn das? Es ist nicht ganz einfach, eine Zuordnung vorzunehmen, da in den meisten Ländern Hungernde neben Satten leben. Auch in Europa. Es geht um das Verhältnis: Wo gibt es überwiegend hungernde Menschen?
Die abgebildete Weltkarte bezieht sich auf die vom Evangelischen Missionswerk herausgegebene flächentreue Darstellung der Erde, die alle Kontinente und Ozeane in ihrer wirklichen Größe zeigt.

121 Dritte Welt

Hunger

Arm und Reich

Teilen

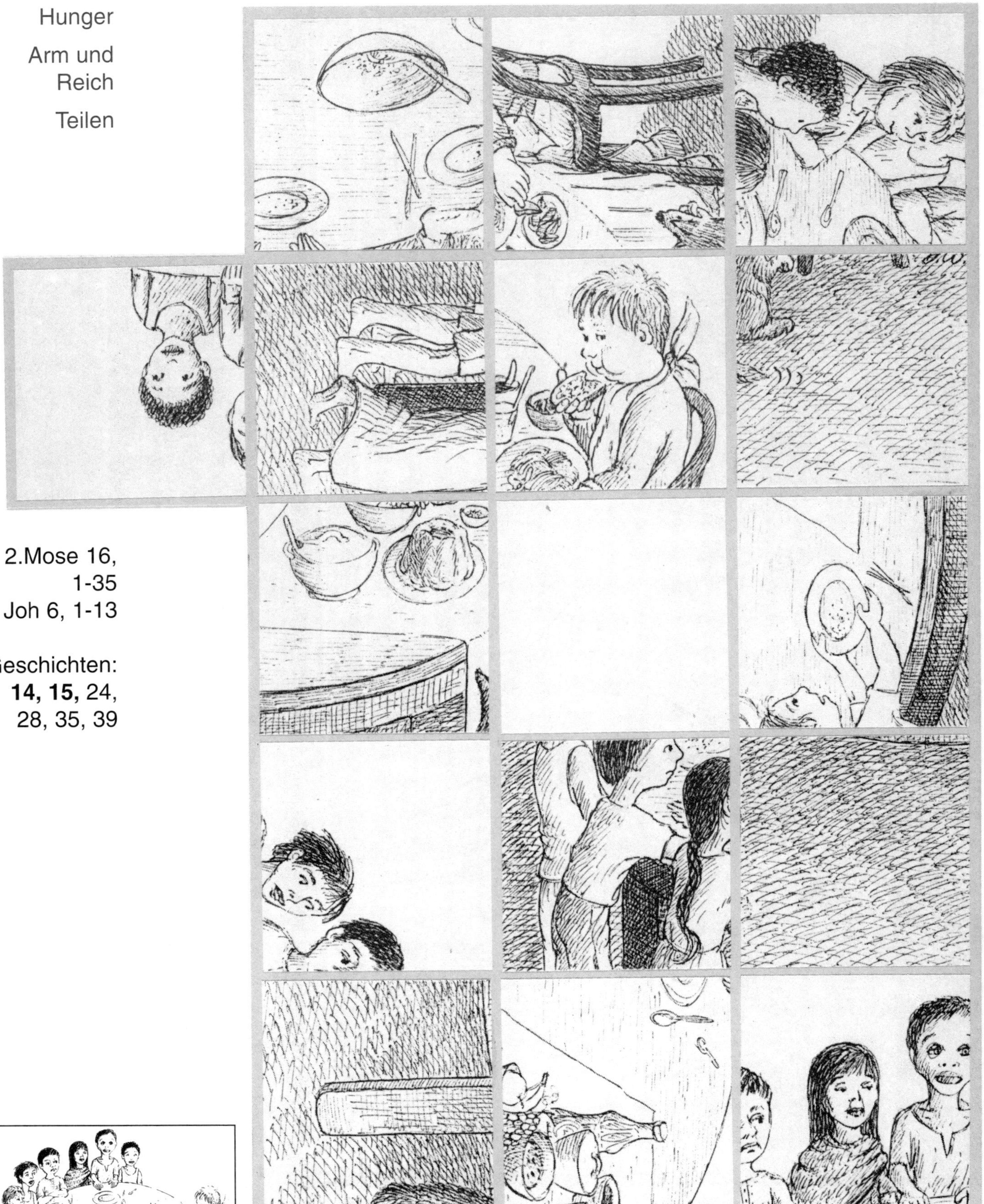

2.Mose 16, 1-35
Joh 6, 1-13

Geschichten:
14, 15, 24, 28, 35, 39

Die Puzzleteile sauber ausschneiden und auf einem Blatt Papier zu einem Bild kleben. Das fertige Puzzle wird bei den Kindern eine gewisse Betroffenheit auslösen. Das kann zu einem Gespräch führen. Daraus sollte sich die Idee entwickeln, den Tisch neu und anders zu gestalten.

Hunger

Arm und Reich

Teilen

Selbsthilfe

2.Mose 16, 1-35
Joh 6, 1-13

Geschichten:
14, 15, 24, 28, 35, 39

GESUCHT:
Ein chinesisches Sprichwort

1 2 3 4 5 6 6 5 7 8 9 10 11	12 13 14 14 5 7	15 16 17 4

3

18 7 5 9

Finde die Namen der abgebildeten Dinge und schreibe sie in die freien Kästchen. Nun weißt du, welcher Buchstabe zu welcher Zahl gehört. Übertrage die so gefundenen Buchstaben in die Kästchen mit gleicher Zahl:

Ä = AE
Ö = OE
Ü = UE

11 9 15 1 6	18 17	4 9 7	5 9 10 5 10	14 9 1 2 3	,

1 13	1 6 9 8 8 1 6	18 17	4 5 9 10 5 10	3 17 10 11 5 7

14 17 5 7	5 9 10 5 10	6 16 11	.	8 5 3 7 1 6	18 17

4 9 2 3	18 16 1	14 9 1 2 3 5 10	,	12 16 10 10	9 2 3

4 9 2 3	1 5 8 15 1 6	5 7 10 16 5 3 7 5 10	!

D.W.

Der Lösungssatz: »Gibst du mir einen Fisch, so stillst du meinen Hunger für einen Tag. Lehrst du mich das Fischen, kann ich mich selbst ernähren« greift die Thematik »Gerechtigkeit, Friede und Bewahrung der Schöpfung« auf: Hilfe zur Selbsthilfe ist wichtiger als Almosen. Das ist das Grundprinzip der kirchlichen Aktionen »Brot für die Welt« und »Misereor«.

123 Eifersucht

Freundschaft

Aufeinanderzugehen

Miteinander

Lk 15, 11-32

Geschichten: 2, 5, 8, 11, 14, **16,** 19, 20, 21, 29, 30, 39, 40, 49

Was ist nur los mit Fiep? Weißt du es? Was passiert nun? Male und schreibe es in die leeren Felder und Sprechblasen.

Arbeiten
Mühe
Leistung

Jer 36, 1-28

Geschichten:
17, 36, 47,
52, 53

Alles umsonst !?

Hier sind Situationen dargestellt, die du selbst vielleicht auch schon ähnlich erlebt hast. Erst hast du dir für eine Sache viel Mühe gegeben und dann war alles umsonst, weil....

Erfinde kleine Geschichten zu den Bildern. Überlege: Wo war bei dir schon einmal alles umsonst?

Die Kinder können eigene Erfahrungen in Bildern, Geschichten und Rollenspielen darstellen.

125 Familie

Alleinsein
Fremde
Fremdsein
Obdachlose
Trennung

Rut 1, 16-17
Mt 2, 13-23

Geschichten:
1, 5, 6, 7,
10, 11, 17,
18, 19, 24,
26, 27, 38,
45, 51, 52,
53

Erfinde dazu eine Geschichte!

126

Vertrauen
Geborgen-
heit
Miteinander
Zuwendung

Rut 1, 16-17
Mt 2, 13-23

Geschichten:
2, 3, 4, 17,
18, 23, 26,
27, 29, 30,
34, 45, 49,
51, 52

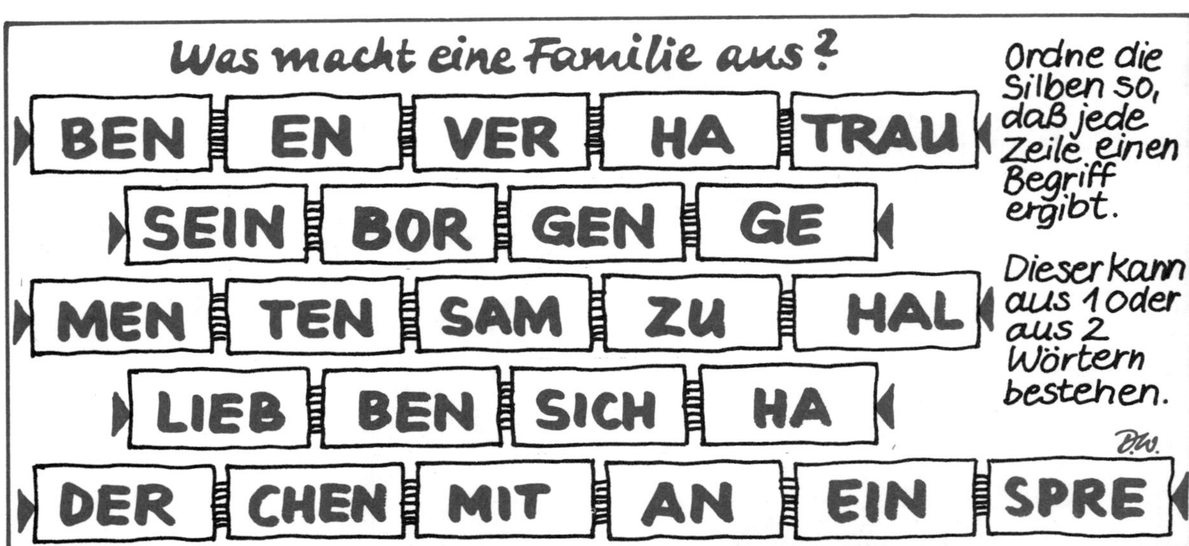

Eine Familie ist heute nicht immer Vater, Mutter und Kind(er). Es gibt inzwischen unterschiedliche Formen des Zusammenlebens, die auch als Familie gelten.
Was macht eine Familie aus? Lösung: Vertrauen haben - geborgen sein - zusammenhalten - miteinander sprechen - sich liebhaben.

Einladung

Lk 14, 15-24
Lk 15, 11-32

Geschichten:
5

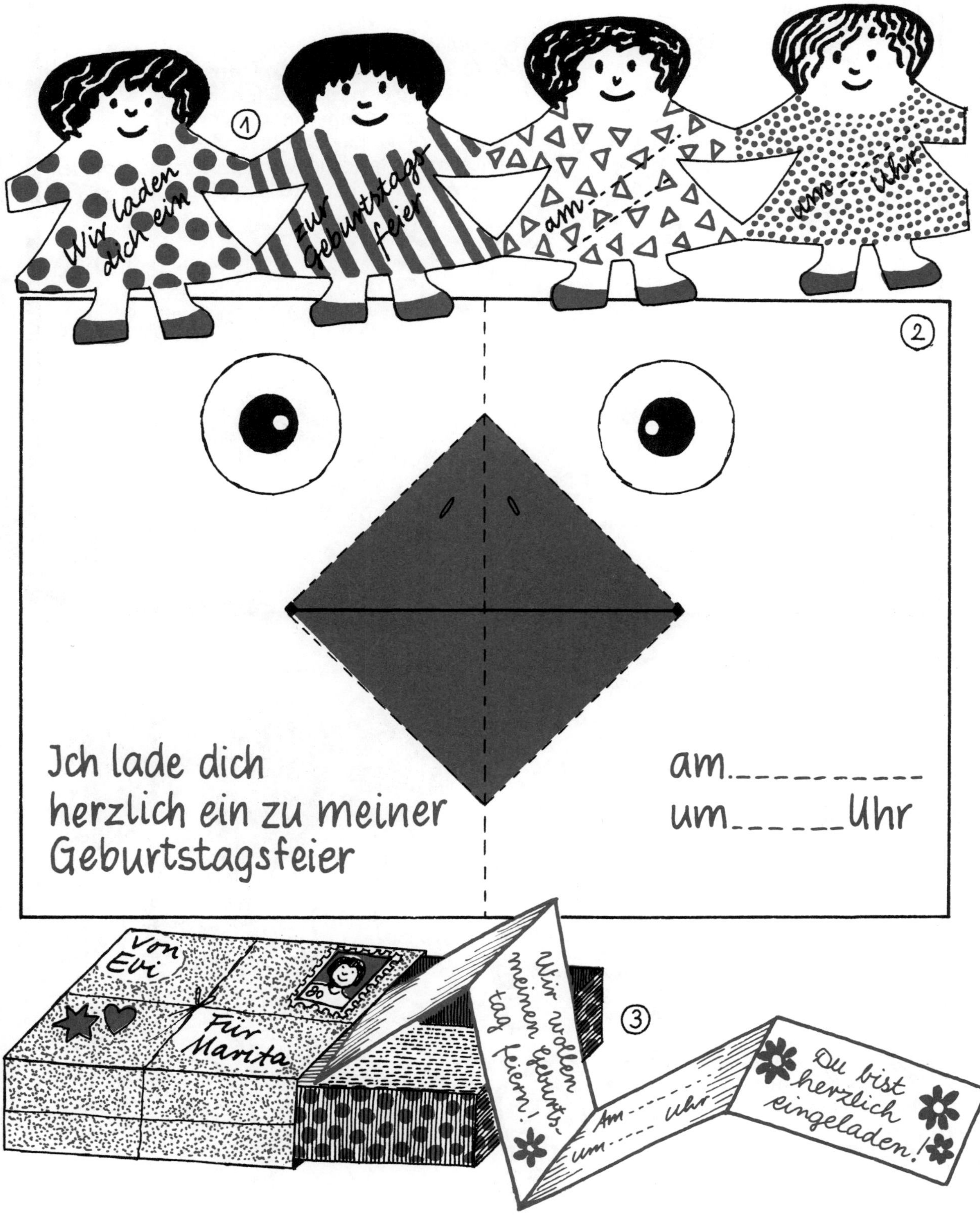

Kinder feiern gerne Geburtstag. Für sie ist eine Einladung besonders wichtig, aber die Eltern benutzen oft vorgefertigte lieblose Einladungskarten. Hier besteht die Möglichkeit, Einladungskarten persönlich und phantasievoll zu gestalten und dabei den Wert des Einladens zu entdecken.

So werden die Einladungskarten gemacht:

1 DIE FIGURENKETTE ist aus buntem Papier schnell geschnitten und macht bestimmt Lust auf gemeinsames Feiern. Dazu faltest du einen Streifen dünnes Papier (8 cm breit, 24 cm lang) im Zickzack. Jedes Feld sollte 3 cm breit sein. Male auf die äußere Kante den halben Umriß auf. Drücke nun den Faltstreifen fest zusammen und schneide die Form mit einer scharfen Schere aus. Ziehe die so entstandene Kette vorsichtig auseinander. Bemale und beschrifte sie nun, wie es dir gefällt.

2 SPRECHENDE EINLADUNGSKARTE

Wie die funktioniert, probierst du am besten erst mit einem Blatt Papier aus:

① Übertrage die Zeichnung auf das Blatt und male den „Mund" farbig.

② Falte das Blatt in der Mitte nach außen und schneide die waagrechte Linie mit der Schere ein.

③ Knicke nun die entstandenen Ecken entlang der gestrichelten Falzlinien nach oben und unten, wende das Blatt und falte die Ecken in Gegenrichtung ebenso.

④ Falte jetzt das Blatt in der Mitte in Gegenrichtung, wobei die abgeknickten Ecken nach innen gedrückt werden.

⑤ Klappe nun das Blatt auf und zu…

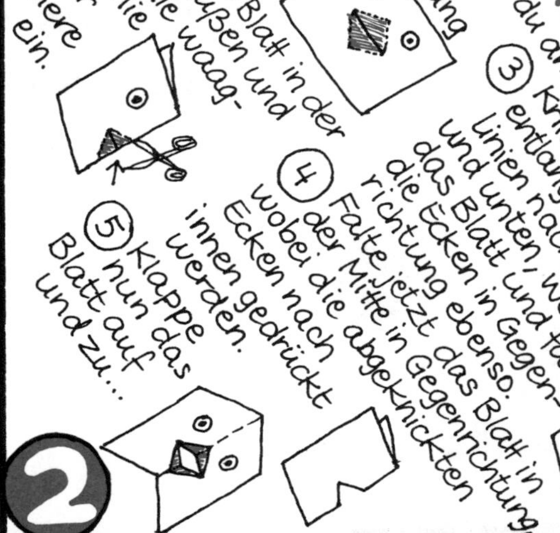

3 DAS MINIPAKET kannst du aus einer Zündholzschachtel basteln. Beklebe sie von allen Seiten mit Papier und bemale sie dann. Bemale auch die Innenschachtel und klebe den Papierstreifen, auf den du deine Einladung geschrieben hast, am Boden fest.

128

Fröhlichkeit

Essen und Trinken

Lk 15, 11-32
Joh 2, 1-11

Geschichten: 5

Keine Feier ohne Limonade!

Cocktail ohne Alkohol

1 1/2 Gläser Zitronensaft und 3 Gläser Apfelsinensaft mit Zucker abschmecken und mit 6 Flaschen Mineralwasser vermischen. Anschließend Eiswürfel und in dünne Scheibchen geschnittene ungespritzte oder geschälte Zitronen und Apfelsinen dazugeben. Umrühren – fertig ist der Durstlöscher.

129

Spielen

Jes 38, 20
Sach 8, 4-5

Geschichten: 5

Fehlt dir noch eine lustige Dekoration?

Luftballons mit Plattfüßen

sind schnell gemacht. Male den Umriß deiner Füße auf Karton. Schneide diese Schablone als zusammenhängende Form aus. Bohre in die Mitte ein kleines Loch und ziehe hier den Knoten des aufgeblasenen Luftballons durch. Fertige so mehrer Ballons an und male ihnen mit Filzstiften lustige Gesichter auf. Sicher fallen dir auch bald Spiele ein: Werfen, Hüpfenlassen……

Spielideen mit Luftballons im Freien

Mit Wasser füllen und als Ball benützen!

So viele aufgeblasene Luftballons wie möglich um die Wette transportieren – auf einmal natürlich!

Mit 3 Luftballons zwischen den Händen eine bestimmte Strecke zurücklegen!

Mit herausströmender Luft einen leichten Gegenstand vorwärts bewegen! (Als Staffel?)

Mit bloßen Händen, aber verbundenen Augen, einen stark aufgeblasenen Luftballon zerplatzen lassen!

Für Tennis, Federball, Volleyball, Handball usw. einen Luftballon als Spielball verwenden!

Fröhlichkeit

Spielen

Essen und Trinken

2.Mose 23, 12
Lk 19, 1-10

Geschichten: 5

Geburtstag feiern

Mit bunten Riesenblumen, Decken und Tüchern verändern wir das Aussehen des Raumes und schmücken ihn festlich.

Die Riesenblumen

entstehen aus Zeitungspapier. Zuerst müssen wir alle Doppelseiten mit stark verdünnten Wasserfarben bunt einfärben, dann trocknen lassen. Für jede Blume brauchen wir je nach Größe 2-5 Doppelseiten. Wir klappen die Doppelseite waagrecht zusammen,

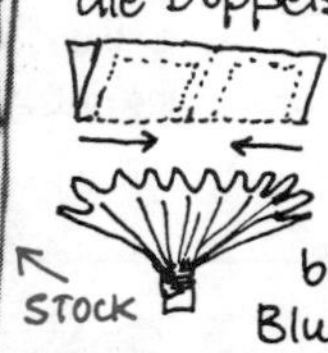

raffen eine Längsseite leicht zusammen und rollen sie locker ein. Auf die gleiche Weise folgen die nächsten Zeitungsblätter. Unten binden wir das Papier mit Schnur oder Blumendraht fest oder kleben es zu, oben zupfen wir eine schöne Blüte zurecht und schneiden sie mit der Schere in Form.
Die Blätter schneiden wir aus einfachem Zeitungspapier.

Darf es bei der Feier auch laut zugehen? Dann haben wir viel Spaß mit den

Knalltüten:

Sie sind aus einem DIN-A-4-Blatt festen weißen Schreibmaschinenpapiers schnell gebastelt:

1.  Blatt senkrecht in der Mitte falten
2. 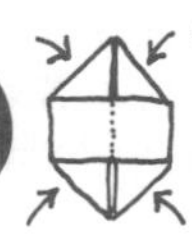 Aufklappen, alle 4 Ecken nach innen falten
3.  Spitze auf Spitze legen, waagrecht zusammenklappen — SORGFÄLTIG FALTEN!
4.  Die unteren beiden Ecken parallel zur Mittellinie falten.
5. Wieder aufklappen, umdrehen, die Ecken wie (4) gegenfalten. 
6.  Aufklappen, die Ecken nach innen falten
7. Zum Dreieck zusammenklappen 

8.  Zwischen Daumen und Zeigefinger nehmen und die offene Seite mit einem kurzen, kräftigen Ruck nach unten schlagen. Laut knallend öffnen sich die beiden Falttaschen....

Wahrscheinlich mußt du die ruckartige Bewegung ein wenig üben, aber das lernst du schnell. So eine Knalltüte kann bis zu 150× knallen – und das ganz ohne Pulver und Feuer!

Gemeinsam feiern wir mit Säften, Kakao und

Kartoffel-Waffeln:

2 große, mehlig-festkochende Kartoffeln in der Schale weichkochen. Schale abziehen und die Kartoffeln durch eine Presse drücken. Den Kartoffelbrei mit 4 Eiern, 50g Weizenmehl, 50g geriebenen Emmentaler Käse und 50g geriebenen Parmesan-Käse vermengen. Mit elektrischem Rührgerät zu einem dickflüssigen Teig verarbeiten, wenn nötig, etwas Mineralwasser hinzufügen.

Waffeleisen vorheizen, mit Speckschwarte einreiben, den Teig in Portionen hineingeben und goldgelbe Waffeln ausbacken. Nach jedem Ausbacken das Waffeleisen neu einfetten.

Wenn kein Waffeleisen da ist, kann der Teig auch eßlöffelweise in der Pfanne gebacken werden. Warm essen!

D.W.

131 Fremde/Fremdsein

Ausländer/-in
Kennenlernen
Essen und Trinken

4.Mose 15, 14-16
Jes 65, 17-25

Geschichten:
6, 7, 8, 9, **19,** 24, 26, 27, 30, 31, 38

Wir Kochen:

So schmeckt es anderswo:

Bananenküchlein aus Eritrea:

Zutaten für 6 Personen:
500g Mehl · 3 Eier (getrennt) · 3-4 Eßlöffel Milch · 1 Prise Backpulver · 1 Teelöffel Zucker · 5-6 Bananen · Öl zum Ausbacken.

Verrühre das Mehl mit Eigelb, Milch, Backpulver und Zucker zu einem dickflüssigen Teig. Schlage das Eiweiß zu Eischnee und hebe ihn unter den Teig. Fülle den Teig eßlöffelweise in die mit Öl erhitzte Pfanne, lege je eine Bananenscheibe darauf und backe die Küchlein von beiden Seiten goldgelb.

Irmik Helvasi aus der Türkei:

Zutaten für 6 Personen:
175g Butter · 250g Grieß · 200g Zucker · 3/4 l Milch · 150g Pinienkerne

Koche die Milch mit dem Zucker, bis sich der Zucker aufgelöst hat. Röste den Grieß mit der Butter und 100g Pinienkernen, gieße dann die Milch dazu und koche das Ganze so lange auf kleiner Flamme, bis alle Flüssigkeit aufgesogen ist. Rühre immer fleißig um, damit nichts anbrennt. Lasse den Brei noch etwa 15 Minuten ziehen, garniere ihn dann mit den restlichen Pinienkernen. Warm servieren!

132

Ausländer/-in
Kennenlernen
Essen und Trinken

Ps 39, 13
Jes 65, 17-25

Geschichten:
6, 7, 8, 9, **19,** 24, 26, 27, 30, 31, 38

IM BANANEN BACKTEIG

Pisang Goreng

125 g Mehl · 1 Eßl. Zucker · 1 Päckchen Vanillezucker · 1/2 Päckchen Backpulver · Salz · 4 Eßl. Milch · 6 reife Bananen · 1/2 l geschmacksneutrales Fritieröl · Puderzucker

• Zubereitungszeit: 45 Minuten

So wird's gemacht: Aus dem Mehl, dem Zucker, dem Ei, dem Vanillezucker, dem Backpulver, Salz und der Milch einen dicken Teil anrühren (von der Beschaffenheit eines Pfannkuchenteiges). • Die Bananen schälen, schräg in 2 oder 3 Stücke schneiden und in dem Teig wenden. • Das Öl im Fritiertopf erhitzen. Die Bananen darin goldgelb backen. Mit Puderzucker bestreuen.

133

Essen und Trinken
Kennenlernen

Mt 25, 31-46

Geschichten:
6, 7, **19,** 24, 26, 27, 38

Rezept

Gebackener Schafkäse

- Milden griechischen, türkischen oder bulgarischen Schafkäse vorsichtig (bröckelig!) in „fischstäbchengroße" Stücke schneiden. (Pro Person 2-3 Stücke – sehr sättigend).
- 1-2 Eier mit der Gabel verrühren, die Käsestücke darin wenden, dann mit Semmelbröseln panieren, ggf. diese Vorgänge wiederholen.
- Die panierten Käsestücke mit etwas Öl in der Pfanne bei kleiner Hitze von beiden Seiten goldbraun backen.
- Dazu gibt es Kartoffelpürree und einen knackigen Tomaten-Gurken-Paprika-Salat.

Andere Kulturen kennenlernen, gemeinsam kochen und essen verbindet und überwindet Fremdheit. Oft sind Eltern aus der Gruppe/Schulklasse bereit, gemeinsam mit den Kindern zu kochen und zu feiern!

Was ist anders? Was ist gleich?

Immer mehr Menschen aus anderen Ländern leben mit uns in Deutschland. Vieles in ihrer Heimat ist anders als bei uns. Erst wenn wir mehr darüber wissen, lernen wir diese Menschen besser verstehen. Gibt es in eurer Klasse, in eurer Nachbarschaft, in eurem Kindergottesdienst Kinder aus anderen Ländern? Befragt sie einmal nach einigen Bräuchen (schriftlich oder auf Cassette aufnehmen).

Welche Fragen könnt ihr im Interview stellen? Zum Beispiel:

- Was ist das größte und schönste Fest in deinem Land?
- Wie wird es gefeiert?
- Was wird da gegessen und getrunken?
- Welche Musik wird gespielt und gesungen?
- Welche Spiele werden gespielt?
- ______________ selbst auswählen

Gemeinsam feiern macht Spaß! Ladet deshalb eure Interview-Partner zu einem **Kennenlern-Fest** ein. Dabei werden alle Kinder (auch die deutschen) vorgestellt und können im Interview von sich erzählen. Essen und Trinken werden „international" zusammengestellt, ebenso die Musik zum Singen und Tanzen.

Kennenlernen
Miteinander
Anders(sein)
Aufeinanderzugehen
Feiern

5.Mose 10, 17-19
Eph 2, 19

Geschichten: 5, 6, 7, 10, 11, 16, **19**, 24, 26, 27, 29, 30, 35, 38, 39, 48, 50

135

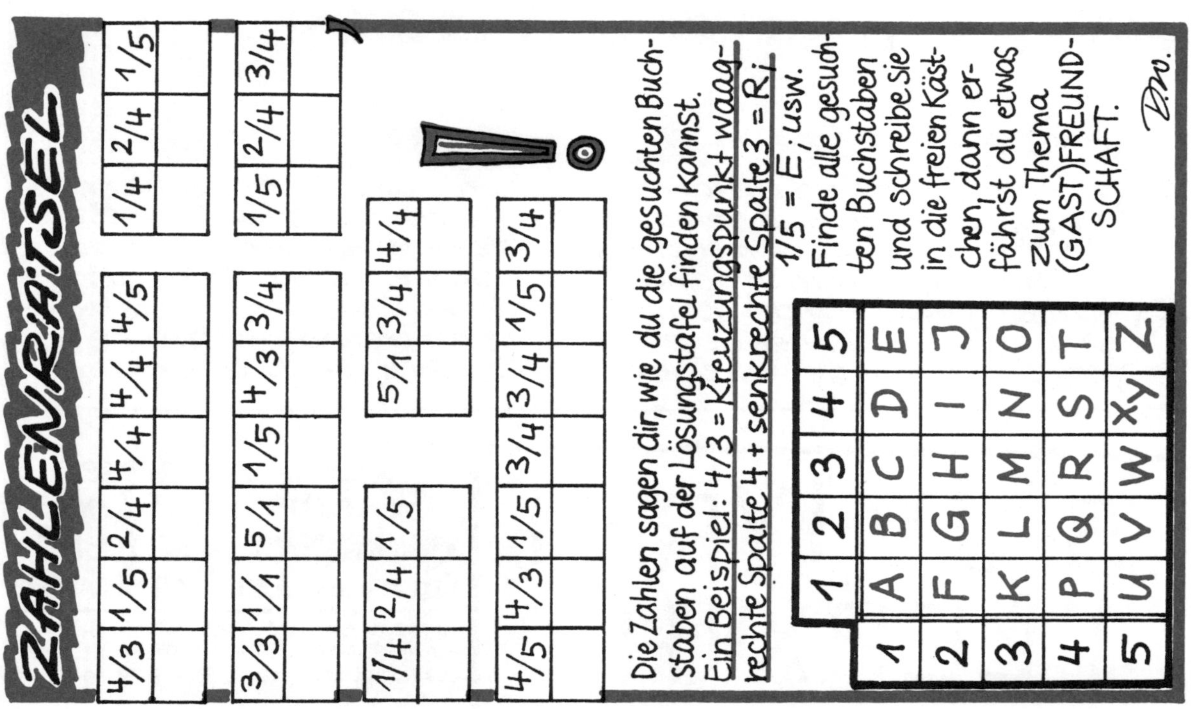

Anders(sein)
Aufeinanderzugehen
Miteinander
Kennenlernen

5.Mose 10, 17-19
Eph 2, 19

Geschichten: 5, 6, 7, 10, 11, 16, **19**, 24, 26, 27, 29, 30, 38, 39, 48, 50

Rätsel: Der Lösungssatz »Reißt die Mauern ein, die uns trennen« läßt die Frage aufkommen, welche zwischenmenschlichen Mauern denn gemeint sind. Nachdem das Thema im gemeinsamen Gespräch vertieft wurde, können bildnerische Ausdrucksmöglichkeiten dazu gesucht werden.

136 Freundschaft

Ent-
täuschung
Verleugnung
Bekennen
Mut

Jer 9, 1-7
Sir 6, 5-17

Geschichten:
2, 8, 11, 14,
17, 19, **20,**
21, 36, 39,
40, 46

137

Erinnerung
Steine
Geschenke

Jos 4, 1-24

Geschichten:
2, 8, 11, 14,
19, **20,** 21,
39, 40

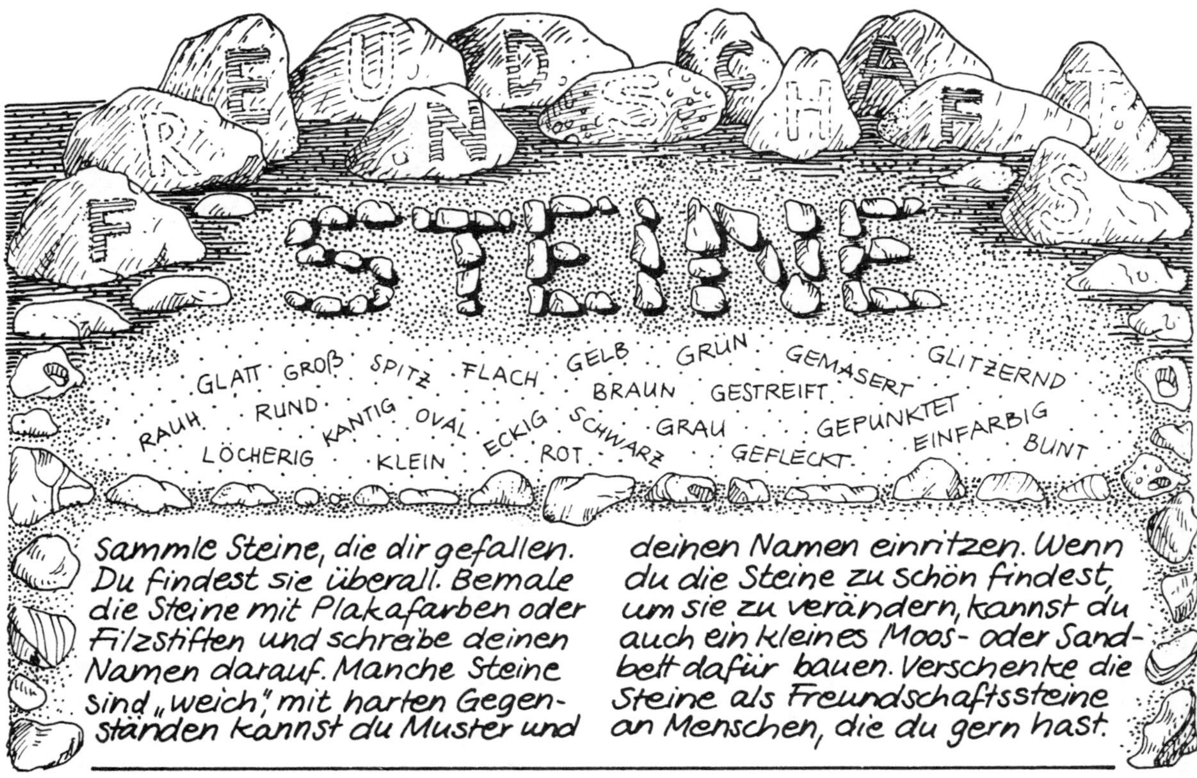

Sammle Steine, die dir gefallen. Du findest sie überall. Bemale die Steine mit Plakafarben oder Filzstiften und schreibe deinen Namen darauf. Manche Steine sind „weich", mit harten Gegenständen kannst du Muster und deinen Namen einritzen. Wenn du die Steine zu schön findest, um sie zu verändern, kannst du auch ein kleines Moos- oder Sandbett dafür bauen. Verschenke die Steine als Freundschaftssteine an Menschen, die du gern hast.

138

Miteinander
Zusammen-
halt

3.Mose
24, 22

Geschichten:
2, 8, 11, 14,
18, 19, **20,**
21, 29, 30,
39, 40

5 JVIYRHI
LEPXIR
DYWEQQIR

Kannst du diesen Geheimschrift-Code knacken?

Erst nachdenken, dann nachlesen!

Die Zahl 5 bedeutet, daß alle Buchstaben um 5 Stellen im Alphabet versetzt sind. Schneide aus kariertem Papier 2 lange schmale Streifen und schreibe auf jeden 2x das komplette Alphabet (1 Kästchen = 1 Buchstabe). Lege die Streifen so untereinander, daß das A des oberen Streifens beim 5. Buchstaben des unteren anliegt: A = E, B = F usw. Wie lautet die Botschaft?

Kinder brauchen Freunde. Sie haben oft Erkennungszeichen, die ihre Zusammengehörigkeit zeigen. Freundschaften sind auch Belastungen ausgesetzt. Die Qualität einer Freundschaft zeigt sich erst, wenn sie sich bewährt. Geheimschrift-Code: Freunde halten zusammen.

Vorurteile

Zivilcourage

Mut

5.Mose 5, 20
Lk 18, 9-14

Geschichten:
2, 4, 7, 8, 10, 11, 14, 19, **20,** 21, 22, 23, 26, 27, 29, 31, 32, 39, 40, 46, 48, 50

Warum hält die Maus nicht zum Jgel? Sie sind doch Freunde!

Diese Bilder sind ein Einstieg in ein Gespräch über Freundschaft und das Eintreten füreinander. Die Geschichte kann von den Kindern mit weiteren Bildern fortgesetzt oder als Rollenspiel gestaltet werden.

140 Frieden

Weg

Ent-
scheidung

Sozial-
verhalten

Charakter

Ps 86, 11
Jes 11, 1-9
Mt 5, 1-12

Geschichten:
21, 30

Der Weg zum Frieden erscheint oft leicht. Dieses Arbeitsblatt bietet Kindern die Möglichkeit, über Verhaltensweisen und konkrete Schritte auf dem Weg zum Frieden nachzudenken. Jedes Kind soll zuerst »seine« Wortsteine auf die beiden Wege verteilen. Anschließend können sich die Kinder in Kleingruppen austauschen und dabei die einzelnen Eigenschaften nach ihrer Wichtigkeit anordnen.

Streiten
Gefühle
Konflikte
Weg
Aggressionen
Entscheidung

Ps 86, 11
Joh 14, 6

Geschichten:
9, 16, 17, **21,** 30, 51

1	2	3	4	5	2	6

7	2	6	8

9	10	2	11	2

6	12	13

Schreibe die Namen der abgebildeten Dinge in die oberen freien Kästchen. Nun weißt du, welche Zahl zu welchem Buchstaben gehört. Übertrage die Buchstaben in die unteren freien Kästchen, so ergibt sich der Lösungssatz.

13	2	6	9	2	11	13	2	4	7	2	6	8	2	3	4	ist

13	2	6	9	2	11	13	2	4	1	6	10	2	13	2	3	4	!

D.W.

Lösung: Fenster - Herz - Wiege - Rad = Der Weg des Herzens ist der Weg des Friedens!

142

Konflikte
Aggressionen
Entscheidung
Miteinander
Streiten

Ps 34, 15
Jes 11, 1-9
Mi 4, 1-5

Geschichten:
9, 16, 17, **21,** 29, 30, 51

Gut streiten zu lernen anstatt Konflikte zu verdrängen, ist ein wichtiger Beitrag auf dem Weg zum Frieden.

143 Frieden

Aufeinanderzugehen
Krieg
Streiten
Versöhnung
Aggressionen

Mt 5, 21-26
Lk 10, 5-6
Joh 14, 27

Geschichten:
5, 9, 16, 17,
21, 30, 51

Bei dieser kleinen Bildergeschichte VOM STREITEN UND VERSÖHNEN sind die Bilder durcheinander geraten. Bringe sie in die richtige Reihenfolge, dann verraten dir die blauen Buchstaben, nacheinander gelesen, eine wichtige Aufgabe:

• • • • • • •   • • • • • • • •   • • • •   • • • • • • !

D.W.

Lösung: Frieden schaffen ohne Waffen!

144

Zeichen

Mt 5, 9

Geschichten:
21

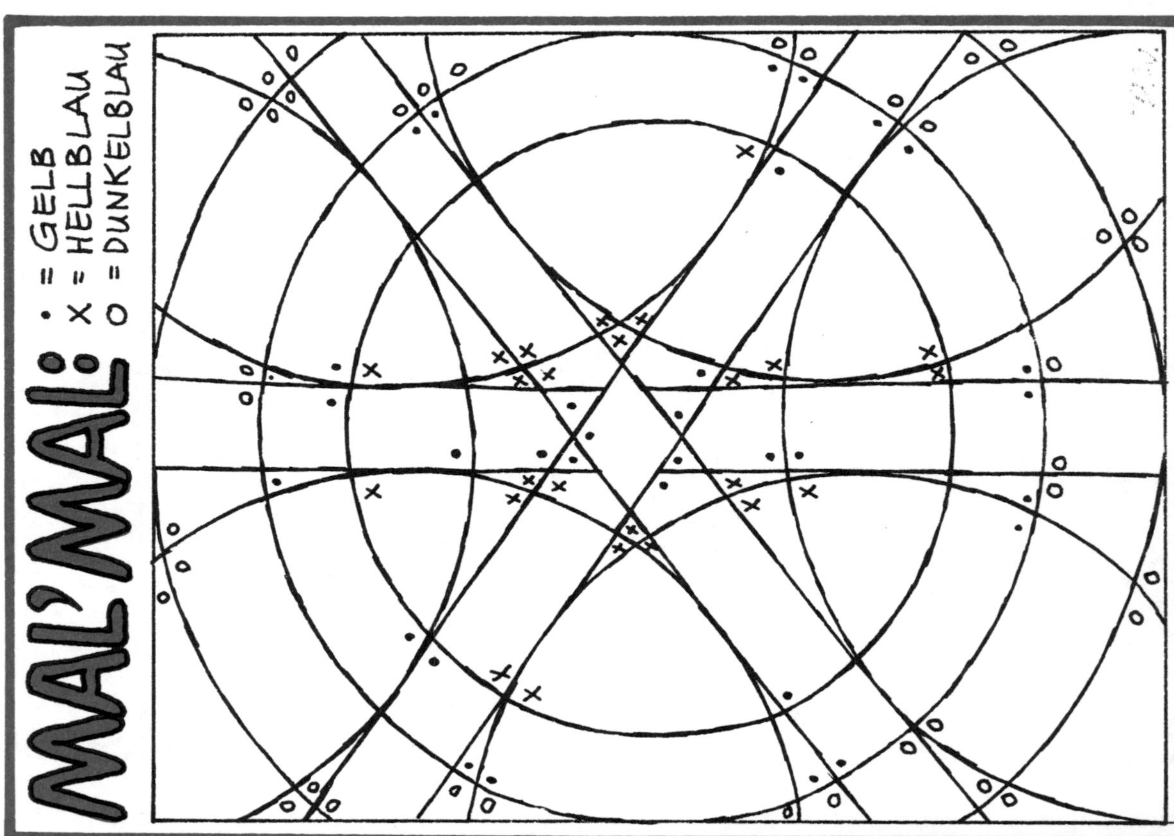

Internationales Zeichen für Frieden und Abrüstung

145

Hunger

Arm und Reich

Teilen

2.Mose 16, 1-35
Joh 6, 1-13

Geschichten:
15, **22,** 24, 28, 35, 39

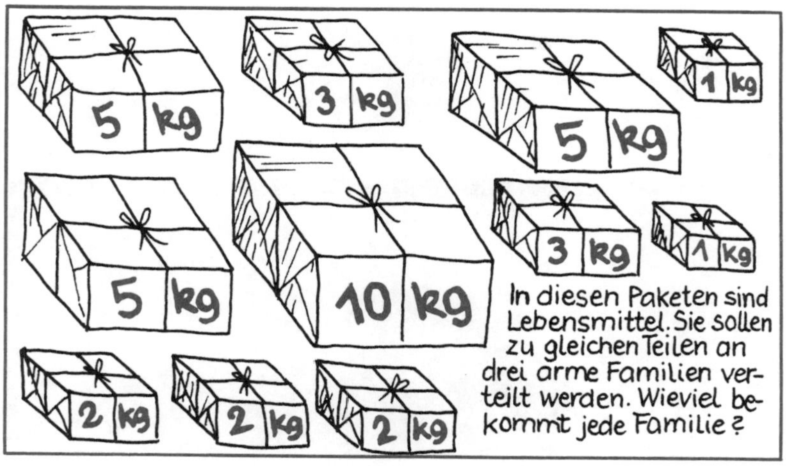

146

Hunger

Teilen

Dritte Welt

1.Kön 17, 1-24

Geschichten:
14, 15, **22,** 28, 39

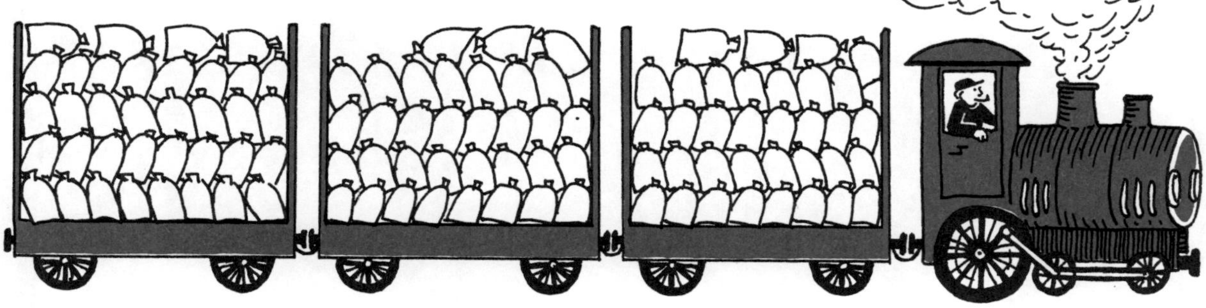

147

Hunger

Teilen

Dritte Welt

Joh 6, 35

Geschichten:
14, 15, **22,** 28, 39

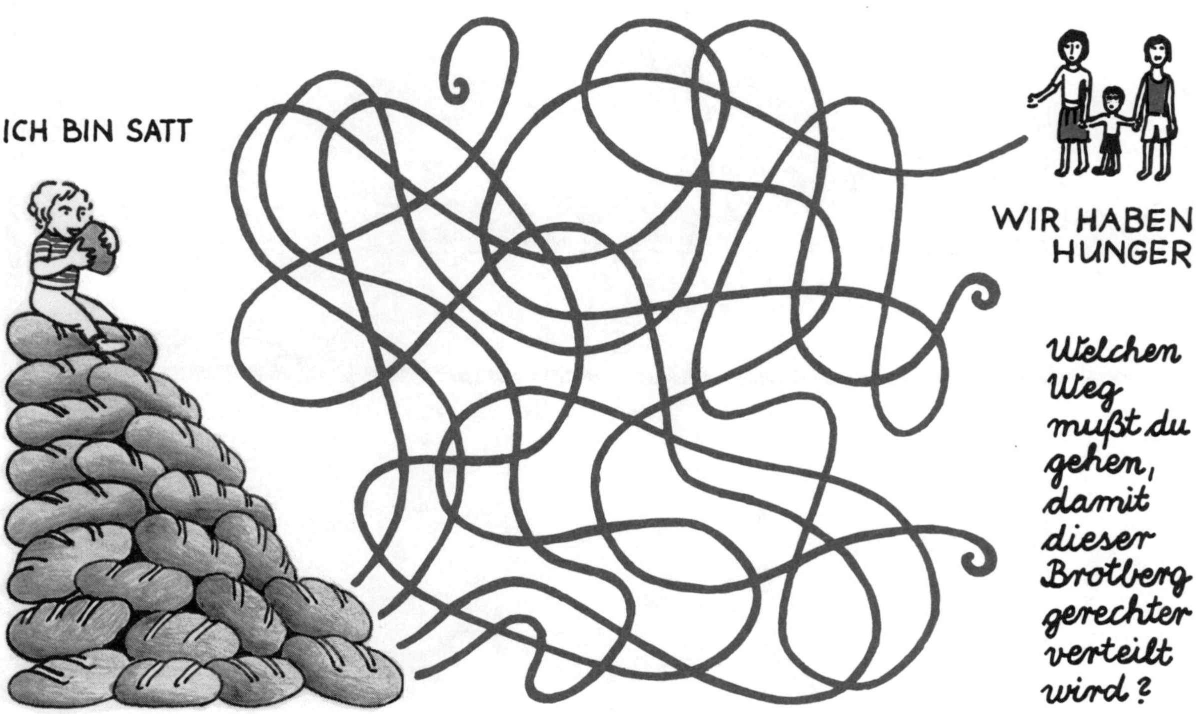

Gerechtigkeit kann sich nicht allein darin erschöpfen, daß materielle Güter gleichmäßig verteilt werden. Deshalb ist es wichtig, mit den Kindern darüber zu sprechen, was alle zum Leben brauchen und wie jeder das bekommen kann.

148 Gewissen

Diebstahl

Hinterhältigkeit

Vertrauen

2.Mose 20, 15
Mt 6, 19-34
Apg 24, 16

Geschichten:
3, 4, 21, **23,** 25, 27, 34, 46, 49

Dieses Bild bietet Einstiegsmöglichkeiten zum Thema Gewissen und Gewissensbildung. Es läßt sich fragen: Warum macht der Junge das? Was geht in ihm vor? Wie geht es weiter?

Vertrauen

Gott

Apg 24,16

Geschichten:
3, 4, 21, **23,**
27, 34, 49

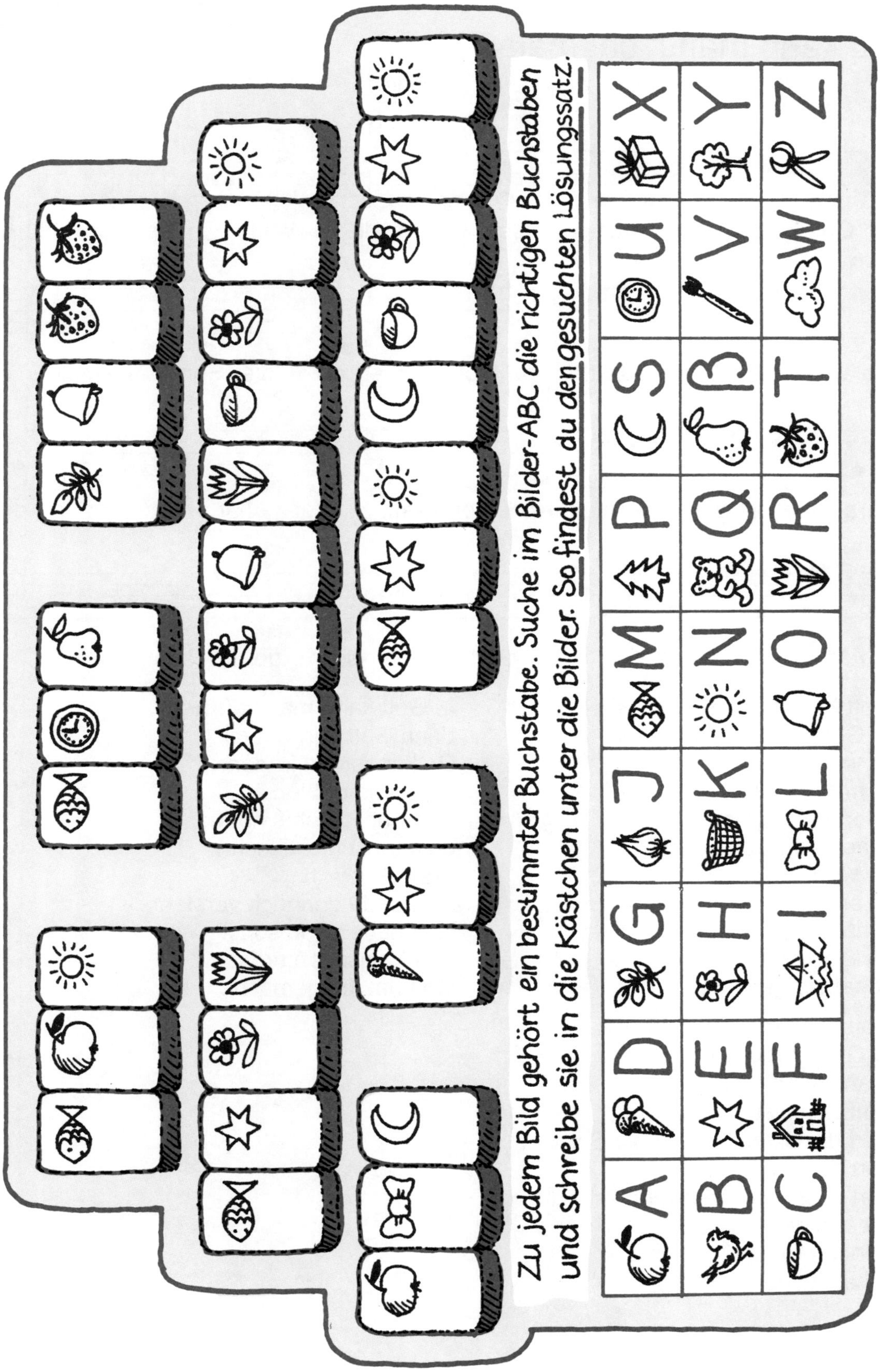

Gebote regeln das Zusammenleben. Der Lösungssatz »Man muß Gott mehr gehorchen als den Menschen« gibt den Einstieg in ein Gespräch über Sinn und Zweck von Geboten. Hierbei können auch Konflikte angesprochen werden, in denen göttliche Gebote gegen menschliche Erwartungen stehen.

Vertrauen
Schöpfung
Sehen
Hören

1.Mose 1, 1-2.4a

Geschichten: 3, 4, 23, 27, 34, 42, 43, 44, 49

Gott kann man nicht malen

Text: Sybille Fritsch-Oppermann, Musik: Fritz Baltruweit

2. Gott kann man nicht sehen,
aber Gott sieht die Welt.
Die Menschen sieht er
unterm Himmelszelt,
die Sorgen sieht er,
und wenn du dich freust.
Auch wenn du wegläufst,
sieht er hinterher.
Wer hätte denn sonst
die Augen erdacht?
Gott hat sie gemacht.

3. Gott kann man nicht hören,
aber Gott hört dir zu.
Du kannst ihn fragen,
er weiß, du bist du.
Er hört die Bitten, er hört die Sorgen,
er hört deine Angst,
er hört auch noch morgen!
Wer hätte denn sonst
die Liebe erdacht?
Gott hat sie gemacht.

4. Gott kann man vertrauen,
denn Gott vertraut dir.
Du kannst ihn fragen,
er ist immer hier.
Du kannst nichts hören,
du kannst nichts sehn.
Was Gott will,
kannst du dennoch verstehn.
Wer hätte denn sonst
den Menschen erdacht?
Gott hat ihn gemacht.

Dieses Schöpfungslied ist 1977 für den Kinderliederzyklus »Ein ganzer Tag und noch viel mehr« entstanden. Es lädt dazu ein, »Schöpfung« zu malen und als Rahmen dazu das Lied zu singen.
Strophe 1 fordert zu farbiger Gestaltung auf; bei den Strophen 2-4 überlegen die Kinder, wie sie jeweils im Hinblick auf »Sehen«, »Hören« und »Fragen« die letzten 3 Zeilen bildlich umsetzen können.

Geborgenheit

Beschützen

Verantwortung

Starke und Schwache

1.Chr 29, 12
Mt 14, 22-33

Geschichten:
2, 11, 18, 21, 26, 31, 33, 41, 42, 43

Diese Tiere stehen als Beispiele für menschliches Verhalten. Sind die Großen wirklich immer die Starken? Was können die Kleinen besser? Und was können Große und Kleine gemeinsam?

Große und Kleine, Starke und Schwache gibt es in jeder Gruppe. Deshalb ist es wichtig, daß nicht nur die körperlichen Größenverhältnisse gesehen, sondern auch Fähigkeiten und Begabungen erkannt und in Verantwortung füreinander eingesetzt werden.

152 Groß und Klein

Streiten

Eifersucht

Geschwister

Familie

Mt 12, 46-50
Mt 20, 20-28

Geschichten:
2, 16, 17, 18,
33, 45, 49,
51, 52

Geschwister haben unterschiedliche Positionen in der Familie und sind deshalb oft Rivalen. Daher sollten Streit und Eifersucht nicht von vornherein verurteilt, sondern zugelassen und konstruktiv ausgetragen werden. Ähnliche Situationen gibt es in vielen Gruppen.

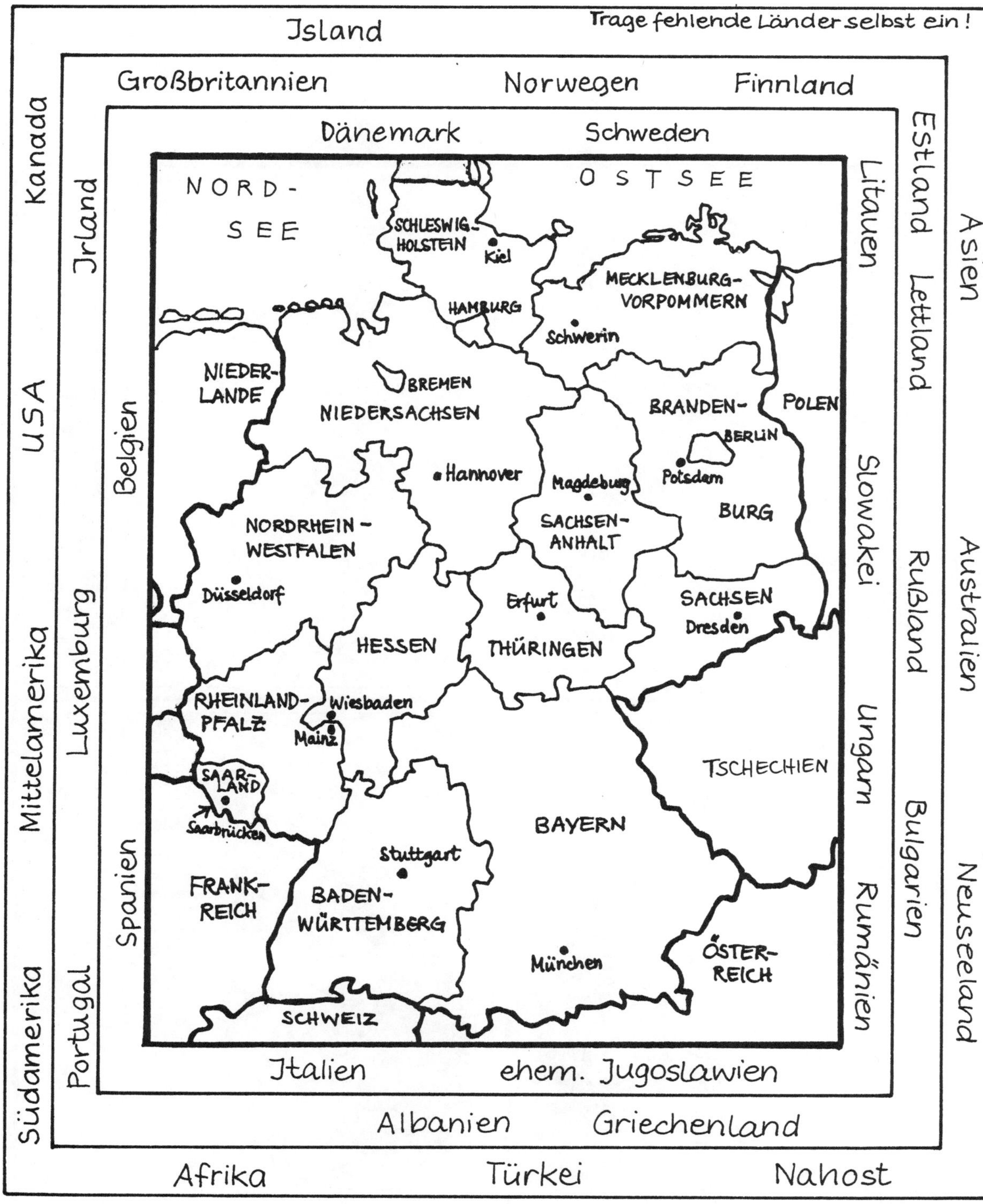

Haben deine Familie und deine Verwandten immer an einem Ort gelebt? Zeichne in die Karte ein, welche „Wanderungen" es in deiner Familie gegeben hat.

Fremde
Fremdsein
Familie

1.Mose 12, 1-9
1.Mose 24, 1-67

Geschichten: 6, 7, 17, 18, 19, **24,** 26, 27, 38, 45, 51, 52

Menschen verbinden unterschiedliche Vorstellungen mit dem Begriff »Heimat«. Manche denken dabei an den Herkunftsort ihrer Familie, manche an den Ort ihrer Kindheit und andere an den Ort, an dem sie Wurzeln geschlagen haben. Ausländische Kinder haben manchmal auch eine doppelte Heimat.

Die Kinder werden ermuntert, ihre Eltern und Großeltern nach deren Heimat und späteren Aufenthaltsorten zu befragen. Diese und die eigenen Situationen können auch in der Karte markiert und mit Fäden verbunden werden. Dazu kann die Karte vergrößert und auf Karton aufgeklebt werden.

Umzug
Trennung
Neubeginn
Helfen
Freundschaft
Gastfreundschaft
Umwelt
Miteinander

Rut 1, 16-17

Geschichten:
2, 8, 11, 14, 19, 20, 21, 22, **24,** 25, 26, 27, 28, 29, 30, 34, 38, 39, 40, 41, 42, 43, 44

Die Bilder können auch ausgeschnitten und ohne Nummern in vertauschter Reihenfolge kopiert werden. Die Kinder stellen die Bildgeschichte in der richtigen Reihenfolge zusammen.

Ende gut – alles gut! Pieks und Fiep haben eine neue Heimat gefunden.

Es ist oft nicht leicht, sich in einer fremden Umgebung zurechtzufinden und in ihr heimisch zu werden.

Hast du auch schon solche Erfahrungen gemacht? Male selbst eine Bildergeschichte und erzähle darin von deinen Erlebnissen!

155 Helfen

Starke und Schwache

Miteinander

Ps 71, 3
Mt 14, 22-33

Geschichten:
5, 11, 19, 21,
22, **25, 26,**
28, 29, 30,
31, 38

156

Trost

Zuwendung

Traurigkeit

Ps 73, 23-26
Röm 15, 2-7

Geschichten:
11, 17, 19,
22, **25, 26,**
28, 29, 38,
40

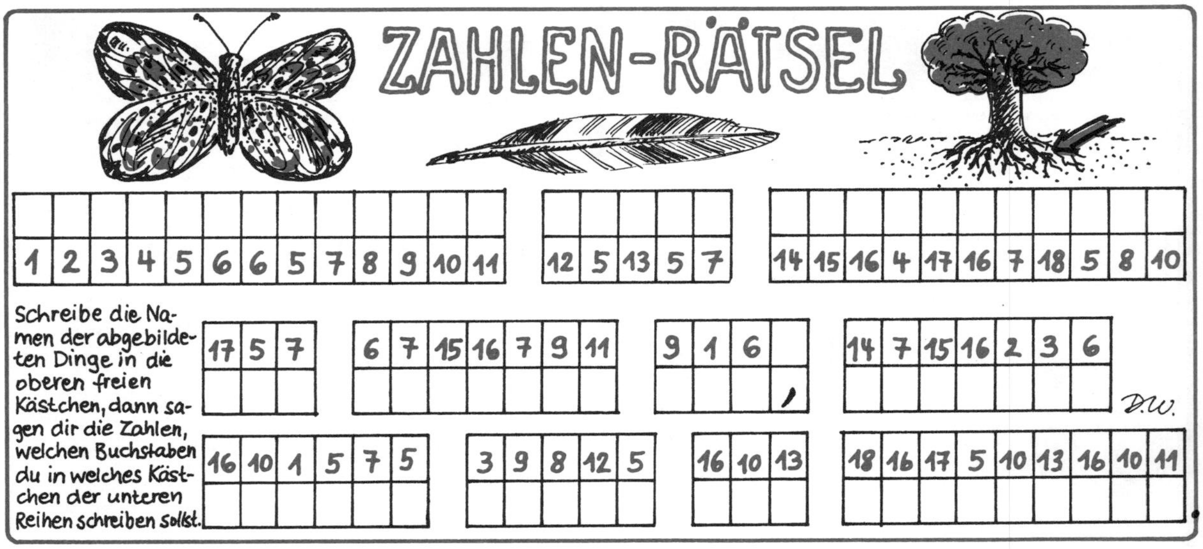

Echte Hilfe geschieht auf Gegenseitigkeit - an den Bildern können die Kinder entdecken, daß Hilfe auch situationsabhängig ist. Jeder kann dabei je nach seinen Fähigkeiten zum Helfenden werden.

Während die Bilder die Helfenden im Blick haben, lenkt das Rätsel den Blick auf die Hilfsbedürftigen (Lösungssatz: Wer traurig ist, braucht unsere Hilfe und Zuwendung).

157

Alleinsein

Trost

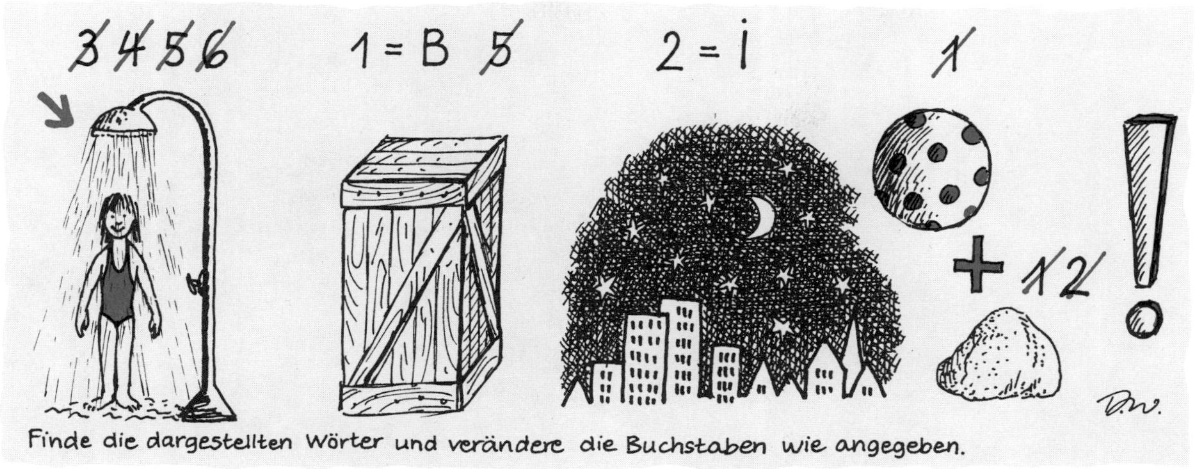

Mt 28, 16-20
Joh 14,
14-26

Geschichten:
1, 5, 10, 11,
27, 40, 53

158

Trost

Zeichen

1.Mose 9,
1-17
Jes 9, 1-6

Geschichten:
27, 40

Der Lösungssatz des Rätsels: Du bist nicht allein! ist eine Zusage der Hoffnung aus dem Vertrauen auf Gott. Diese Zusage braucht die konkrete Erfahrung durch menschliche Nähe oder andere Hoffnungszeichen.

159 Hunger

Dritte Welt
Recht
Teilen
Miteinander

2.Mose 16, 1-35
1.Kön 17, 1-24

Geschichten: 14, 15, **28,** 29, 35, 38, 39

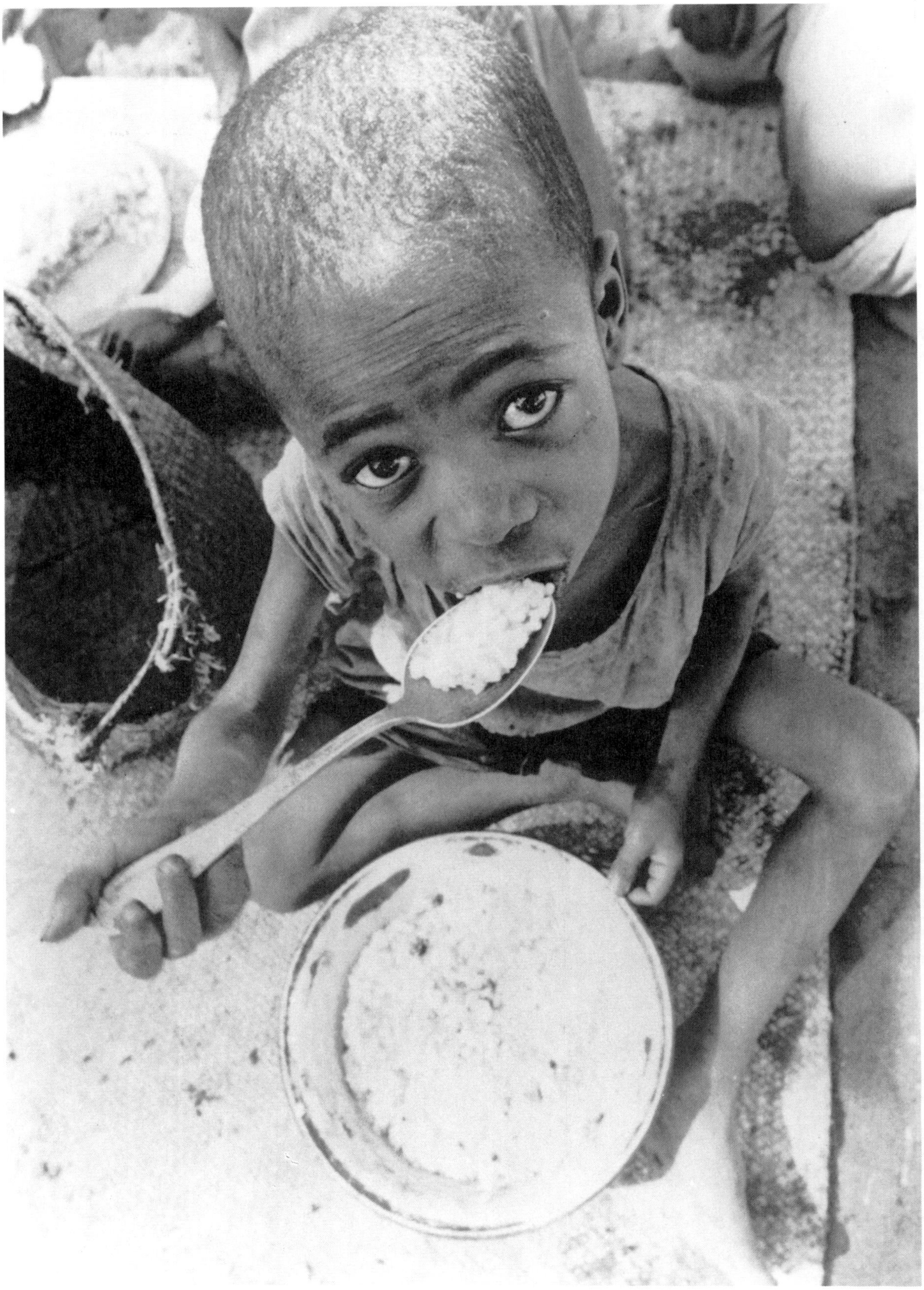

So viel Hunger hat das Kind und nun bekommt es endlich etwas zu essen. Wie lebt dieses Kind? Versuche, es dir vorzustellen! Was hast du, was ihm fehlt?

Geh auf Spurensuche in deinem Alltag: Wo ist deine Hilfe nötig? Schau dich um! Wem kannst du helfen? Wo findest du Gott in deinem Leben?

Immer wieder sehen wir solche Bilder im Fernsehen. Sie machen uns traurig, und wir fühlen uns ohnmächtig. Aber sind wir das wirklich?

Dritte Welt

Recht

Teilen

Miteinander

2.Mose 16, 1-35
1.Kön 17, 1-24

Geschichten:
14, 15, **28,** 29, 35, 38, 39

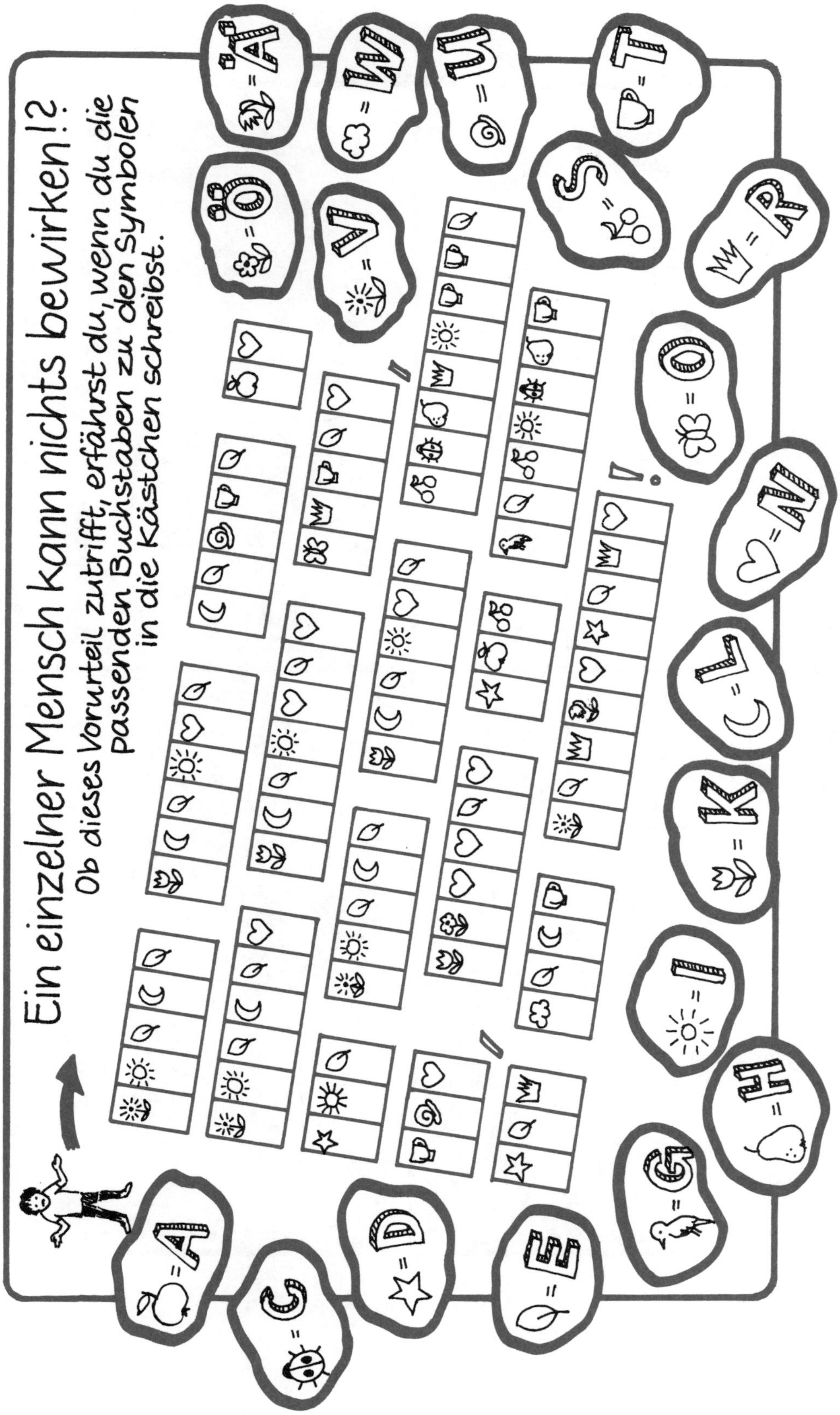

Der Lösungssatz: »Viele kleine Leute an vielen kleinen Orten, die viele kleine Schritte tun, können das Gesicht der Welt verändern« soll ermutigen, daß es entgegen der weit verbreiteten Meinung **doch** auf jeden einzelnen ankommt. Hierzu können Beispiele im öffentlichen Leben und im eigenen Erfahrungsbereich gesucht werden.

161 Hunger

Asyl-
bewerber/-in

Ausländer/-in

Angst

Helfen

3.Mose 19, 33-37
Mt 2, 13-23

Geschichten:
1, 3, 4, 7, 8, 9, 11, 13, 15, 19, 22, 23, 25, 26, 27, **28,** 29, 30, 31, 34, 36, 38, 50

Hunger zwingt immer mehr Menschen, ihre Heimat zu verlassen und sich Einlaß in die reichen Länder zu verschaffen. Hier werden sie als »Wirtschaftsflüchtlinge« bezeichnet und ausgewiesen. Diese Bildergeschichte zeigt die Auswirkung dieser Wanderungsbewegungen und bietet eine versöhnliche Lösung an. Alternativ kann die Sprechblase in Bild 4 abgedeckt und mit eigenem Text (der Kinder) gefüllt werden.

163

Feiern

Anders(sein)

Rolle

1.Mose 37, 1-11
Jes 43, 1

Geschichten: 5, 7, 10, 11, 16, 26, 33, 39, 50

VERKLEIDUNGSSPIEL

Auch mit ganz wenigen Sachen kann man sich toll verkleiden! Zeitungspapier und Sicherheitsnadeln genügen schon! Wer Angst hat, sich zu stechen, kann aber auch Klebeband verwenden. Zeitungspapier zerreißt sehr leicht, es muß deshalb mit Geduld und Vorsicht gehandhabt werden. Jüngere Kinder sollten deshalb besser Packpapier verwenden, damit sie nicht den Spaß am Spiel verlieren. Notfalls dürfen auch Schnüre benutzt werden, um z.B. einen Rock zu befestigen. Aber mehr Material nicht! Wir wollen ja versuchen, aus ganz wenig ganz viel zu machen!

Jeder denkt sich nun ein Kostüm aus. Alle helfen sich gegenseitig beim Verkleiden und führen dann in einer „Modenschau" einander ihre Erfindungen vor.
ALS WETTBEWERB gespielt bilden je 2 Kinder ein Paar. Mit 6 Bogen Zeitungspapier und 12 Sicherheitsnadeln soll der eine Partner den anderen in einer festgelegten Zeit verkleiden. Bei der anschließenden Vorführung raten die anderen Kinder, was dargestellt wird. Entsprechende Posen erleichtern das Raten!

Kinder verkleiden sich gern und schlüpfen in andere Rollen, um ihre Träume und Phantasien in anderen Identitäten auszuleben. Das Verkleidungsspiel kann im Gespräch weitergeführt werden: Wer bin ich wirklich?

Weiteres Material für originelle Masken: Packpapiertüten, Pappteller, kleine Pappkartons...

Spielen

Gastfreundschaft

1.Mose 18, 1-15
Lk 10, 38-42

Geschichten:
29, 30

In der Beschreibung der vielen fröhlichen Spiele und Begegnungen werden die Kinder zu einem lebendigen Gespräch finden. Durch Kennenlernen finden sich Gemeinsamkeiten. Einladen (Lösungswort: Gastfreundschaft) ist eine wichtige Voraussetzung dafür.

Alternativ zum Legespiel, das die Gemeinschaft aller Kinder der Welt betont, läßt sich in Gemeinschaftsarbeit eine lange Kinderkette (durchzeichnen und ausschneiden) herstellen und

Fremde

Fremdsein

Ausländer/-in

Außen-seiter/-in

Aufeinander-zugehen

1.Kor 12, 1-11
Eph 4, 1-6

Geschichten:
5, 6, 7, 8, 9, 10, 11, 19, 21, 22, 24, 26, 27, **29, 30,** 31, 35, 38, 48

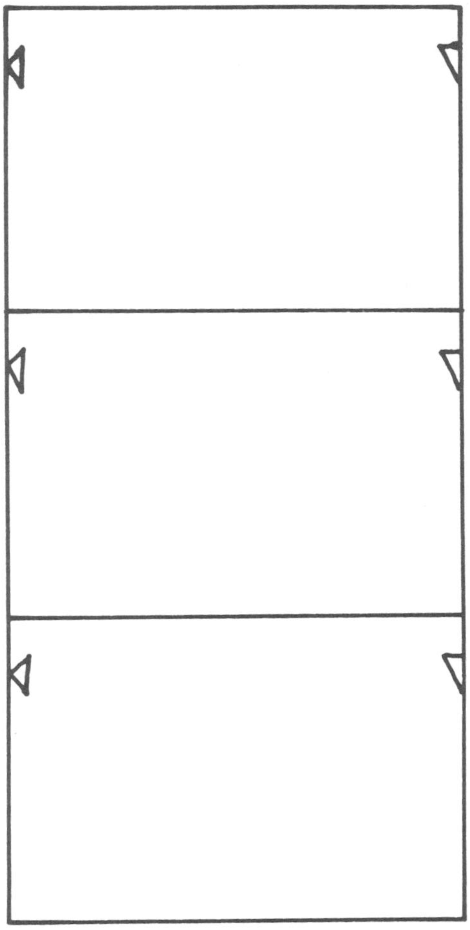

LEGESPIEL

für 1 – 4 Mitspieler

Male zuerst dich selbst in die freie Karte links, dann alle anderen Kinder mit Buntstiften schön farbig. Klebe dann den ganzen Bogen Papier sorgfältig auf dünnen Karton gleicher Größe. Zerschneide nun die Vorlage entlang der Linien (erst senkrecht, dann waagrecht) in 10 große Karten, diese dann in je 3 kleine Kärtchen. Benutze dazu Lineal und Papiermesser und laß dir von einem Erwachsenen dabei helfen!

Das Spiel besteht aus 10 Karten, jede Karte setzt sich aus 3 Kärtchen zusammen. Die Markierungen an den Rändern kennzeichnen die Reihenfolge, in der die Kärtchen aneinandergelegt werden müssen.
Alle Kärtchen werden gemischt und verdeckt auf den Tisch gelegt. Der jüngste Mitspieler deckt das erste Kärtchen auf. Reihum deckt nun jeder Mitspieler ein Kärtchen auf. Paßt es, wird es an das erste Kärtchen angelegt. Paßt es nicht, wird es verdeckt liegengelassen. So geht es weiter, bis alle Kärtchen angelegt sind und die „Kinderkette" vollständig ist.

Das Legespiel kann auch nach den üblichen „Memory"-Spielregeln gespielt werden (Dreiergruppen statt Paare).

um einen Globus herum befestigen. Dabei kann über die unterschiedlichen Kulturen gesprochen werden.

Behindert

Krankheit

Sehen

Ps 30, 1-13
Lk 10, 25-37

Geschichten:
5, 11, 12, **29,**
30, 53

Als erstes werden die ausgeschnittenen Puzzleteile zu einem Haus zusammengelegt (geklebt) und farbig ausgestaltet. Dabei finden die Kinder das Lösungswort »Miteinander leben«. Im Gespräch läßt sich dann »Wegsehen - Hinsehen« am Beispiel des kranken Kindes thematisieren.

Identität

1.Mose 12, 2
Jes 43, 1

Geschichten:
33

168

Aufeinanderzugehen

Identität

Lk 1, 57-66

Geschichten:
5, 30, **33**

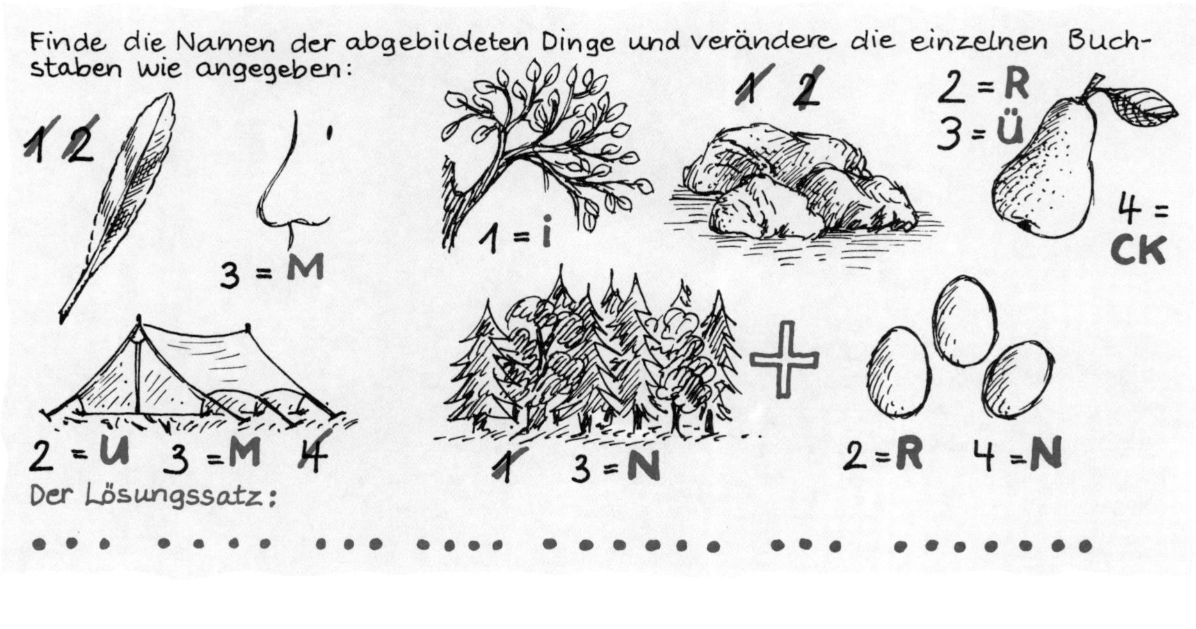

Namensschnecke: Selbst eine Namensschnecke entwerfen (mit Mädchen- und Jungennamen, Namen der Gruppe/Klasse), in der der eigene Name auf jeden Fall vorkommt.
Rebus: Die Lösung »Der Name ist eine Brücke zum andern« dient als Einstieg, über Namen, ihre Brückenfunktion (z. B. Begrüßung, sich vorstellen usf.), ihre Bedeutung und die Beziehung zum eigenen Namen (Mag ich ihn?) zu sprechen.

169 Neubeginn

Umzug

Veränderung

Freundschaft

Trennung

Obdachlose

Rut 1, 16-17

Geschichten:
2, 8, 11, 14,
19, 20, 21,
26, 27, **34,**
39, 40

Aufgrund der gesellschaftlichen Mobilität machen Kinder heute häufiger Umzugserfahrungen. Das bringt sie immer wieder in die Situation, sich sozial neu orientieren zu müssen (Kindergartengruppe, Schulklasse, Spielkreise).

Umzug

Ver-
änderung

Freund-
schaft

Heimat

Trennung

Rut 1, 16-17

Geschichten:
2, 8, 11, 14,
19, 20, 21,
24, 27, **34,**
39, 40

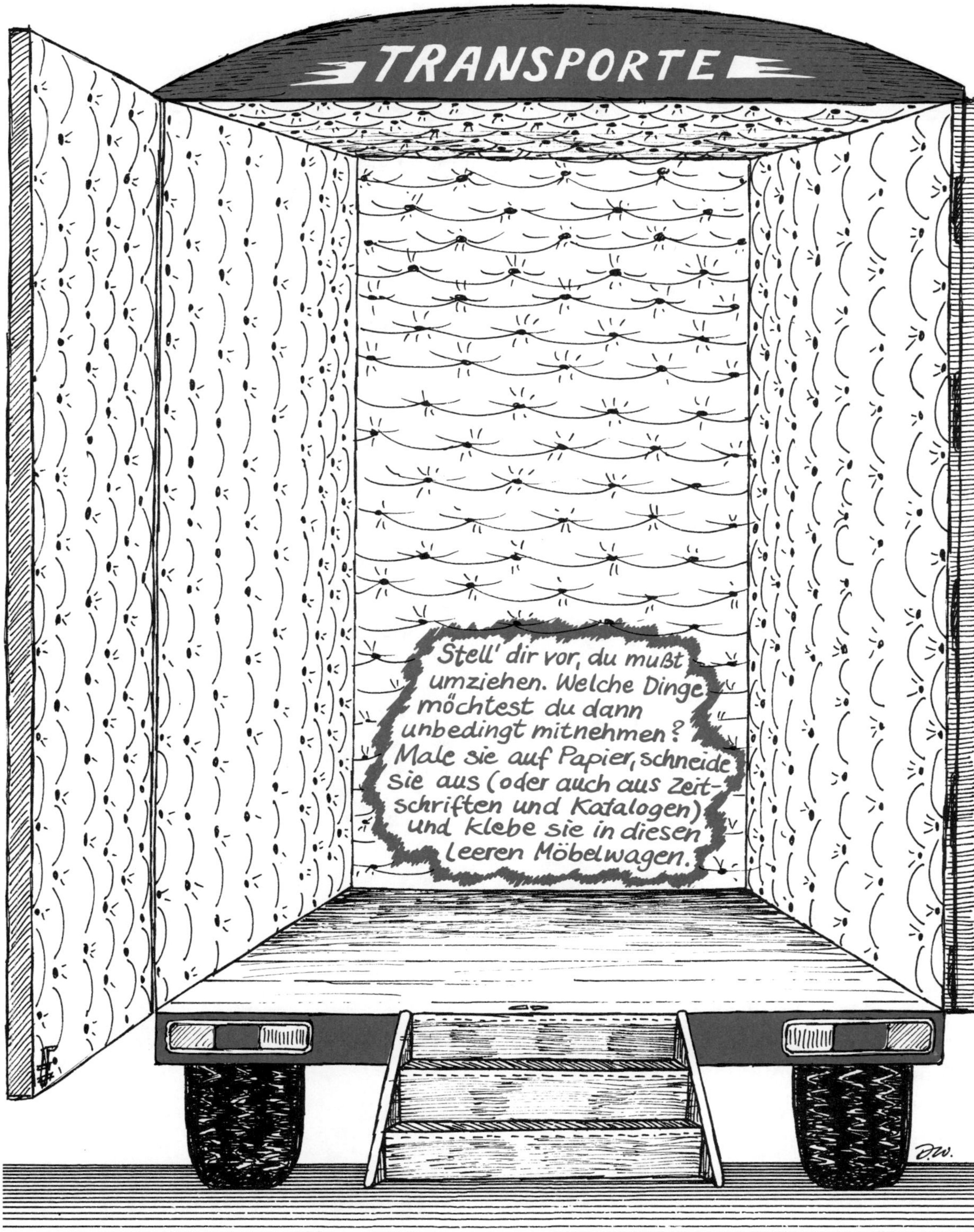

Was kann man **nicht** bei einem Umzug einfach in den Möbelwagen packen und mitnehmen?
Wie können z. B. alte Kontakte weiterhin lebendig bleiben?

171 Recht

Freund-schaft
Frieden
Kinder
Spielen
Umwelt
Zukunft

5.Mose 24, 6-22

Geschichten:
2, 8, 11, 14, 19, 20, 21, **35,** 38, 39, 40, 41, 42, 43, 44

Kinder haben recht

Text: Hans-Jürgen Netz, Musik: Fritz Baltruweit

2. Kinder haben Recht
auf eine heile Erde,
auf gesundes Wasser
und gesunde Luft.
Kinder haben Recht
auf eine gute Zukunft,
auf in Frieden leben
und auf nie mehr Krieg.
Kinder haben recht ...

Dies ist das »Demonstrationslied« der Kinder im ZDF-Gottesdienst » Gott gibt Kindern recht« gewesen. Kinder haben dazu ihre Sorgen auf Demonstrationsplakate geschrieben. Eine Beschreibung eines möglichen Kinder-Kirchentages zu »Kinder haben recht« ist in »Weltmission 91 - **Arbeitsheft** für Schule und Gemeinde« (Evang. Missionswerk Hamburg) abgedruckt.
Nach dem Text des Liedes können Bilder gemalt oder in der Gruppe Plakate gestaltet werden.

Umwelt

Verant-
wortung

1.Mose 2,
4-15

Geschichten:
11, 41, 42,
43, 44

Bildbetrachtung: Die Erde wird, zu einem verantwortlichen Umgang mit ihr, übergeben. Die Hände können unterschiedlich gedeutet werden. Es ist auch möglich, in diesem Zusammenhang von Händen Gottes zu sprechen. In jedem Fall ist daran zu denken, daß jede Generation die Verantwortung für die Erde an die nachfolgende Generation weitergibt. Das Bild kann vergrößert und mit Texten und Collage-Elementen zu einem Poster weiterentwickelt werden.

173 Schöpfung

Umwelt

Verantwortung

1.Mose 2, 4-15

Geschichten: 11, 41, 42, 43, 44

174

Umwelt

Verantwortung

1.Mose 2, 4-15

Geschichten: 11, 41, 42, 43, 44

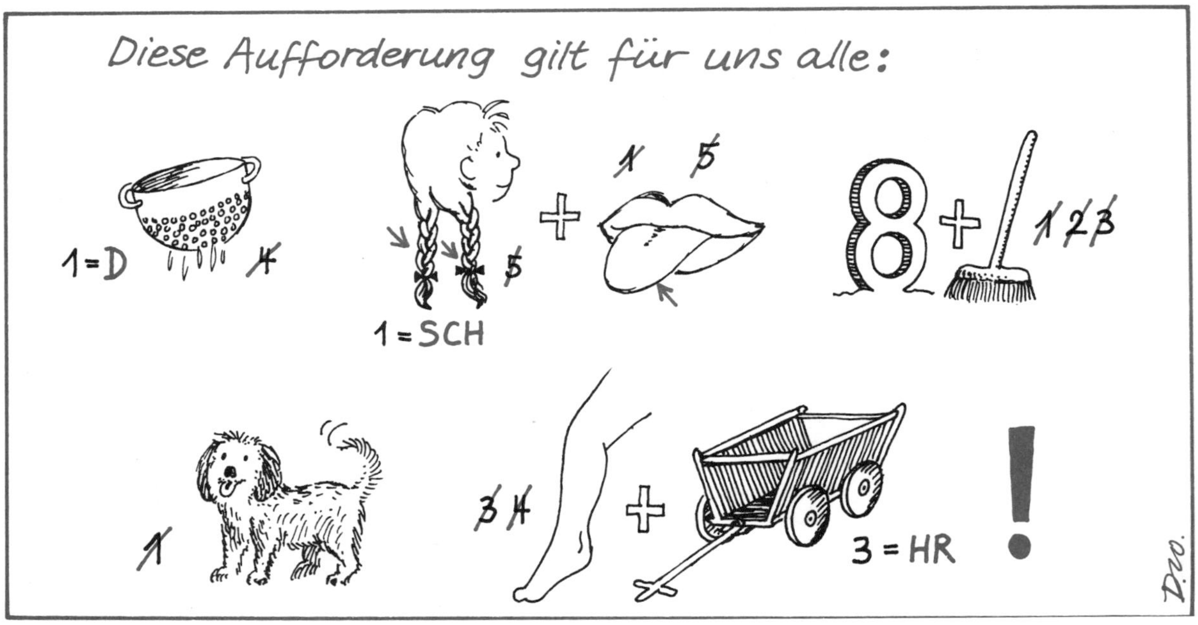

Lösung: Die Schöpfung achten und bewahren!

Erde (Erdreich) ist ein Element der Schöpfung. Kinder können z. B. Gartenerde (Muttererde) in die Hand nehmen, sie befühlen, zerkrümeln, beriechen, Pflänzchen und Kleinstlebewesen darin entdecken: »Eine Handvoll Erde, schau sie dir an. Gott sprach einst: Es werde. Denke daran.«

Umwelt

Verantwortung

Bäume

1.Mose 2, 4-15

Geschichten: 11, 41, 42, 43, 44

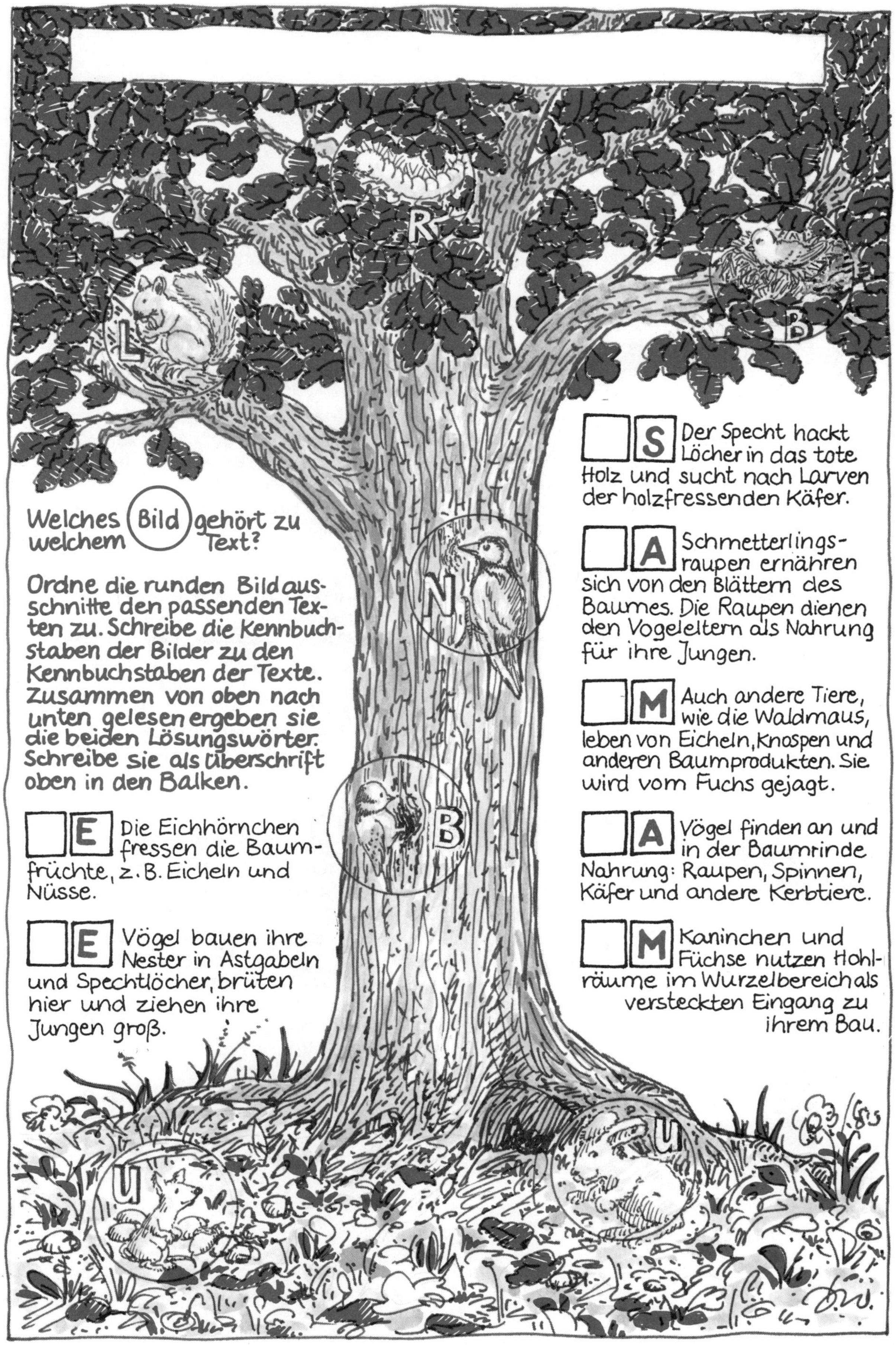

Die Schöpfung bewahren am Beispiel BAUM: Das Lösungswort »Lebensraum Baum« gibt Anlaß, von eigenen Baumerfahrungen zu erzählen.

Umwelt
Verantwortung
Bäume

1.Mose 2, 4-15
Lk 13, 6-9

Geschichten: 11, 41, 42, 43, 44

8 Regeln für Kinder, die Bäumen helfen wollen

Das kannst du tun:

1. Beschädige nicht mutwillig Äste und Zweige eines lebenden Baumes oder Baumkindes.
2. Schnitze weder Botschaften in die Rinde noch schlage welche mit Nägeln an einen Baum.
3. Streue bei Glatteis im Winter kein Salz, sondern Sand, Splitt oder Kies.
4. Verwende Papierprodukte aus Recycling-Papier, z.B. Schulhefte, Briefpapier, Toiletten- und Haushaltspapier, Taschentücher usw.
5. Spare überhaupt so viel Papier wie möglich und achte auf ordentliches Recycling des Altpapiers.
6. Laß dich so wenig wie möglich mit dem Auto fahren und wenn, dann mit Katalysator, bleifrei und nicht mit Vollgas. Bitte deine Eltern darum.
7. Spare so viel Energie wie möglich (z.B. Licht, Heizung, Warmwasser, überflüssige Elektrogeräte.....)
8. Übernehme eine „Baumpatenschaft": Wähle, deinen "Straßenbaum aus und kümmere dich regelmäßig um ihn, indem du die Erde lockerst und mit sauberem Wasser begießt.

Machst du mit?

PS. Sprich auch mit deinen Freunden darüber!

177

Umwelt
Verantwortung
Bäume

1.Mose 2, 4-15
Mt 13, 1-3

Geschichten: 11, 41, 42, 43, 44

Ideenbörse: Bäume, die man kennt, benennen - eine Baumpatenschaft übernehmen - einen eigenen Baum pflanzen - Bäume in biblischen Geschichten suchen - über Symbolbäume sprechen: Maibaum, Weihnachtsbaum, Kreuzesbaum, Freiheitsbaum, Weltenbaum...

Helfen

Erfahrung

Selbstvertrauen

Ps 40
Mk 9, 14-29

Geschichten. 11, 19, 22, 25, 26, 28, 29, 36, 37, 38

Fiep hat sich überschätzt. Jst dir das auch schon passiert?

Kinder sehen sich oft unlösbaren Problemen gegenüber. Das kann zur Resignation, aber auch zur Selbstüberschätzung (Ich bin der Supermann!) führen. Auseinandersetzung damit kann angestoßen werden, wenn zu den 3 Bildern eine kleine Geschichte geschrieben wird.

179 Solidarität

Hunger

Arm und Reich

Dritte Welt

Gerechtigkeit

Teilen

Hebr 13, 16

Geschichten: 14, 15, 22, 24, 28, 35, **38,** 39

Wie kann geteilt werden? Male oder schreibe deine Vorschläge dazu!

Solidarität heißt auch Bereitschaft zum Teilen. Der Junge aus dem reichen Land kann über das Immer-mehr-Wollen ebenso nachdenken wie über sinnvolle Geschenke an den Jungen aus dem armen Land. Dieser kann zeigen, was es heißt, in äußerster Genügsamkeit zu leben, und damit etwas über Bescheidenheit mitteilen. Vielleicht ist der Jungen aus dem armen Land glücklicher?

Feiern

Umwelt

Sach 8, 4-5

Geschichten: 5, 41, 42, 43, 44

KEGELN

macht mit diesem selbstgebastelten Kegelspiel noch mehr Spaß. Es ist ganz aus Abfallmaterial hergestellt: Als Körper dienen leere Plastikflaschen, die zu 1/3 mit Sand gefüllt werden, damit sie nicht so leicht umfallen. Die Köpfe bestehen aus fest zusammengeknülltem Zeitungspapier, die noch mit Papierstreifen fest umwickelt sind. Unten überstehende Papierstreifen dienen zur Befestigung der Köpfe an den Flaschenhälsen. Nun werden die Figuren „angezogen", d. h. mit Plakafarben werden Kleider aufgemalt oder mit Stoffresten oder Buntpapier aufgeklebt, dazu Haare aus Papierschnipseln, Holzwolle, Stoffstreifen – der Phantasie ist keine Grenze gesetzt! Wenn nach den Kegelregeln gespielt werden soll, bekommt jede Figur noch eine Zahl (von 1-9) aufgemalt. Holt euch einen Ball, stellt die Figuren auf und los gehts! Wer trifft „alle Neune"?

Jhr könnt drinnen und draußen damit spielen, am Strand, im Garten, auf dem Spielplatz......

181

Feiern

Jes 38, 20

Geschichten: 5

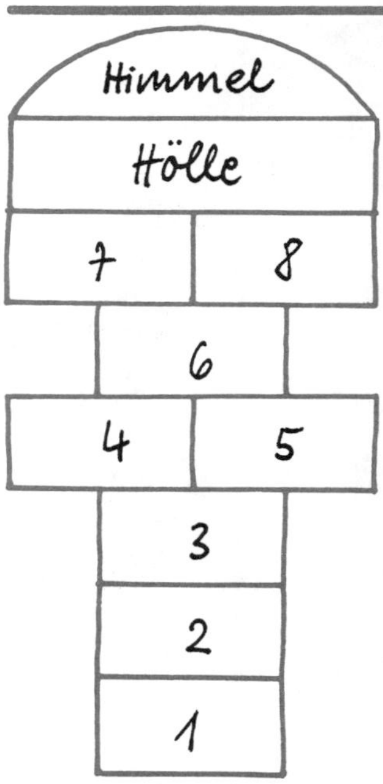

Hinke Pinke · Hopse · Hickeln

heißt es in Bremen, Berlin und Frankfurt. Schon deine Urgroßmutter hat es gespielt und es gibt so viele Arten, dieses Spiel zu spielen wie es Namen hat. Auf jeden Fall aber werden mit Kreide Quadrate und Rechtecke auf den Asphalt (NICHT auf die Straße!) gemalt. Zwei Beispiele dafür siehst du hier. Nun wird von Feld zu Feld gehüpft, auf einem Bein, im Schlußsprung oder..... Ein Stein wird in jeder Runde 1 Feld weiter geworfen und hüpfend herausgeholt. Keiner darf das Gleichgewicht verlieren, eine Linie berühren oder in die Hölle treten. Im Himmel darf man sich ausruhen. Mit jeder Runde wird es schwieriger. Denke dir noch andere Spielregeln aus. Viel Spaß!

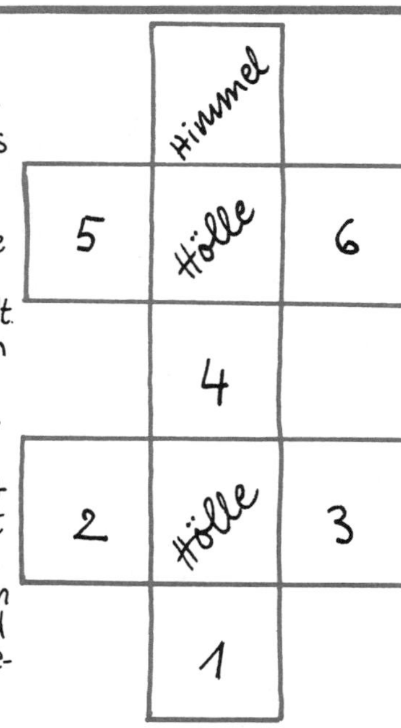

Zu Hinke Pinke: Viele Kinder hinterfragen das Spiel nicht. Sollte die Frage nach Himmel und Hölle dennoch aufkommen, läßt sich erörtern, daß es eine Hölle mit Flammen irgendwo unten nicht gibt, daß Himmel und Hölle aber mitten unter uns sein können.

Versöhnung
Frieden
Miteinander

Ps 122
Mi 4, 1-5

Geschichten:
17, 21, 29,
30, 51

Zur Aufgabe, das Bild neu zu malen, lassen sich Streitgeschichten erzählen und wie sie ausgegangen sind. »Gutes« Streiten kann man lernen und üben (Streitkultur).

Das gibt Streit!

Wie wird er aus- getragen?

So

oder so?

Was meinst du?

Versöhnung

Frieden

Miteinander

Konflikte

Ent- scheidung

Vergeben

Aggressio- nen

Mt 5, 1-12

Geschichten: 9, 16, 17, 21, 29, 30, 45, 51

Einander erzählen: Wie ich einmal vergeben habe... - Rollenspiele »Streit - Versöhnung« probieren. Wer sich versöhnt hat, der fühlt sich viel besser.

Schuld
Toleranz
Versöhnung
Anerkennung
Anders(sein)

1.Mose 27
1.Mose 32, 1-22
1.Mose 33, 1-16

Geschichten:
2, 7, 10, 11, 16, 17, 26, 37, 39, 45, 50, 51

Die Bilder interpretieren. Dann die Versöhnung erst spielen (Dialog!), ehe man die Sprechblasen ausfüllt.

Weg

Lk 15, 1-10

Geschichten: 22

AUSWEG AUS DEM LABYRINTH: Verbinde die Punkte am Rand von links nach rechts und von oben nach unten und unterteile so das Labyrinth in 16 gleich große Quadrate. Der gesuchte Durchgang befindet sich in Quadrat D2

1. Erzählen: Wie ich einmal einen Ausweg aus einer scheinbar ausweglosen Situation gesucht und gefunden habe...
2. Ein Labyrinth ist auch ein Weg zur Mitte. Darum kann man auch von außen beginnen und den Weg zum Zentrum suchen. In der Mitte ändert der Suchende seine Richtung, er wandelt sich. Der Eingangsweg wird zum Ausgangsweg. Weiterführend: Selbst ein Labyrinth entwerfen.

Suchen und finden (gesucht und gefunden werden) ist für Kinder immer wieder motivierend. Wer das Szenario freundlichen Umgangs miteinander beschreiben will, muß sehr genau hin-

Suchen und Finden

Miteinander

Spielen

Freundschaft

Lk 11, 5-13

Geschichten:
2, 8, 11, 14, 19, 20, 21, 22, 29, 30, 39, 40

Du hast dich mit deinen Freunden verabredet. „Wir treffen uns auf dem Abenteuerspielplatz", habt ihr abgemacht. Doch wo in diesem Gewimmel sind deine Freunde? Kannst du sie alle finden?

sehen. Es stellt sich auch die Frage, wo Kinder heute solche Freiräume finden.

187 Teilen

Hunger
Miteinander
Dritte Welt
Solidarität

Joh 6, 1-13

Geschichten:
14, 15, 28,
29, 30, 38,
39

188

Miteinander
Freude
Leiden

2.Kor 1, 7

Geschichten:
25, 28, 29,
30, 35, **39**

GG - DDDDD - LLLLL - SSSS - H - UU - A -
B - RR - FF - O - PP

Wenn du diese Buchstaben richtig einsetzt, dann ergibt die Lösung eine Weisheit, die besonders für Freunde wichtig ist.

Oben: Der Lösungssatz » Nur gemeinsam können wir etwas ändern - spende an Brot für die Welt!« ist Aufforderung zum Handeln. Konkrete Sammelaktionen in der Klasse/Gruppe finden oft erstaunliche Resonanz.
Unten: Beispiele für den Lösungssatz finden und erzählen (Lösung: Geteiltes Leid ist halbes Leid, geteilte Freude ist doppelte Freude).

189

Traurigkeit
Anteil-
nehmen
Ungerechtig-
keit
Leiden

Jes 66, 13
2.Kor 1, 3-11

Geschichten:
8, 17, **40**

190

Anteil-
nehmen
Leiden
Ungerechtig-
keit
Traurigkeit
Segen

Jes 40, 1-11
Röm 15, 5

Geschichten:
8, 17, **40**

H..L. H..L. S.G.N,
DR.. T.G. R.G.N,
DR.. T.G. S.NN.NSCH..N,
D.NN .ST .LL.S W..D.R G.T!

Bei diesem Tröstungsvers fehlen alle Vokale.
Setze sie an den richtigen Stellen ein:
AAAA · EEEEE EEEEE EEEEE EE · IIIIII · O · U ·

191

Traurigkeit
Anteil-
nehmen
Alleinsein
Helfen
Freund-
schaft
Leiden

2.Mose 22,
20-21

Geschichten:
1, 2, 5, 8, 10,
11, 14, 17,
19, 20, 21,
22, 25, 26,
28, 29, 38,
39, **40,** 53

»Heile, heile Segen...« ist ein alter magischer Trostspruch, der besonders bei kleinen Kindern seine Wirkung selten verfehlt! Über Segen/Segnen (mit Gesten und Worten die Kraft Gottes übertragen) läßt sich ein Gespräch führen (»Viel Glück und viel Segen...«; Segen im Gottesdienst).

192 Trost

Anteil-
nehmen

Jes 40, 1-11
Röm 15, 5

Geschichten:
8, **40**

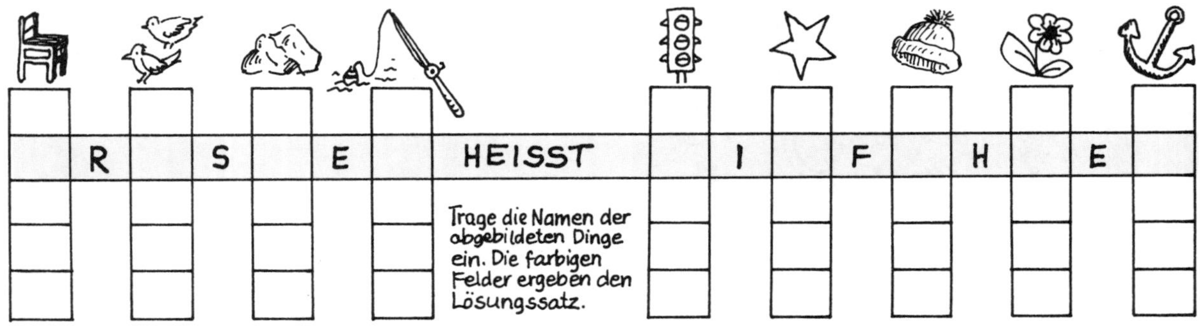

193

Anteil-
nehmen

Helfen

Traurigkeit

Leiden

Jes 66, 13
2.Kor 1, 3-11

Geschichten:
8, 11, 17, 19,
22, 25, 26,
28, 29, 38,
40

Oben: »Trösten heißt Mitfühlen« ist das Thema und gleichzeitig der Lösungssatz des Rätsels.
Unten: Mit kleinen persönlichen Geschenken läßt sich immer wieder konkret trösten.

Schöpfung

Verant-
wortung

1.Mose 2,
4b-25
Lk 6, 43-46

Geschichten:
41, 42, 43, 44

Die Welt ist uns Menschen durch den Schöpfungsauftrag Gottes anvertraut. Alle Menschen, wo und wie auch immer sie wohnen, sind verantwortlich für die Umwelt. Die Reichen sind die stärkeren Verursacher von Umweltschäden, also sind sie auch stärker in die Pflicht zu nehmen.

Die vergrößerte Vorlage kann als Wandbild mit farbigen Collage-Elementen ausgestattet werden. Auch als Puzzle denkbar.

195 Umwelt

Schöpfung

Verantwortung

Ps 104

Geschichten: **41, 42, 43, 44**

Nun bist du krank, mein Baum

Text: Dieter Stork, Musik: Fritz Baltruweit

2. Nun bist du krank, mein Meer!
Du rollst so weit daher
und schwemmst so manches an,
was ich nicht fassen kann.
Und deine Wellen schlagen
mir tüchtig auf den Magen!
Wer hätte das gedacht,
wir haben's weit gebracht!

3. Nun bist du krank, mein Feld!
Man hat für soviel Geld
den Boden eingedüngt,
damit er Ernte bringt.
Doch deine Wasser rinnen
verschmutzt nach ganz tief drinnen!
Wer hätte das gedacht,
daß sowas Schaden macht.

4. Nun bist du krank, mein Tier!
Du kannst ja nichts dafür,
daß du die Gifte frißt,
weil alles giftig ist!
In Frucht und Erde sitzen
die Gifte, die wir spritzen!
Wer hätte das gedacht,
daß jemand sowas macht!

5. Seid ihr denn krank, ihr Leut?
Ihr macht die ganze Zeit
so lauter schlimmes Zeug!
Was ist denn los mit euch?
Anstatt sie zu verschmutzen
sollt ihr die Erde nutzen!
Sonst habt ihr über Nacht
euch selber umgebracht!

Das Lied beschreibt die Gefahren, die der Schöpfung Gottes drohen. Es kann gut im Zusammenhang mit »Gott kann man nicht malen« eingesetzt werden (siehe unter GOTT). Es ist eigentlich ein Chanson, das von einer Einzelstimme zu Instrumentalbegleitung vorzutragen ist. Es kann aber auch wie ein Gedicht behandelt und mit verteilten Rollen gesprochen werden.

Schöpfung
Verantwortung

Joh, 15, 1-8

Geschichten: **41, 42, 43, 44**

Ich erforsche meine Umwelt

Vielleicht lebst du schon lange in deinem Ort. Aber bist du sicher, daß du deine vertraute Umgebung auch wirklich kennst? Mach doch mal einen Entdeckungsspaziergang! Bestimmt wirst du vieles dann mit anderen Augen sehen!

Diese „Forschungsreise" kannst du allein, mit Freunden oder in einer Gruppe machen. In der Gruppe können mehrere Themen auf Kleingruppen aufgeteilt werden. Vielleicht findet ihr auch die Gelegenheit, das Ergebnis eurer Arbeit in einer Ausstellung zu zeigen?

SO KANN ES GEMACHT WERDEN:

Stelle dir zuerst ein THEMA! Hier sind einige Vorschläge dazu:

- NATUR IN MEINER STADT
  Wo ist Platz für Bäume, Pflanzen, Vögel, Kleintiere? Wo wird deren Lebensraum geschützt, wo zerstört?
- UMWELTVERSCHMUTZUNG
  Wieviele Abfallkörbe gibt es (in bestimmten Straßen)? Werden sie benutzt? Wo ist es besonders dreckig? Warum? Gibt es einen Fluß/See? Wie sieht der aus?
- WIE KINDERFREUNDLICH IST MEINE STADT?
  Gibt es genügend Spielplätze, Wiesen, freie Spielflächen für Kinder? Wie sehen die aus?
- GESTERN – HEUTE
  Frage ältere Menschen, wie dein Heimatort früher ausgesehen hat. Was hat sich wie verändert? Suche auch in der Bücherei nach alten Fotobänden!

WIE WILLST DU DEINE UMWELT-ERFORSCHUNG DURCHFÜHREN?

- ALS REPORTER kannst du Leute auf der Straße befragen (mit Block und Bleistift oder mit Cassettenrecorder).
- ALS BERICHTERSTATTER notierst du, was dir zum gestellten Thema auffällt.
- ALS FOTO-REPORTER fotografierst du, was dir wichtig erscheint.

Überlege, was du verändern möchtest und warum. Wie kann es verwirklicht werden?

Viel Spaß!

197

Schöpfung
Verantwortung
Bäume

Ps 104
Joh 4, 1-42

Geschichten: **41, 42, 43, 44**

S	L	E	X	S	C	H	Ü	T	Z	E	H	S	K	I	E	F	E	R	Z
T	A	I	R	L	H	T	S	R	P	B	L	D	I	E	V	T	S	A	L
B	U	C	H	E	X	A	K	A	Z	I	E	X	R	L	Ä	R	C	H	E
E	L	H	L	R	D	N	L	B	T	R	O	E	P	W	S	C	H	O	K
O	M	E	U	L	I	N	D	E	P	K	A	S	T	A	N	I	E	R	T
T	E	S	F	E	Z	E	Y	Q	L	E	K	B	Ä	U	M	E	A	N	L

Hier sind die Namen von 13 Bäumen und eine Aufforderung an dich versteckt. Kreise sie mit einem Stift ein. Kannst du alle finden? Suche senkrecht und waagrecht! D.W.

Lösung: Schütze die Bäume!

Ich erforsche meine Umwelt: Das Umweltbewußtsein wächst allgemein. Kinder haben teil daran. Die gestellten Aufgaben erfordern Zeit und Einsatzfreude. Aber es lohnt sich!

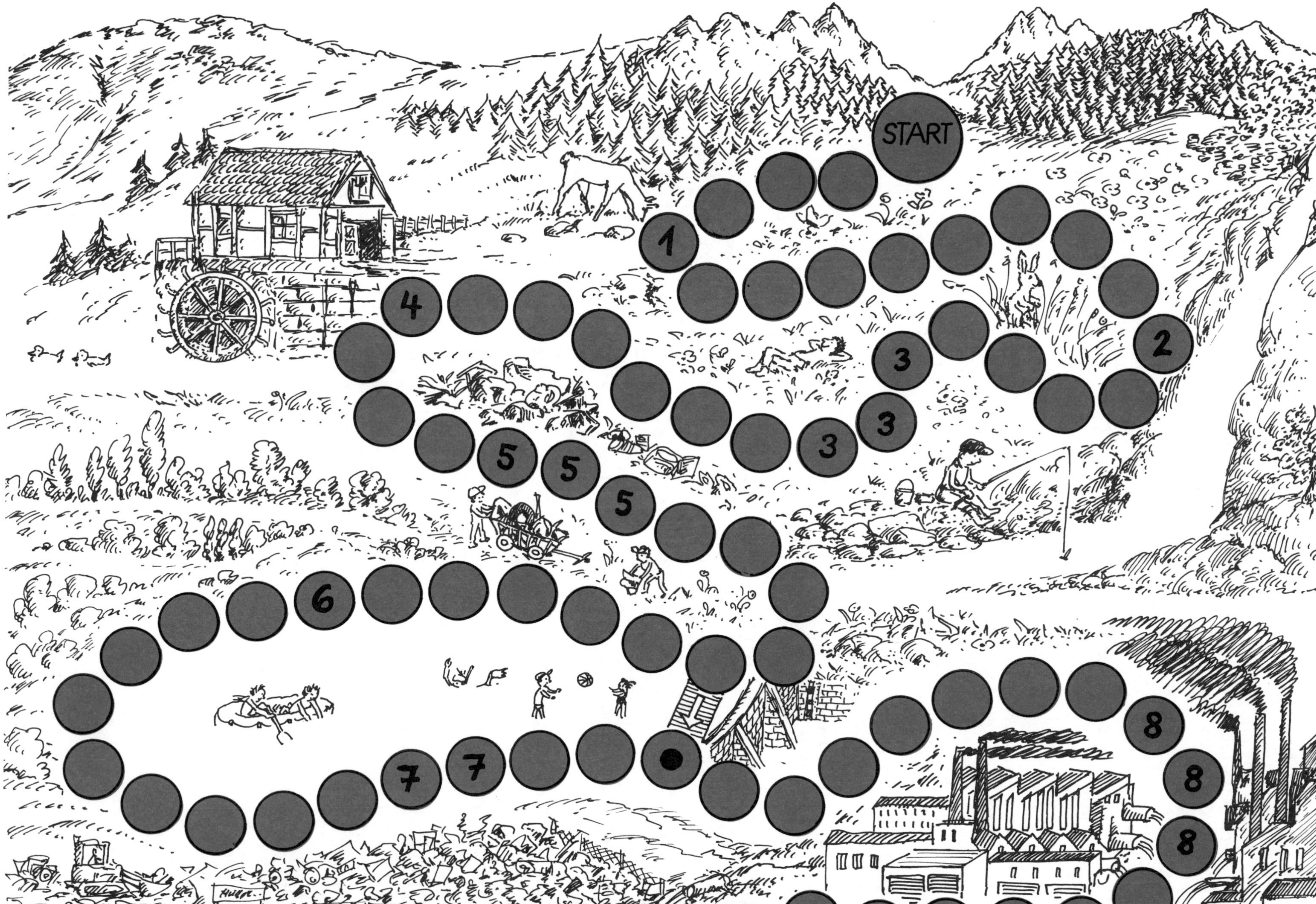
START
1
2
3
3
3
4
5
5
5
6
7
7
8
8
8

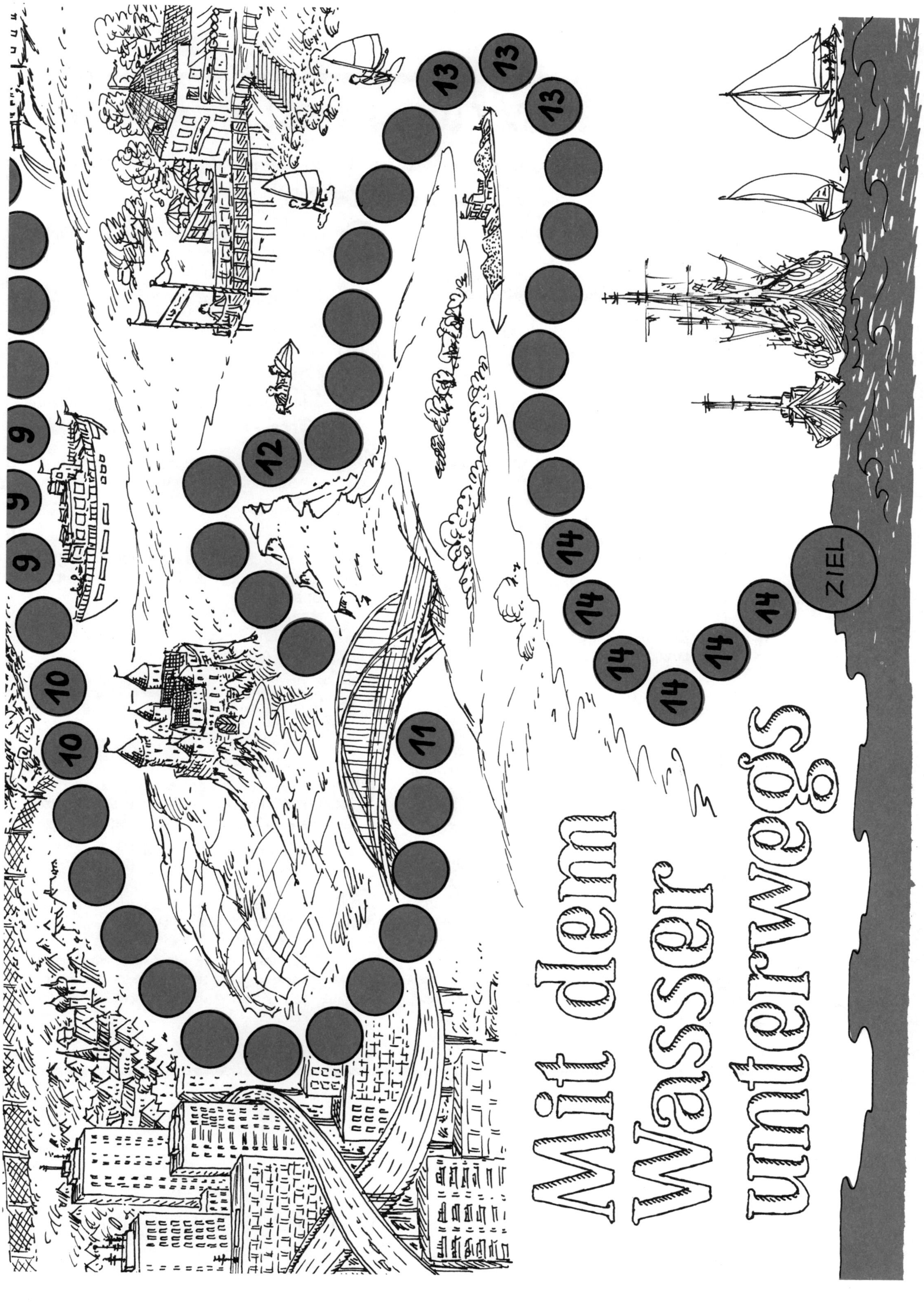
Mit dem Wasser unterwegs
9
9
9
10
10
11
12
13
13
13
14
14
14
14
14
14
ZIEL

Schöpfung

Verantwortung

1.Mose 2, 4-15
Joh 4, 1-42

Geschichten:
41, 42, 43, 44

Mit dem Wasser unterwegs: Spielregeln

Anzahl der Mitspieler: beliebig · Material: 1 Würfel + 1 Spielstein pro Mitspieler

Der Fluß erzählt:

START Hier ist meine Quelle. Mein Wasser ist klar und rein.
Wer eine 1 würfelt, kann seinen Spielstein auf das Startfeld setzen.

1 Du beobachtest Waldtiere an meinem Bachufer.
1x aussetzen

2 Im Wasserfall stürze ich 30 Meter senkrecht in die Tiefe.
Würfe mit UNGERADER Augenzahl zählen doppelt.

3 In meinem Wasser leben viele Fische und andere Tiere. Du machst eine Angelpause.
2x aussetzen

4 Du besichtigst die alte Wassermühle. Weißt du, was früher hier gemahlen wurde?
2x würfeln

5 Gewissenlose Menschen haben aus meinem Bachbett einen Müllplatz gemacht. Du hilfst beim Aufräumen und mußt 3x aussetzen, darfst später aber die Abkürzung benutzen.

6 Viele große und kleine Bäche haben ihr Wasser zu mir gebracht. Jetzt bin ich schon ein richtiger Fluß.
Würfe mit gerader Augenzahl zählen doppelt

7 Hier wird mein Wasser zu einem kleinen See angestaut. Darüber freuen sich vor allem die Kinder.
2x aussetzen

8 Fabriken leiten ungefilterte Abwässer ein. Jetzt ist mein Wasser nicht mehr trinkbar.
Schnell 4 Felder vorrücken

9 Ab hier bin ich schiffbar.
Wer innerhalb von 2 Minuten 3x eine 6 würfelt, darf mit dem Aussichtsdampfer bis zum Anlegesteg fahren (ohne 2x aussetzen).

10 Die große Müllhalde vor der Stadt verseucht mein Wasser.
Zurück bis ⊙

11 Die neue Brücke hat viel Geld gekostet. Du mußt „Brückenzoll" bezahlen.
Nur mit einer 1 kannst du weiterziehen. So lange würfeln, bis du eine bekommst.

12 Anlegesteg = Dampferhaltestelle
Du wartest auf den Dampfer.
1x aussetzen

13 Nun bin ich längst ein großer, breiter Strom. Frachtschiffe transportieren viele Güter auf mir. Fahre mit!
5 Felder vorrücken

14 Mein Ziel ist nahe: Das Meer! Du kannst aber nur bei Flut mit mir hinausfahren!
Du kannst nur mit einem direkten Sprung, d.h. mit der passenden noch fehlenden Augenzahl das Ziel erreichen.

Das Würfelspiel regt an, über den Kreislauf des Wassers und seine Bedeutung für die Erde und deren Bewohner zu sprechen.

Schöpfung

Verantwortung

Ps 104

Geschichten:
41, 42, 43, 44

Über Müllvermeidung, Mülltrennung (verschiedene Tonnen, Sondermüll) und Müllverwertung sprechen, weiterführend über Müllmenschen, Müllkinder in den Ländern der Dritten Welt.

Schöpfung

Verantwortung

1.Mose 1, 1-2.4a

Geschichten: **41, 42, 43, 44**

Umwelt-Rate-Quiz

Neben jeder Antwort findest du einige Buchstaben. Die Buchstaben der richtigen Antworten ergeben von 1–7 das Motto dieses Ratespiels. Du kannst die Lösung in Fiep's Sprechblase schreiben.

1. Was bedeutet „Recycling"?

A **BE** englisches Wort für Müll B **EI** Wiederverwendung von Wertstoffen C **RA** Fahrradfahren

2. Wieviel von dem, was wir als „Müll" wegwerfen, ließe sich recyclen?

A **NW** die Hälfte B **ST** ein Viertel C **TE** ganz wenig

3. Wie viele Wegwerfflaschen aus Kunststoff verbrauchen wir in 4 Tagen?

A **BR** ein Lastwagen voll B **EL** ein Fußballstadion voll C **EG** soviel wie Menschen leben bei uns

4. Wie oft kann man eine Dose aus Aluminium recyclen?

A **KA** gar nicht B **DU** nur einmal C **IST** immer wieder

5. Wieviel Papier verbraucht ein ganz normaler Mensch in einem Jahr?

A **KEI** ein ganzes Zimmer voll B **LIE** eine Schubkarre voll C **KE** einen Papierkorb voll

6. Wenn du alle Hartschaumbehälter (z.B. Trinkbecher, Essensbehälter...) aneinanderlegst, die an einem einzigen Tag hergestellt werden, wie weit kommst du damit?

A **FE** einmal quer durch Deutschland B **TO** einmal quer durch Europa C **NW** einmal um die ganze Erde

7. Wie viele Organisationen möchten die Umwelt schützen?

A **GE** ein paar B **EG** Tausende C **TR** 20

Die Auflösung mit konkreten Tips zum Handeln befindet sich auf der nachfolgenden Seite.

Rate-Quiz Lösungen:

Lösungssatz: **EINWEG IST KEIN WEG**

1 Antwort B **EI**
Tip: Müll vermeiden und Müll recyclen hält die Erde grün

2 Antwort A **NW**
Tip: Gebrauchte Sachen sortieren und weitergeben

3 Antwort C **EG**
Tip: Pfandglasflaschen verwenden, sie helfen viel Energie sparen.

4 Antwort C **IST**
Tip: Aluminium ist ein wertvoller Bodenschatz. Alu-recycling spart viel Wasser und Energie, weniger Verbrauch noch mehr!

5 Antwort A **KEI**
Tip: Verwende Recyclingpapier, spare überhaupt Papier und sammle zu Hause das Altpapier. Die Bäume danken dir dafür.

6 Antwort C **NW**
Tip: Benutze keine Einwegverpackungen aus Hartschaum. Hartschaum ist Dauermüll, auch noch in 500 Jahren!

7 Antwort B **EG**
Tip: Es gibt Tausende von Umweltschutzgruppen, große und kleine, bestimmt auch in deiner Nähe!

Mach mit!

201

Schöpfung

Verantwortung

2.Mose 17, 1-7

Geschichten: **41, 42, 43, 44**

Wasser kommt aus der Leitung – oder?

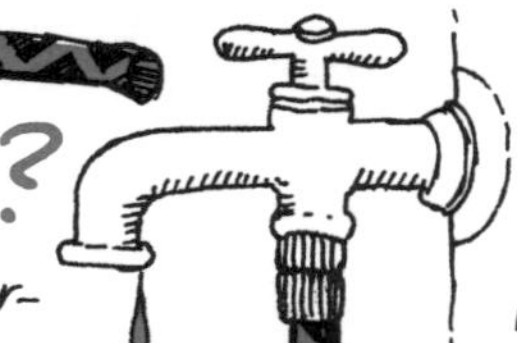

1.400.000.000.000.000.000.000 – in Worten: eine Trilliarde vierhundert Trillionen Liter Wasser plätschern in unseren Meeren. Und da soll bei uns das Wasser knapp werden? Wenn wir weiter so verschwenderisch wie bisher mit dem Wasser umgehen, wird es nicht lange dauern! Jeder Mensch in unserem Land verbraucht täglich

zum Trinken und Kochen	3–6 l
Körperpflege (ohne Baden)	10–20 l
Baden und Duschen	20–40 l
Geschirrspülen	4–6 l
Wäschewaschen	20–40 l
zum Putzen	3–10 l
auf der Toilette	20–40 l

SPIEL' MAL WASSER-DETEKTIV!
Wieviel Liter Wasser braucht ihr bei euch zu Hause und wofür? Wie hoch ist eure Wasserrechnung? Stelle für 1 Tag oder einige Stunden das Wasser ab und stelle fest, wann es fehlt. Frage nach, wie es mit Wasser aussah, als deine Eltern noch Kinder waren.

Überlegt gemeinsam, wie ihr verantwortungsvoller mit Wasser umgehen könnt.

Denn Wasser ist kostbar!

Strom kommt ja aus der Steckdose –

aber wie kommt er dort hinein? Wofür verbrauchen wir ihn?

Gefriertruhe 1100 KWh
Herd 800 KWh = Jahresverbrauch
Durchlauferhitzer 1050 KWh
Geschirrspülmaschine 750 KWh
Beleuchtung 440 KWh
Kühlschrank 530 KWh
Waschmaschine 410 KWh
Wäschetrockner 420 KWh
Bügeleisen 22 KWh
Fernseher 260 KWh
Kaffeemaschine 60 KWh
Tonbandgerät 5 KWh
Staubsauger 10 KWh
Rasierapparat 0,3 KWh
Elektrische Zahnbürste 0,2 KWh

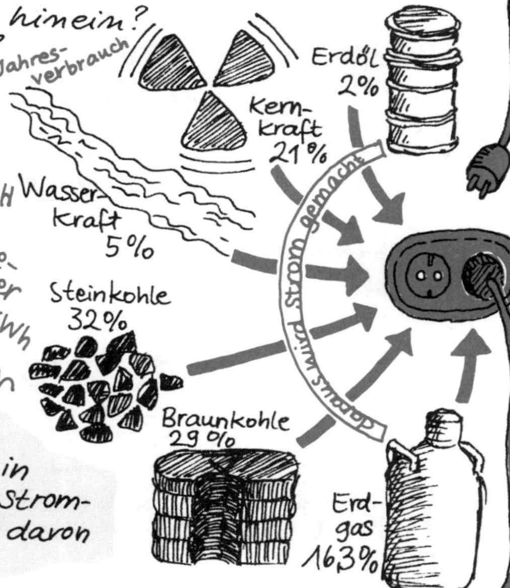

SPIEL' MAL STROM-DETEKTIV:
Welche elektrischen Geräte benutzt ihr in eurem Haushalt? Welche davon sind „Stromfresser" mit hohem Verbrauch? Welche davon sind notwendig, welche überflüssig?

1 Kilowattstunde (KWh) ist die Energiemenge, die in einer Stunde verbraucht wird (1000 Watt).

1. Wasser ist die wichtigste Schöpfungsgabe: Ohne Wasser kein Leben. In vielen Ländern der Dritten Welt ist Wasser knapp (Durst/Verdursten).
2. Strom ist ein Erzeugnis des Menschen, braucht aber Schöpfungsgaben: Kohle - Erdöl - Erdgas - Wasser. Gibt es Alternativen (Wind, Sonne)?

202 Umwelt

Schöpfung

Verantwortung

Tiere

1.Mose 2, 4-15

Joh 4, 1-12

Geschichten: 4, 22, **41, 42, 43, 44,** 45

Jedes Tier braucht seinen Lebensraum, der ihm Nahrung, ein Versteck und Platz zum Wohnen bietet. Wenn wir Menschen das natürliche Gleichgewicht durcheinanderbringen und die Lebensräume zerstören, dann sind die **TIERE IN GEFAHR** auszusterben.

Auf der ROTEN LISTE der bedrohten Tierarten stehen auch die 12 Tiere, die hier abgebildet sind.

Schreibe ihre Namen in die ▸Kästchen.

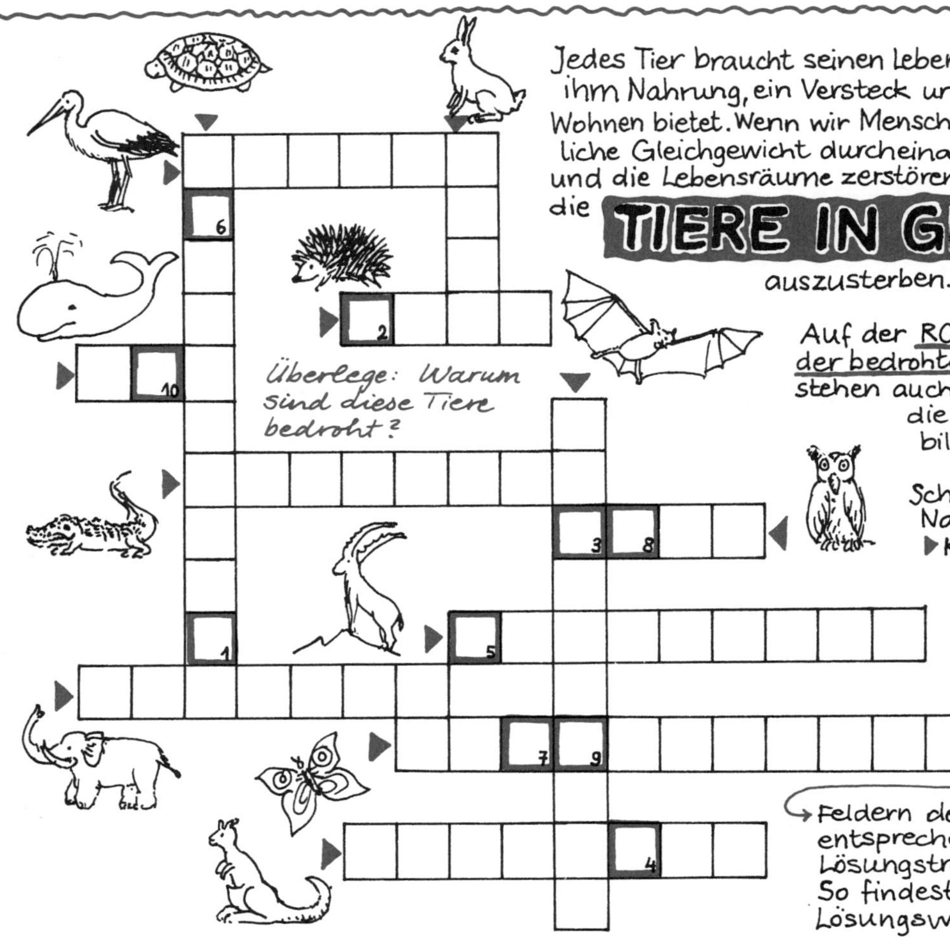

Übertrage die Buchstaben aus den farbigen Feldern den Zahlen entsprechend in den Lösungstreifen. So findest du die 3 Lösungswörter.

D.W.

203

Schöpfung

Verantwortung

Offb 21, 1

Geschichten: **41, 42, 43, 44**

Was ~~kann~~ muß jeder tun?

Schreibe die Namen der abgebildeten Dinge in die senkrechten Spalten. Die obere waagrechte Spalte ergibt die 3 Lösungswörter.

Lösung: Die Umwelt schützen!

Überregionale Umweltschutzorganisationen mit Jugendgruppen:

B.U.N.D. Jugend
Im Rheingarten 7
53225 BONN

Greenpeace e.V. (Greenteam)
Vorsetzen 53
20459 HAMBURG

WWF Deutschland
Hedderichstr. 110
60596 Frankfurt/M.

Naturschutzbund Deutschland
Am Hofgarten 4
53113 BONN

Stell' dir vor, du stehst mit diesem Einkaufszettel im Laden.
Du willst umweltfreundlich einkaufen!
Kreuze an, welche Artikel du wählst.

Schöpfung

Verantwortung

1.Mose 2, 4-15

Geschichten: **41, 42, 43, 44**

Verstehen ohne Worte?!

Wie es wohl ist, wenn man ohne Worte dazu gebracht werden soll, etwas ganz Bestimmtes zu tun? Wollt ihr das mal ausprobieren? Dann versucht in eurer Gruppe (oder bei der nächsten Geburtstagsfeier) folgendes SPIEL: Ein Mitspieler wird als „Ratefix" ausgelost und vor die Tür geschickt. Alle anderen verabreden nun, was er tun soll, zum Beispiel einer bestimmten Person den linken Schuh ausziehen. Dann wird der „Ratefix" wieder hereingerufen und alle versuchen, ihm durch Nicken, Kopfschütteln, Blicke und Grimassen völlig „tonlos" mitzuteilen, was er tun soll. Hat er die Lösung gefunden, bestimmt er den nächsten „Ratefix". – Das Spiel läßt sich auch gut als Überraschung nützen, wenn mal gerade jemand den Raum für kurze Zeit verlassen hat. Nach der Rückkehr spricht plötzlich keiner mehr und alle ziehen nur seltsame Gesichter. Wann wohl der Groschen fällt?

Spielen

Körpersprache

Gefühle

Apg 2, 1-13

Geschichten: 6, 11, **48**

Oben: Kritische, umweltfreundliche Wahl der Produkte und Verpackungen beim Einkauf ist ein Gebot der Zeit.

Unten: Menschen sind Sprachwesen. Einmal auf die gesprochene Sprache zu verzichten und nur durch Mimik und Gestik zu reagieren bzw. jemanden anzuleiten, kann überraschende Wirkungen auslösen und viel Freude bereiten. Dasselbe gilt, wenn man versucht, sich im Ausland ohne Worte verständlich zu machen. Nur auf Mimik und Gestik beruht das »Gebärden«, die Originalsprache der Gehörlosen.

206 Vertrauen

Behindert
Sensibilität
Spielen

Lk 7, 36-50

Geschichten:
3, 4, 11, 12,
23, 27, 29,
34, **49**

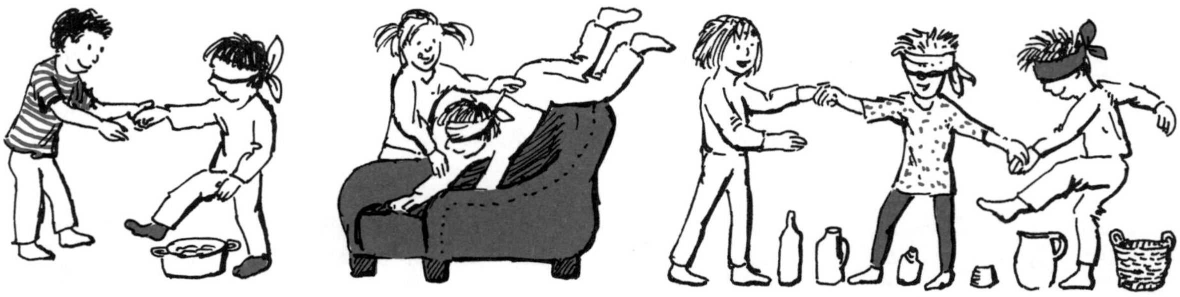

HINDERNISRENNEN: Mit verbundenen Augen geht das nur gut, wenn ein sehender Partner mit helfender Hand und/oder genauen Kommandos führt....
Jhr entscheidet selbst, wer von euch führt und wer blind geführt wird. Jedes Pärchen hat verschiedene Aufgaben zu lösen: einen Stuhl oder Sessel überklettern, eine Schüssel voll Wasser überspringen, Flaschen und ähnliche Gegenstände im Slalom umgehen, eine Kerze anzünden, Spaghetti essen, einen Ball ins Ziel rollen usw. Wer schafft es fehlerlos? Anschließend die Rollen tauschen!

207

Sensibilität

Lk 17, 11-19

Geschichten:
3, 4, 23, 27,
34, **49**

208

Freund-
schaft

Mk 5, 21-43

Geschichten:
2, 3, 4, 8, 11,
14, 19, 20,
21, 23, 27,
34, 39, 40,
46, **49**

P	F	M	I	C	H	A	E	L	A	R
E	V	A	E	T	H	O	M	A	S	U
T	N	R	D	I	N	G	A	R	S	S
E	R	I	C	N	C	H	A	S	F	A
R	T	A	B	A	K	A	R	I	N	B
R	A	N	U	C	H	T	I	V	I	I
E	R	N	T	M	A	R	T	I	N	N
R	L	E	A	A	U	E	A	N	A	E

Hier sind senkrecht und waagrecht 15 Mädchen- und Jungennamen versteckt. Suche die Namen und male sie mit einem Buntstift farbig aus. Einige Buchstaben bleiben übrig. Sie ergeben, waagrecht von oben nach unten gelesen, eine wichtige Voraussetzung für Freundschaft. Schreibe den Lösungssatz hier ↓ auf:

. . . .

. . . .

. . . .

D.W.

Lösung: Freundschaft braucht Vertrauen

Menschen, die einander trauen, haben Vertrauen. Jemandem wirklich vertrauen heißt, sich ihm ganz (blindlings) anzuvertrauen. Ein solches Vertrauen darf nicht enttäuscht werden.

Haus
Heimat

Ps 26, 8
Joh 14, 2

Geschichten:
24, **51**

Behaust sein ist für den Menschen (das Kind) eine elementare Erfahrung. Das Haus bietet Schutz vor möglichen Gefahren durch Mauern und Dach. Als begrenzter, umhüllender Raum schenkt es Geborgenheit. Kinder lieben zumeist ihr Zuhause, aber auch andere Behausungen (Zelt, Höhle, Baumhaus, »Bude«...).

Umwelt
Haus
Heimat

Joh 14, 2
Mt 7, 24-29

Geschichten:
24, 41, 42,
43, 44, **51**

ÜBERALL WOHNEN KINDER

WO WOHNST DU?

Hier ist Platz für ein Foto oder ein von dir gemaltes Bild von dem Haus, in dem du wohnst.

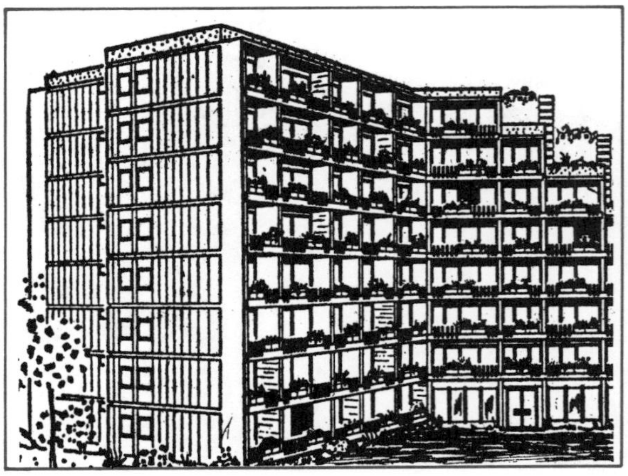

An den 4 Bildern beschreiben, wie Menschen/Kinder wohnen - eher menschenwürdig oder eher menschenunwürdig? Sich anhand der eingeklebten Fotos/Bilder über unterschiedliche Wohnerfahrungen austauschen.

Verbote
Spielen
Freiräume
Lebens-
freude

Sach 8, 4-5

Geschichten:
30, 40, **51**

Spielverbote auf freien Plätzen engen den Lebensraum, die Lebensmöglichkeiten und die Lebensfreude von Kindern ein. In der Sprechblase sollte darum stehen: »Wir spielen trotzdem, sind aber leise«. Nach den Rechten der Kinder (Vereinte Nationen 1959) ist Kindern der Anspruch auf Spiel und Erholung sowie auf eine gesunde geistige und körperliche Entwicklung zugesichert.

Buchtip: »Die Rechte des Kindes«, herausgegeben von Reinald Eichholz im Georg Bitter Verlag, Recklinghausen 1991.

212 Zeit

Warten

Ps 31, 16
Prediger 3, 1-8

Geschichten: 20, 26, **52, 53**

WANN IST ZEIT LANG? WANN IST ZEIT KURZ?

213

Streß

Familie

Freundschaft

Joh 7, 6

Geschichten: 2, 8, 11, 14, 17, 18, 19, 20, 21, 39, 40, 45, 51, **52, 53**

Oben: Gespräche führen über eigene Zeiterfahrungen: Erfüllte Zeit - vergeudete Zeit.
Unten: Zu den Lösungswörtern »Zeit füreinander« lassen sich Beispiele aus Familie, Schule, Freundschaften erzählen.

Warten

Leben

Sterben

Sinn

Mt 24, 29-44
2.Petr 3, 13

Geschichten:
20, 26, **52,**
53

Wie die Erwachsenen können die Kinder in vielfältiger Weise mit der Zeit umgehen. Sie leben indes nicht so sehr nach der Uhr wie die Erwachsenen, insofern »zeitloser«, damit freier, ungezwungener. Sie neigen auch eher dazu, Zeit zu verschenken als Zeit zu sparen. Der Lösungssatz »Meine Zeit in Gottes Händen« ist für Kinder nicht leicht nachzuvollziehen. Er kann in ein Gebetswort umgesetzt werden: »Hilf mir, Gott, meine Zeit immer richtig zu nutzen«.

215 Zuspruch

Wohnen
Mut
Vertrauen

Ps 84, 5

Geschichten:
3, 4, 23, 27,
31, 32, 34,
49, 51

Gott will bei euch wohnen

Text: Hans-Jürgen Netz, Musik: Fritz Baltruweit

Jeder Mensch ist auf Zuspruch von anderen angewiesen, wieviel mehr auf den Zuspruch Gottes. Wer Zuspruch erfährt, gewinnt Vertrauen - eine konstitutive Bedingung für gutes, lebenserfülltes Miteinander.

»Gott will bei euch wohnen« war das Titellied des Kinderkirchentages 1987 in Berlin (Ost).